全国旅游管理专业应用型本科规划教材

旅游策划学

(第2版)

卢良志　吴耀宇　吴　江　编著

北京·旅游教育出版社

出版说明

改革开放三十多年来,我国旅游高等教育已经建立了较为完善的教育体系,旅游院校数量也相当可观,旅游教育实现了从精英化教育阶段向大众化教育阶段的转变。伴随着旅游教育的理念、模式及层次类型多样化的发展趋势,旅游管理专业"应用型"本科教育在这种形势下应运而生。

为适应全国旅游管理专业应用型本科教育的教学需要,在中国旅游协会旅游教育分会的主持下,我们邀请国内旅游高等院校的专家学者编写了这套"全国旅游管理专业应用型本科规划教材"。

在培养规格上,应用本科教育是培养适应旅游行业生产、管理、服务第一线需要的高等技术应用性人才;在培养模式上,应用本科以适应社会需要为目标,以培养技术应用能力为主线设计学生的知识、能力、素质结构和培养方案,以"应用"为主旨和特征构建课程和教学内容体系,重视学生的技术应用能力的培养。因此,在此次编写过程中,我们在坚持教材原有的学术规范性的基础上,在教材的编写上强调两个加强:一是加强理论内容的概括和提炼,以理论知识的适度、够用为原则来进行理论知识部分的编写;二是加强实践环节在教材中的渗透和体现,以应用性为导向。

作为国内唯一一家旅游教育专业出版社,我们始终与中国旅游教育事业共同成长。我们希望能够始终站在学科研究与行业发展的前沿,随时反映旅游教育最新发展动态,引领与服务旅游教育实践。我们期待着教材使用者的意见和建议,更期待着潜在作者的新思路、新理念,以不断提升教材的专业品质,更好地为行业发展服务。

旅游教育出版社

前　言

　　无论是东方还是西方，无论是中国还是外国，人类很早以前就开始自觉地运用和研究策划。从春秋战国时期"苏秦合纵"、"张仪连横"，到诸葛亮为刘备策划"三分天下"；从青岛海尔的"真诚到永远"到北京奥运会的"同一个世界，同一个梦想"；从桂林的"印象·刘三姐"到西安的"大唐芙蓉园"……无不凝结着策划人的智慧，无不展现着策划在事件成功中的重要作用。

　　随着改革开放的深入，商业竞争日益激烈，策划不仅逐渐深入到社会各个领域和人们的思想活动之中，而且社会的重大活动、企业经济发展的每一个环节都越来越依赖周密而细致的策划，如企业的策划就有营销策划、产品策划、价格策划、形象策划、公关活动策划等；社会活动中有社会公益策划、大型会议策划、大型社会活动策划、媒体策划等。现在被策划的对象越来越多，策划的作用越来越明显，策划越来越为企业家、社会活动家所接受，策划的成果越来越为大众所喜爱。

　　旅游作为新兴的"综合性产业"，带动着各国的经济社会发展。旅游业的发展可以带动旅游景区、交通运输、酒店餐饮、购物娱乐行业的发展。从旅游业对社会发展作用的外延性看，旅游业已经成为增加就业、消除贫困、提高人民生活质量的富民产业；成为弘扬民族文化、传播先进文化、促进文化资源走向市场的窗口产业；成为有利于一、二、三产业互相渗透，谋求共同发展的催化产业；成为保护生态资源，谋求国土资源充分、合理、有效发展的环保产业。因此，各国都非常重视旅游业的发展，都在策划吸引游客的节庆、景区、餐饮活动项目。国家旅游局策划提出了民俗风情游、中国乡村游、华夏城乡游等年度旅游宣传口号，各省、市、自治区依据自己旅游资源的特色也策划出了许许多多成功的策划案例，如各式各样的"节"、"庆"，"梦里老家"的江西婺源、峡谷奇观云台山、平遥古城、丽江古城、凤凰古城……现代建筑游中的上海东方明珠、北京鸟巢与水立方、三峡大坝等。虽然成功的策划案例不计其数，但我国关于旅游策划的理论与方法的著作只有寥寥几本，最早涉足旅游策划的书是沈祖祥和张帆的《旅游策划学》（2000年），以后又有蒋三庚的《旅游策划》（2002年）、陈放的《中国旅游策划》（2003年）、欧阳斌的《中国旅游策划导论》（2005年），这些关于旅游策划的著作，不仅对中国旅游策划实践进行了理论上的总结，而且为中国的旅游业界从事旅游策划提供了适合中国人思维和办事风格的理论方法。应该说，这是中国关于旅游策划的第一代理论与方法的著作。

2007年下半年,旅游教育出版社委托我们编写《旅游策划学》一书。这本书和前面提到的几本策划书籍有所不同,要求内容覆盖面宽,体系科学合理,策划的案例要新。经过一年半的编写、审稿、修改,付梓之前再审视书稿,基本达到了我们当初编写时的初衷:一是把前人编著的旅游策划书籍作为学习借鉴材料,博采众家之长,提炼升华,总结出旅游策划的内涵与外延、特点与原则、程序与技巧,同时把旅游战略、旅游形象、旅游公共关系、旅游广告、旅游产品、旅游服务、旅游节庆等旅游活动策划的程序与方法提炼总结。二是为了实现《旅游策划学》在旅游业界策划实践中具有实用性、可操作性的目的,我们着重论述了如何策划、策划中应注意什么、策划的程序如何操作,既用经典策划事例论证,更用我们承担的策划项目案例来论证说明。三是要在大学本科教学中具有理论与方法的可行性。《旅游策划学》一书分十章,每章3万字左右,按60学时设计。

该书第1版由中国人民解放军信息工程大学卢良志教授提出编写思路,最后综合统稿,并撰写前言、第六章、第七章内容。第四章、第五章、第八章、第十章内容由南京师范大学旅游系副主任吴江副教授撰写。第一章、第二章、第三章、第九章内容由南京林业大学人文学院旅游管理系讲师、南京师范大学人文地理专业在读博士生吴耀宇撰写。

该书第2版由卢良志教授负责修订,主要是根据一些院校的使用反馈建议,结合近年来旅游策划理论的最新发展,对相关内容进行修订完善。

本书在编写中参考了不少已经发表过的文章与书籍,我们在书后均列出了书名,以表示感谢。

另外,为方便教学使用,此书配备了教学课件和五套考试样题(附答案),如有需要请与旅游教育出版社发行部联系。

卢良志
2012年12月1日

目 录

第一章 旅游策划概述 ……………………………………………… 1
第一节 策划概述 ………………………………………………… 2
一、策划定义 ……………………………………………………… 2
二、策划的功能及与相关行业的区别 …………………………… 6
三、策划的理论基础 ……………………………………………… 8
四、中国策划业的历史与现状 …………………………………… 10
第二节 旅游策划概述 …………………………………………… 13
一、旅游策划的概念 ……………………………………………… 13
二、旅游策划的本质 ……………………………………………… 13
三、旅游策划的基础 ……………………………………………… 14
四、旅游策划的类型 ……………………………………………… 15
五、旅游策划相关概念的辨析 …………………………………… 15
六、旅游策划的主体与客体 ……………………………………… 17
第三节 旅游策划学概述 ………………………………………… 17
一、旅游策划学的性质、特点及学科内容体系 ………………… 17
二、旅游策划学研究的内容 ……………………………………… 18
三、旅游策划学体系的构建 ……………………………………… 20

第二章 旅游策划的特点与原则 …………………………………… 22
第一节 旅游策划的特点 ………………………………………… 23
一、竞争的谋略性 ………………………………………………… 23
二、发展的可持续性 ……………………………………………… 24
三、需求的服务性 ………………………………………………… 25
四、目标的效益性 ………………………………………………… 26
第二节 旅游策划的原则 ………………………………………… 27
一、创新原则 ……………………………………………………… 27
二、系统原则 ……………………………………………………… 30
三、文化原则 ……………………………………………………… 31
四、效益原则 ……………………………………………………… 33
五、可行原则 ……………………………………………………… 33

第三章 旅游策划的程序与技巧 ………………………………………… 36
第一节 旅游策划的程序 ……………………………………………… 37
一、接受任务 …………………………………………………… 37
二、拟订策划计划 ……………………………………………… 39
三、调查分析 …………………………………………………… 39
四、策划创意 …………………………………………………… 42
五、撰写策划方案文本 ………………………………………… 44
六、修改实施 …………………………………………………… 49
第二节 旅游策划的方法技巧 ………………………………………… 50
一、巧妙利用"势" …………………………………………… 50
二、及时抓住"时" …………………………………………… 54
三、灵活运用"术" …………………………………………… 57

第四章 旅游发展战略策划 ……………………………………………… 60
第一节 旅游发展战略策划概述 ……………………………………… 61
一、旅游发展战略 ……………………………………………… 61
二、旅游发展战略层次的策划 ………………………………… 63
三、策划旅游发展战略的意义 ………………………………… 66
第二节 旅游发展战略策划的内容 …………………………………… 67
一、旅游发展战略目标策划 …………………………………… 67
二、旅游发展战略思想策划 …………………………………… 71
三、旅游发展战略重点策划 …………………………………… 79
第三节 旅游发展战略策划必须分析评估的因素 …………………… 82
一、旅游市场需求分析评估 …………………………………… 82
二、旅游供给能力分析评估 …………………………………… 85
三、社会环境影响分析评估 …………………………………… 89

第五章 旅游形象策划 …………………………………………………… 93
第一节 旅游形象策划概述 …………………………………………… 94
一、旅游形象策划的概念 ……………………………………… 94
二、旅游形象策划 ……………………………………………… 95
三、旅游形象策划的作用 ……………………………………… 97
第二节 旅游形象策划的内容 ………………………………………… 100
一、旅游业组织理念识别策划 ………………………………… 100

二、旅游业组织活动识别策划 ··· 103
　　三、旅游业组织视觉形象识别策划 ··· 105

第六章　旅游公共关系策划 ·· 110
第一节　旅游业与公共关系 ·· 111
　　一、旅游公共关系的含义 ··· 111
　　二、旅游公共关系的职能 ··· 113
　　三、旅游公共关系活动模式 ··· 114
第二节　旅游公关策划程序 ·· 117
　　一、旅游公共关系调查 ··· 118
　　二、确定旅游公共关系工作目标 ··· 118
　　三、确定旅游公关主题策划 ··· 119
　　四、选择公关活动时机的策划 ··· 120
　　五、旅游公关活动策划预算 ··· 121
　　六、旅游公关策划评估 ··· 122
第三节　旅游公关活动策划 ·· 123
　　一、旅游公关新闻策划 ··· 123
　　二、旅游公关专题活动策划 ··· 127
　　三、旅游公关促销策划 ··· 128
　　四、旅游危机管理公关策划 ··· 130

第七章　旅游广告策划 ·· 134
第一节　旅游广告策划的特征和结构 ·· 134
　　一、旅游广告的含义与类型 ··· 134
　　二、旅游广告策划的概念与特征 ··· 137
第二节　旅游广告策划程序 ·· 138
　　一、确定旅游广告策划者 ··· 138
　　二、广告策划前的基础工作——调查研究 ······································· 139
　　三、旅游广告定位 ··· 141
　　四、旅游广告策划对象与目标的确定 ··· 142
　　五、旅游广告创意构思 ··· 144
　　六、旅游广告策略选择 ··· 144
　　七、旅游广告策划报告书 ··· 146
第三节　旅游广告创意 ·· 148

一、旅游广告创意的概念与要求 …………………………………… 148
　二、旅游广告创意的表现手法 …………………………………… 150
　三、旅游广告文稿 ………………………………………………… 152

第八章　旅游产品策划 …………………………………………… 157
第一节　旅游产品策划概述 …………………………………… 158
　一、旅游产品策划的概念 ………………………………………… 158
　二、旅游产品策划的体系 ………………………………………… 159
　三、旅游产品策划的原则 ………………………………………… 165
第二节　旅游产品分类策划 …………………………………… 169
　一、历史文化类旅游产品策划 …………………………………… 169
　二、考察教育类旅游产品策划 …………………………………… 173
　三、休闲娱乐类旅游产品策划 …………………………………… 175
　四、生态旅游产品 ………………………………………………… 177
第三节　旅行社旅游产品经营策划 …………………………… 179
　一、旅行社旅游产品策划分类 …………………………………… 179
　二、旅行社旅游产品经营步骤策划 ……………………………… 182

第九章　旅游服务策划 …………………………………………… 187
第一节　旅游服务概述 ………………………………………… 188
　一、旅游服务特征 ………………………………………………… 188
　二、旅游服务构成 ………………………………………………… 188
　三、旅游服务分类 ………………………………………………… 191
第二节　旅游外部服务策划 …………………………………… 191
　一、旅游服务对象需求分析 ……………………………………… 191
　二、旅游外部服务策划的过程 …………………………………… 194
　三、旅游外部服务策划的目标和结果 …………………………… 198
第三节　旅游内部服务策划 …………………………………… 203
　一、旅游内部服务策划方法 ……………………………………… 203
　二、旅游内部服务策划 …………………………………………… 204

第十章　旅游节庆活动策划 ……………………………………… 207
第一节　旅游节庆活动概述 …………………………………… 208
　一、旅游节庆活动的含义 ………………………………………… 208

二、旅游节庆活动的类型 ……………………………………… 208
　　三、旅游节庆活动的作用 ……………………………………… 211
第二节　旅游节庆活动策划 ………………………………………… 212
　　一、旅游节庆活动策划 ………………………………………… 212
　　二、旅游节庆活动策划模式 …………………………………… 216
第三节　旅游节庆活动策划的程序 ………………………………… 217
　　一、确定旅游策划活动主体 …………………………………… 218
　　二、确定旅游活动的初步方案 ………………………………… 219
　　三、拟订具体活动策划方案 …………………………………… 221
　　四、策划方案审批 ……………………………………………… 223
　　五、策划方案实施 ……………………………………………… 223
　　六、策划评估 …………………………………………………… 224
第四节　旅游节庆活动策划的基本方法 …………………………… 225
　　一、突出特色 …………………………………………………… 225
　　二、注重创新 …………………………………………………… 226
　　三、打造品牌 …………………………………………………… 227

参考文献 ………………………………………………………………… 229

第一章 旅游策划概述

引言

小明是某大学旅游管理专业的学生,同时也是个"三国迷",课余时间看"三国"书籍、玩"三国"题材电脑游戏,MP3里保存着单田芳、袁阔成的长篇评书《三国演义》,听说还去过不少有三国遗迹的地方旅游。他最佩服的三国人物不是在战场上厮杀的武将,而是"运筹帷幄之中,决胜千里之外"的谋士。这些谋士各为其主,专门负责收集各方情报、提供战略决策、制订战役计划,导演了官渡之战、赤壁之战等一系列以少胜多的著名战例,诸葛亮未出茅庐而知三分天下更是体现出超乎寻常的远见卓识和战略思维。

在这些历史故事背后起作用的是一门科学——策划学。策划在古今中外大事中起到的作用不胜枚举,在各行各业中的应用屡见不鲜,但具体到策划本身,似乎总隐含着某些神秘色彩。我们这一章的主要功能,就是帮大家撩开策划的面纱,使大家对策划的定义、功能、理论基础、发展状况等问题有个明确的认识,进而结合旅游业,介绍一些关于旅游策划和旅游策划学的内容。

本章学习目标

1. 了解策划的主要功能。
2. 了解策划学在中国发展的历史与现状。
3. 理解策划、旅游策划、旅游策划学的定义。

学习或研究旅游策划学,首先要对旅游策划的性质、特征有所了解。策划学本身就是一门新兴的衍生学科,许多问题尚处于探索的过程中,学术界的很多看法也不尽一致,这是很正常的。而作为策划学重要分支的旅游策划学,更是同时建立在旅游学这个新兴学科的基础之上的,大量的相关概念需要我们一一廓清。在本章中,我们从策划、策划学的基本知识点出发,逐步深入到与旅游策划、旅游策划学相关的问题之中。

第一节 策划概述

一、策划定义

策划一词,目前已被人们广泛使用于不同领域和场合,从战场计谋的运筹到国民经济的协调发展,从政治外交的博弈到文化活动的组织,从广告宣传到产品推介,无一不在使用策划。由于使用的对象不同,人们对策划的理解不尽相同,进而对策划的定义也就出现了差别。为了便于掌握策划的确切含义,我们通过对"策划"渊源的考察,学者们对"策划"的认识,再研究如何科学定义"策划"。

1. 策划的字意

在中国古代,"策划"又写作"策画",如《后汉书·隗嚣传》中有这样的一句话"是以功名终申,策画复得",这里"策画"与"策划"的意思基本相通,为"设计、谋划"之意。在《辞源》中,"策划"作"策略、谋略、计划"解,其基本含义是:为未来事项"筹谋献策"、"筹谋计策"。

"策",在中国古籍中既可作名词用,又可作动词用。作名词用时,有多种含义,有时是指带有尖刺的鞭子,称为"策鞭";有时是指书简,称为"书策"、"简策";有时是指一种类似于算筹的计算工具;有时是指科举考试中所用的一种"策论"文体;而更多的时候则是指谋略、计谋、打算、办法,如"上策"、"中策"、"下策"、"束手无策"、"献计献策"等。作动词用时,含有强行推动、打击、促动的意思,如"策动"、"鞭策"、"策马飞奔"等;亦指谋划,如"策反"、"策动";还可指探测预计,如《孙子·虚实》中的"故策之而知得失之计"。

"划",在中国古籍中也有多种用法。有时是指分割、区分,往往用"划割"、"划分"、"划开"等词来表述;有时是指拨动,如"划水"、"划船"等;有时是指安排,如"计划";但用得更多的还是指设计谋略,如"筹划"、"谋划"等。

由此可见,"策划"中的"策"与"划",两者的含义既相互区别,又相互联系,将两者合在一起作为独立的词语出现时,通常就是指谋划、打算、计谋、计策、对策、设计、计划、办法等智谋性的活动。书籍中出现的谋略、策略、韬略、运筹帷幄等词语,都有"策划"一词的含义,这对于今天我们深入理解、运用"策划"一词是很有帮助的。人类的策划活动具有历史继承性,我们不能人为地割断历史,因此在对"策划"词义的理解上应该系统了解它的本义和引申义。另外,社会实践活动是不断变化发展的,一个词语的含义也是不断变化发展的,如何结合社会发展的现实,运用科学理论对"策划"一词做出科学的解释,是今天我们研究策划学必须解决的一个问题。那么,今天的学者对策划概念是如何认识的呢?

2. 学者们对策划概念的理解

目前国内外策划学研究者,对策划概念做了大量的探索工作,发表了许多具有独到之处的见解,但至今尚未形成统一的解释。为了便于对策划的本质和功能进行深入的研究,我们将所见到的几种解释列述如下。

雷鸣雏主编的《中国策划教程》认为,策划是通过概念和理念创新,整合利用各种资源,达到实现预期目标的过程。

李宝山、张利庠编著的《企业策划学》认为,策划在现代的含义就是出谋划策以实现预想的目标。策划就是为实现特定的目标,运用科学的方法,产生、设计、选择组织与环境的最佳衔接方式,并制订出具体实施方案的创造性的思维活动。

陈放所著的《策划学》认为,策划就是为行动谋划方案,策划即运筹。"运筹、策划,就是在对事物环境充分了解并提出独创性、出奇性、可行性的创意谋略的基础上,根据事物的演变规律,设定、设计策划手段和实施力量的方案,并帮助实施者一起去实施这种方案。有时它能适应事物的演变轨迹,有时它能改变事物原有的运动轨迹,从而按照你所设定的策划目标发生偏转。""策划的定义应该是:为实现特定的目标,提出新颖的思路对策即创意,并注意操作信息,从而制订出具体实施计划方案的思维及创意实施活动。总之,策划是一个综合系统工程。"

梁朝晖编著的《TOP策划学经典教程》认为,所谓策划,其科学内涵是指在人类社会活动中,人们为达到某种特定的目标,借助一定的科学方法和艺术,为决策、计划而构思、设计、制作策划方案的过程。"策划就是策略、谋划,是为达到一定目标,在调查、分析有关材料的基础上,遵循一定的程序,对未来某项工作或事件事先进行系统、全面的构思、谋划,制订和选择合理可行的执行方案,并根据目标要求和环境变化对方案进行修改、调整的一种创造性的社会活动过程。"

吴灿所著的《策划学》认为,策划就是对某件事、某种项目有何计划、打算,用什么计谋,采取何种谋策、划策,然后综合实施运行,使之达到较好的效果。

策划专家朱玉童认为,策划就是创造性地去解决有关经营管理、营销等问题。当然还可以延伸到一些非营利性活动或机构,如运动会、政府机构等。实际上所有的工作都会遇到策划问题,它是一个动脑筋的过程。当遇到一个问题,用常规的方法不能解决的时候,就需要创造性思维,使这些看似不可解决的问题得以圆满解决。

策划专家舒谆认为,诸利取其重,诸害取其轻,其"取",就是策划。

冉涛在《企业研究》中撰文认为,策划不仅仅是一种方法、技艺,更是一种思想。而这种思想或者理念,是管理学发展的必然产物……策划的本质就是管理。

李元授主编的《策划训练》认为,策划就是有策略地筹划。即根据现实情况和各种信息,判断事物变化的趋势,围绕某一活动的特定目标,来全面构思、设计、选择理想的行动方案,从而形成正确的决策和达到高效地工作。

沈骏等人在《策划学》中认为,策划是人们在行动前的谋划,是人的自觉能动性的表现。策划,也是指计谋、谋略、韬略、计策。

王志刚讲演录《策划旋风》中认为,策划在确定大思路后,要审时度势,随机应变,根据实际情况不断调整、修正、完善原有的设计。

日本策划家和田创认为,策划是通过实践活动获取更佳效果的智慧,它是一种智慧创造行动。

韩国的权宁赞认为,策划是为达到目标寻找最适当的手段,是对未来采取的行动作决定的准备过程。

美国的苏珊在其所著《现代策划学》一书中认为,策划就是人们事先筹谋、计划、设计的社会活动过程。即是在综合运用各方面信息的基础上,思维主体(包括个体思维或群体思维)运用自身的知识和能力,遵循一定的程序并利用现代的科学方法手段,为了特定目标的实现而事先进行系统、全面的思考、运筹,从而制订和选择具有合理性的、现实可行性的、能够达到最佳成效的实施方案,并根据目标的要求和环境的改变对方案进行调整的一种创造性、思维性的活动过程。

美国哈佛企业管理丛书编委认为,策划是找出事物的因果关系,衡度未来可采取之途径,作为目前策划之依据,亦即策划是预先决定做什么、何时做、如何做、谁来做。策划如同一座桥,它连接着我们目前之地与未来我们要经过之处……策划的步骤是以假定目标为起点,然后制定出策略、政策,以及详细的内部作业计划,以求目标之达成,最后还包括成效之评估及回馈,继而返回起点,开始策划的第二次循环。策划是一种连续不断的循环……要策划再策划,以求计划之确实可行。

关于对策划的看法,在国外还有策划就是管理、策划是一种思维程序等说法。可见无论国内国外,对策划的定义至今仍是仁者见仁,智者见智。

3. 策划的定义及其含义

马克思曾经说过,蜜蜂建造蜂窝的活动曾令人惊叹,但是,最蹩脚的建筑师也要比最灵巧的蜜蜂高明,因为建筑师在建筑某幢房屋之前,对于整个建筑方案,已经进行了周密的策划。劳动过程结束时得到的结果,在这个过程开始时就已经在劳动者的大脑中存在着,即已经观念地存在着。恩格斯也指出,人类越是远离动物界,就越是有目的、有意识、有计划地改造客观世界。策划活动就是自觉运用脑力的一种理性行为,它是人们对自己所要进行的活动,事先在观念中做出打算,也就是预先做出计划、安排,对要达到什么目的、如何来达到目的、依靠什么来进行、什么时候进行、具体步骤怎样等一系列的问题,进行具体的设计、计划、筹划。这些活动就是策划活动,它们广泛地存在于人们的日常生活和各项工作之中。也就是说,策划是人们在行动前的筹谋,在策划中蕴含着丰富的知识、高超的智慧和非凡的见解。它表现为针对现实当中需要解决的问题，提出战略、策略、路线、方针、政策和具体的措施、办法等。

我们借鉴大量的策划定义，认为策划应该是：个人或组织在环境条件的约束下，为满足需求和达到目标而进行的各种构思、计划和实施的过程。个人或组织为了实现特定的目标，要提出创新性的思路对策，并制订出具体可行的方案，以达到预定的效果。

这一定义包含以下几层含义：

一是策划源于人们的各种需求。人的需求是多种多样的，马斯洛将其归纳为生理需求、安全需求、社交需求、受尊重需求和自我实现需求。策划的产生就是源于人们的需求。因为有吃的需求，所以才会有各种各样的美食节；因为有穿的需求，才会有各种各样的服装节；因为有文化的需求，各地才会兴起各种各样的文化节和博览会。举办这些满足人们需求的活动，需要组织者事先认真仔细地策划。

二是策划是人们有目标的思维活动。人与动物的根本区别是人类有思维、有情感，能够制造和使用工具，而动物不能。策划是人类的一种高级思维活动。比如说，吃是一种动物性的本能，但人们可以通过科学研究，对各种食品进行合理搭配，再通过策划各种美食节，让人们品尝到更多的美食，这就是一种比较复杂的思维活动了。策划如果没有目标，就成了一些无目的的构思的拼凑，根本没有逻辑性可言，更不用说解决问题了。

三是策划是一种创新性的思维活动。策划是根据自身或他人的需要设定一种目标，并为实现这种目标而进行的思考和行动。这种目标不是单一的、重复的，必须不断创新，才能真正满足自身和他人的发展需要，才能显示出强烈的生命力。因此，创新是策划的本质特征，是策划的灵魂，没有创新的策划，永远是苍白的策划，无法取得巨大的成效和引起强烈的反响。成功的策划必须是具有新颖创意的策划，因为只有这样才能使人印象深刻。

四是策划应当是一种具有可行性的思维活动。人的思维可以"漫无边际"地发挥，但当人们要把一种思维转变为策划方案时，则不能凭空乱想，因为策划的目标就是为了指导实践。所以，策划所制定的目标必须是具有可行性的目标，没有可行性，策划就变成了梦想或幻想。因此，策划者应当考虑到环境条件的制约，保证策划方案能够在现有的人力、财力、物力和技术条件下得到执行，充分考虑策划方案实现的可能性，否则再好的策划也只能是空谈。

案例：

在澳大利亚一家发行量颇大的报纸上，某日刊出一则引人注目的广告，主要内容是说某日在某广场上空将有飞机空投手表，捡到者免费奉送。这一下子引起了澳大利亚人的广泛关注。空投那天,直升飞机如期而至,数千只手表从高空如天女散花般地纷纷落下,早已等候多时的来自四面八方的人们沸腾了,那些捡到了从几百米高空扔下的手表的幸运者发现手表依然完好无损、走时准确,个个兴奋不已,奔走相告。这样一个营销活动的策划者是西铁城钟表有限公司。一时间,西铁城的这个创举成为各新闻媒体争相报道的一大热点,因为这场策划中体现出来的西铁城手表的质量令人叹服。在这个策划方案中我们可以看到:第一,西铁城钟表有限公司需要在澳大利亚打开市场,他们的策划目标是要扩大西铁城手表在澳大利亚的知名度,这个策划的一切活动都是围绕着这一目标来进行的。第二,手表的宣传本来可以利用广播电视、平面媒体、户外广告等手段来实现,但一般的广告形式不具备创新性,也不会引起如此巨大的轰动,这次空投营销活动的策划者在策划中融入了自己的创意,运用空投来充分展示商品的质量,取得了非常好的效果。此外,这种策划就当时的条件来说是可以实现的。

二、策划的功能及与相关行业的区别

1. 功能

所谓策划的功能,是指策划的功效和作用。策划的功能可以概括为以下几点:

一是预测功能。实现未来某一特定目标并进行运作是策划的目的,因此策划必须具备预测未来的功能。预测功能是指通过对事物长远发展和未来趋势的研究和测定,来确保策划主体创造未来的主动性和获得成功的可能性。科学的策划方案一般是在对事物进行深刻了解并掌握其发展规律的基础上制订的,具有较强的超前性。依据这种策划方案做出的决策,不仅能适应未来,而且能创造未来,增强和提高人们在未来事件中的主体地位。

二是创新功能。策划的创新功能是由策划的本质特征决定的。策划者遵循科学的策划程序,根据事物发展的环境与特点,运用创造性的思维和创新性的手段来探索解决问题的有效途径,这就是一个创新的过程。处在同一社会环境中的竞争者,他们的生存条件大致相同,失败者失败的主要原因是没有很好地利用和挖掘现有的社会资源,缺乏系统的管理,最重要的是缺乏创新意识;而成功者正好相反,他们往往能够通过策划来合理调整和配置资源,大胆创新,开拓进取。在实际工作中,一个好的策划方案往往充满创新精神,甚至策划方案本身就是一个创新方案。

三是决策功能。决策是对诸多备选方案的选择,决策只有建立在大量的信息搜集和精细的策划设计的基础上才有可能保证其正确性和可行性。策划为决策提供了各种经过论证、模拟甚至是实验过的备选方案,是决策正确性的有力保证。所谓策划的决策功能,是指策划能够为决策提供许多有价值的备选方案,供决策者选择。从理论上分析,决策是对备选方案的选择,但是,决策并不是简单地对策划方案进行取舍,而是一个对策划方案的再加工过程。比如有 A、B、C 三种策划方案,决策者选中了 A 方案,B 方案、C 方案虽然在总体上已被舍弃,但是不等于这两个方案没有可取之处,肯定会有一些很有价值的内容,因此,决策者可以吸取 B、C 方案中的精华,充实 A 方案,这样既保证了 A 方案的完整性,又为 A 方案增加了有价值的内容。这样的决策方案,既体现了策划的决策功能,又体现了决策者的管理水平。

四是管理功能。策划的管理功能表现在三个方面:第一,策划本身就是现代管理的一个环节;第二,策划方案的确定表明管理过程已纳入了科学化的轨道;第三,策划过程是一种具有创新精神的管理活动。策划的管理功能的实现是有条件的,它随着现代科学技术的发展和广泛应用,随着信息社会的到来,将会表现得更加充分。

五是效益功能。策划的重要作用是探寻某种环境条件下实现效益(社会效益和经济效益)的途径,一个优秀的策划方案可以节约时间、优化结构、节省人力、物力、财力并取得较好的效果。可见,建立在科学基础上的策划方案能给社会以及实施策划方案的部门带来无法估量的效益。所以说,策划具有鲜明的效益功能。

总之,策划为人们提供了新观念、新思路、新方法,起到了改善管理、增加效益、增强竞争力的作用,保证了决策的正确性、计划的可行性和管理的科学性。策划的过程,是发现问题和寻找对策解决问题的过程,策划的行动目标、途径、方法等都是在策划过程中提出来的。策划通过对个人或组织内外部条件的合理调整和科学管理,确保个人或组织在竞争中发挥优势,取得并保持成功。

2. 策划业与相关行业的区别

策划业是一种智力行业,且经常用到新闻、广告、公关、营销等手段,因而很容易与咨询、广告、营销等行业紧密联系在一起。实际上,它们之间既有联系又有区别,在这里,我们主要关注策划业与相关智力行业的区别。

一是策划业与咨询业的区别。首先,咨询业一般只对客户提出的各类问题进行解答,它工作的前提是客户需要解答的问题,而策划业则是根据客户的需要设定一个目标(或策划方与客户共同商定一个目标),然后再根据这种目标设计方案,它的工作前提是客户希望达到的目标。其次,咨询只要对客户提出的问题进行了解答,它的工作流程就算结束了;而策划不但要对有关问题进行解答,还必须围绕客户提出的目标进行方案设计,并指导方案的实施。最后,咨询业一般是在客户到来之后才开始工作,而策划业则可以先行策划,再根据策划方案寻找客户。

二是策划业与广告业的区别。首先,工作范围不一样,广告业的工作范围只是为客户提供广告设计、广告制作、广告代理等方面的服务,策划业的工作范围不但可以包括上述服务,而且更广。如政治、军事、外交、重大节庆活动的策划等,这些内容不是广告业所能容纳的。其次,工作目标不一样,广告业追求的目标是"广告效应",即通过广告让产品或对象广为人知,并通过提高产品或对象的认知度,扩大产品的销路或提升被认知对象的形象;而策划的目标则比广告的目标更大,它除了以扩大产品的销路或提升被认知对象的形象为目标之外,更重要的是追求一种出奇制胜的"策划效应",即通过策划,产生一种出乎人们意料的结果,让人们对其所产生的结果感到惊奇。最后,广告的发布必须借助各种广告平台来实现,如广电媒体、平面媒体、路边广告牌等,而策划则不一定完全通过这些来体现,它可以是成千上万的人的一种互动,也可以是少数几个人的运作。总之,广告可以做到"广而告之",只能是一种有形的宣传;而策划可以做到"大道无形",完全可以成为一只"看不见的手"。

三是策划业与营销业的区别。首先,营销业是以"销"为目的,而策划业则是以满足客户的需求为目的,而客户的需求是多样化的,不仅仅局限在销售范畴。其次,营销必须有产品有对象才能进行,而策划却不受此约束,它可以在确定合作对象之后才开始策划,也可以是策划人在策划好之后把自己的策划方案转让给合作对象,然后再组织实施。最后,成果的衡量标准不一样。营销虽然也关注社会效益,但更注重的无疑是销量带来的经济效益;而策划成果的衡量是一个综合性的标准,策划方案带来的经济效益和社会效益应当是相对均衡的,部分策划根据实际情况还要求实现向社会效益的倾斜。

三、策划的理论基础

策划学,既具有相对独立的研究对象和研究内容,又与众多学科互相贯通,这是策划学的一个显著特点。作为一门年轻的学科,必然建立在一些相对成熟学科的基础之上,而相关学科也会随着策划学的深入研究和丰富完善而不断发展。

1. 法学

一般而言,一项成功的策划,首先必须是合法的(除非是以推翻统治阶级为目的的政治策划),遵守相关法律法规的要求是策划的先决条件。这就要求我们必须从法学的角度来评价一项策划的合法性。在策划案例中,有很多自以为是的策划人为客户策划了一些"吸引人眼球"的策划方案,乍一看很新颖、很有"竞争力",但仔细分析一下,其中一些内容触犯了《反不正当竞争法》、《广告法》等法律的相关条文,这样的策划方案推出以后,会遭到工商局等部门的查处或竞争对手的诉讼,不仅白花了经费,连社会信誉也失去了,可谓得不偿失。由此可见,在进行各项策划时,要首先研究这些策划方案在法律方面的可行性。

2. 思维科学

思维科学是研究人的意识思维规律和方法的科学。意识思维是指人脑可以控制的思维(与之相对的是不受大脑控制的下意识思维)。策划的核心内容是出谋划策,策划方案的产生,是人脑思维活动的结果。策划者要获得成功的策划方案,应当充分利用思维科学的成果,认识人脑思维的规律,自觉按照思维规律来思考问题,从而提高思维效率。同时,对思维规律的研究,也便于策划者在策划竞争中对其他策划主体进行研究,使他们更容易洞悉同行的心态以及他们的思维过程,从而加以利用,最终成功实现自己的策划目标。

3. 信息科学

策划活动的首要环节是收集信息,因此要求策划人必须充分地掌握各种相关信息。《孙子兵法》有云,"知己知彼,百战不殆"。准确、及时、有效的信息是策划的重要依据,否则,策划将会成为空中楼阁,即使勉强做出策划,在实施过程中也势必会漏洞百出,甚至造成不必要的损失。在政治和军事策划中,信息情报往往成为决定双方成败的关键,甚至影响到历史的进程。《孙子兵法》有"故明君贤将,所以动而胜人。成功出于众者,先知也"一句,意思是"英明的国君,贤良的将帅,之所以一出兵就能战胜敌人,成功超出众人之上,其主要原因,在于事先了解敌情"。事先了解敌情,是军事策划成功的关键,古今中外的大小战争,都证明了孙子的这一观点。同样,在商业界,信息也是经济策划获得成功的前提,日本企业界有句名言"情报就是金钱"。许多世界500强公司都设有专门的资讯部门来搜集产业与竞争对手的商业情报,并获得了极大的经济回报。所以说,信息是策划的前提和策划的耳目,没有信息,策划者只能是"巧妇难为无米之炊"。因此,必须从信息科学的角度,用信息利用的经济学观点来研究信息的获取、加工和利用方法。

4. 行为科学

行为科学是研究人的行为产生与行为表现程度的规律的科学。策划从制订方案到实施,在任何情况下都不能脱离"人"这个主体和中间环节。再好的策划,如果得不到策划执行者和策划参与者的支持,也只能变成画饼充饥、望梅止渴式的空想,无法变成现实。为此,策划者在进行策划时必须研究和考虑如何调动策划执行者的自觉性、主动性和积极性这一关键问题,从行为科学的角度去解决问题。从行为科学研究的方向和目的来看,它为策划学的研究和发展提供了特定的依据和可利用的科学成果。

5. 系统科学

策划本身是一项系统工程,因此策划者必须具有系统科学的观点。西蒙认为,要达到一定的目标,要提高工作效率,单靠某一方面的工作是不够的,必须系统地统筹考虑,不能忽视任何一个环节。策划的核心是理念,但地域文化、社会心理、营销环境、劣势与优势等都应系统考虑。对于每一个策划人员来说,在工作中应自觉树立系统论的观点,在经济、社会、环境的系统中构建自己的规划思路,同时还应该利用系统工程的一系列方法、知识、工具,如系统分析方法、运筹学、决策与评价方法等来帮助我们进行策划,以保证策划方案的科学性。

以上几类科学都是策划学的理论基础,除此之外还有很多学科也是策划学理论基础的重要来源。因为策划学从诞生的第一天起就以指导实践为己任,所以它在实践经验积累之外,需要从人文科学和自然科学中广泛吸取营养。

四、中国策划业的历史与现状

1. 中国历史上的策划人与典型策划案例

无论是东方还是西方,无论是中国还是外国,人类从很早以前就开始自觉地运用和研究策划。中国作为世界四大文明古国之一,策划历史源远流长,策划人才层出不穷,产生了许多流传千古的策划案例,构成了中华文明的重要组成部分。以孔孟为代表的儒家仁政治国策划思想、以商鞅韩非为代表的以法治国方略、孙武的军事策划思想、贾思勰《齐民要术》中的农业策划思想、范蠡的经商策划思想、《学记》中的教育策划思想都是中国古代策划的重要内容。

可以说,从人类文明史开始的那一天起,就有了策划。现代考古表明,原始人的集体狩猎活动已经遗留着人类有意识策划的痕迹。进入阶级社会后,人类对于策划的应用更为广泛,大量的政治、经济、文化活动中都闪烁着策划人的智慧。到春秋战国时期,上至君侯贵族、将相公卿,下至学者、谋士乃至平民百姓,都十分重视策划。"苏秦合纵"、"张仪连横"是策划的典型案例。春秋战国时期以孙子为首的兵家也在当时策划活动中占有重要的一席之地,兵家中许多策略至今仍然是策划人经常使用的招式。比如,他们在以力量取胜的战争条件下,提出了"不战而屈人之兵"、"出奇制胜"等策划观点,至今仍然大放异彩,现实意义极强。

秦末汉初,刘邦、项羽争夺天下,弱势的刘邦战胜强势的项羽的一个很重要的原因就是,刘邦更加善于搜罗、任用策划人才,韩信、陈平等人都是从项羽那里投奔了刘邦,并立下了大功。三国时期的荀彧为曹操策划"挟天子以令诸侯"、诸葛亮为刘备策划"三分天下"、周瑜为孙权策划"赤壁之战",都是经典案例。东晋时期,谢安、谢玄策划"淝水之战";南北朝时期,北魏孝文帝策划推行汉化改革;隋唐时期,帝王与有识之士推动以科举制选拔人才;宋朝,丞相赵普为宋太祖赵匡胤策划"杯酒释兵权";元朝,耶律楚材提出的缓和民族矛盾的建议;明朝,朱升给朱元璋提出的"高筑墙、广积粮、缓称王"的箴言;清朝,康熙皇帝到明孝陵行三跪九叩大礼以笼络江南民心;民国时期有关人士促成的两次国共合作。以上这些成功的历史事件,无一不是策划在其中发挥着重要作用,为中华五千年的历史留下了华彩乐章。

2. 策划业的发展与中国经济的发展

新中国成立后,我国社会面貌发生了很大的变化,党领导人民当家做主,建立了社会主义制度。在计划经济体制下，政府也成立了一些策划、咨询服务部门，这些部门在提供咨询服务的同时，也要对社会发展进行谋划。但是，这些部门所服务的对象是单一的，工作人员是国家工作人员的组成部分，而且这些机构也很少面向社会，因此不能算是现代意义上的策划机构。另外，由于意识形态问题，当20世纪50年代爱德华·L.伯纳斯将策划全面引入公共关系理论和实践时，这时的中国却正在忙于恢复被战争摧毁的国民经济。这一时期在社会制度上的策划，是教条化地照抄照搬苏联模式；在政治、经济、文化工作中的各项策划，更是要自觉服从"以阶级斗争为纲"的思路。因此，这一时期，许多符合实际的、有创意的策划动议没有得到重视甚至遭到批判。

中国策划业的发展是与中国的改革开放同步进行的，1978年改革开放以后，在"实践是检验真理的唯一标准"思想的指导下，策划开始被重新提出和重视起来。特别是进入建设社会主义市场经济阶段以后，随着社会经济的发展，策划获得了前所未有的迅猛发展。有关策划学的图书层出不穷，特别是到了20世纪90年代之后，这类书籍和文章数目众多，蔚为大观。

策划学在当代的一个很重要特点就是它在经济领域中的运用越来越广泛，作用也越来越凸显。各类经济主体越来越发现，经济效益和社会效益的提升，离不开策划，随着我国改革开放政策的实施和市场经济体制的形成，以企业为代表的各类经济主体一方面获得了日益增多的经营自主权，活力增强；另一方面，经济主体外部环境的不确定性增大，面临着新的考验。要处理好经营问题，降低风险，经受住考验，单纯依靠传统的计划经济体制下的方法已难以适应了，如何提高经济主体自身的素质，科学地策划企业形象、销售与产品定位，成为各类经济主体生存与发展的当务之急。因此，各类经济主体开始高度重视策划的功用，力图在充分调查研究本单位的内部条件和外部环境的基础上，做到"知己知彼"，再结合自身的总体发展目标，对经营活动进行具有创新意识的规划、设计、决策，并采取有力的措施付诸实施，对各生产要素进行合理整合和优化组合，立足现在、放眼未来，力图使本单位在产品差异、产品质量、技术性能、生产成本和公关宣传等方面，具备优于对手的竞争优势，从而在激烈的市场竞争中"百战不殆"。

策划是一门科学，而且是同社会经济发展联系极为密切的科学。现在，人类已进入信息社会，知识经济在我国已经初露端倪，策划不仅逐渐深入到社会各界和人们的思想中去，而且策划活动也日益多样化。在经济、社会的广泛领域，都可以看到策划人各显身手的身影，营销策划、产品策划、价格策划、旅游策划、CI策划、公关策划、社会公益策划、广告策划、会议策划、媒体策划、企业策划等多种策划形式越来越为大众所熟悉，这既是中国经济发展带来的成果，同时也有力地促进了中国经济的继续发展。

3. 中国策划业现状

邓小平倡导的改革开放政策已经实施了30多年，中国策划业也伴随着改革开放走过了30多年的风雨历程。

中国策划业发展到现在，在三个方面是值得肯定的：

一是策划业的地位不断提高。过去，人们一谈起策划业和策划人，往往面露不屑之色，总认为策划人只是卖卖嘴皮子，成不了什么大气候。随着改革开放的不断深入，中国策划业产生了一批专业策划人以及他们开设的专业策划机构，这样的一批策划人和策划机构开始活跃在中国经济、社会的大舞台上，标志着中国的策划业已经发展成为一个十分重要的智力产业。到现在，策划业已经得到了社会的广泛认可，形成了一批品牌策划人和品牌策划机构。

二是策划业的作用日益显著。改革开放以来，在我国一批优秀策划人和策划机构的共同努力下，一些优秀的策划案例"震荡"了中国社会。从亚运会的策划到申办奥运会的策划，从"中华世纪坛"的策划到"博鳌亚洲论坛"的策划，从青岛海尔的"真诚到永远"到北京奥运会的"同一个世界，同一个梦想"，从桂林的"印象·刘三姐"到西安的"大唐芙蓉园"……一个个经典的策划案例在中国掀起一波又一波的冲天浪潮，"震荡"了中国社会，策划在经济、社会发展中的作用越来越凸显，策划业成为了中国社会和经济发展的助推器。

三是中国策划业与国际接轨的步伐正在加快。随着我国改革开放的不断深入，国外一些大型的策划公司也已经或即将进入中国，如麦肯锡公司、波士顿公司、科尼尔公司、普华永道公司，这些国际上著名的策划咨询公司基本上都在中国开设了分公司。国际专业策划公司的进入加剧了行业竞争，但也扩大了国际的策划交往。中国策划业与国际接轨的步伐正在加快。

与此同时，中国策划业发展到现在，也有着令人忧虑的一面，主要表现在中国策划业的整体实力还不强，专业策划公司数量少、水平低。从目前情况看，真正从企业定名上就称为"策划公司"的，也就是以策划为主业的公司还很少。策划行业运作不够规范，策划成果的定价、策划人员的档次评定、策划成果的产权保护等行业发展中的重要问题都没得到很好的解决。当前虽然有几个全国性的策划组织，如中国策划研究会、中国策划研究院、中国策划研究中心等，但这些机构互不隶属，对全国策划业的指导与协调作用微乎其微。正因为没有规范化的管理，给一些打着策划牌子的"江湖骗子"有了可乘之机，一些不学无术之徒打着策划的牌子到处招摇撞骗，严重影响了策划业的声誉。理论研究滞后。一些大学里开了营销课和广告课，却没有开策划课，这导致了策划学理论研究的滞后。

虽然中国策划业目前实力还不够强大，还存在着种种问题，但展望未来，我们对中国策划业还是充满信心。中国策划业未来的发展将呈现以下趋势：

第一,策划业的地位将进一步提高。策划业的地位将越来越高,作用将越来越大。随着社会的进步和经济的发展,人们将会越来越注重借助"外脑"来实现自身的目标,这将进一步促进策划业的发展,提高该产业在社会进步和经济发展中的地位。

第二,策划业的分工将进一步细化。随着科学技术的日新月异,人类的社会分工将越来越细,专业化程度将越来越高。与此相适应,策划业的分工也会越来越细,旅游策划、会展策划、房地产策划等一批专业化的策划公司将取代现在的一些分工笼统、"大小通吃"的策划公司,一批专业化程度较高的策划专业人才也将在各自的策划舞台上各领风骚。

第三,策划业的运作将更加规范。市场经济是法制经济,随着中国市场经济向纵深发展,市场运作将更加规范,策划业作为市场经济的重要组成部分,也将在发展中不断壮大。特别是随着中国法制建设的不断完善,对策划成果的法律保护也将不断加强。随着策划业运作的更加规范,策划成果的法律保护也将更加完善。

第二节 旅游策划概述

一、旅游策划的概念

旅游策划作为旅游与策划的分支,是旅游学与策划学这两门学科综合交叉、高度整合的产物,因此无论在概念的内涵方面还是外延方面,都具有自己的特点和内容。旅游策划与公关策划、品牌策划、企业发展策划一样,都是策划人员为达到一定目的,经过调查、分析和研究,运用其智力,借助于一定的科学方法、手段和技术,对旅游组织、旅游产品或旅游活动的整体战略和策略进行运筹规划的过程。旅游策划的过程与其他策划密切相关,但在很大程度上要受旅游活动自身发展规律的制约,因而旅游策划形成了与其他策划不同的特点和内容。

结合前面我们对策划概念的理解,对旅游策划的概念可以作如下界定:旅游策划是指旅游策划者为实现旅游组织的目标,通过对旅游资源、旅游市场和旅游环境等的调查、分析和论证,创造性地设计活动方案、谋划对策,然后付诸实施,以求获得最优经济效益和社会效益的运筹过程。简言之,旅游策划是对某一旅游组织或旅游产品进行谋划和构想的一个运筹过程。

二、旅游策划的本质

旅游策划作为旅游管理活动和旅游决策活动的一种先导程序和总体构想,它不仅仅是一个概念、一种符号,更是一种思想、一种文化、一种发现、一种创新。

从思想上看，旅游策划是旅游策划者对于旅游组织或旅游产品的理解、认识和看法，是策划思维在旅游领域内的具体表现和应用。国内许多市、县级行政区近年来因景区而更名，如黄山市、武夷山市、张家界市、香格里拉县等，充分反映了这些地区的人民对本地知名旅游资源的自豪感和依靠资源、依靠品牌、依靠服务发展旅游的思想。

从文化上看，旅游策划是义化的营造和再现。美国人策划迪士尼乐园，营造和再现了恢宏、荒诞、勇于开拓的美国文化；中国人策划深圳锦绣中华、西安大唐芙蓉园，营造和再现了严谨、平实和博大精深的中国文化。好的旅游策划，必须充分彰显出区域和国家的文化特征，满足旅游者进行跨文化交流的需求，以此形成强大的旅游吸引力。

从发现上看，发现是旅游策划的起点，旅游策划的过程是一个发现问题、构思问题和解决问题的过程，旅游策划的基础是问题的提出和解决。虽然旅游策划是一项预知未来、描绘理想的工作，但我们必须立足现实去发现问题并积极解决这些问题，也就是说，旅游策划是针对未来将要发生的旅游事物而做出的当前的决策。

从创新上看，我们甚至可以说，旅游策划就是旅游创新，缺乏创造性和创新力的旅游策划是没有生命力的旅游策划。策划要敢于谋划、敢于构想，勇于打破常规思维，敢为天下先。毫无疑问，创新是旅游策划的难点，但策划人员必须迎难而上。总的来看，创新思路的来源和创新角度的选择是很多策划人着重考虑的问题，而实际上，创新思维应当贯穿于策划的全过程，优秀的策划人应当在每一个环节都积极思考创新的可能性。

三、旅游策划的基础

旅游策划应以什么样的思想认识和什么样的实践方法作为基础，不仅是旅游策划的理论问题和方向问题，同时也是旅游策划的实践问题和操作问题，总体来看，旅游策划的思想认识基础和实践方法基础，应该具有以下这些内容：

一是以战略作为思想基础，以理想作为认识基础。综观成功的旅游策划案例，无不把战略的设计作为自身发展的重点。旅游策划的重点应该是旅游战略的设定和旅游谋略的设计，这些战略和谋略应当形成一个体系，在具体把握时要注意宏观、中观和微观的区别和联系。比如王志刚在为"中国'99昆明世界园艺博览会"策划时，微观考虑的是世博会；中观考虑的是昆明市；宏观考虑的是云南省，即通过世博会这个超级支撑点，用云南省香烟产业积累的资金进行旅游和绿色产业的第二次创业。要达到这样的目标，必须深刻认识到，旅游策划是一种创造性的思维活动，如果不从根本上去改变认识，标新立异，旅游策划就无从谈起。因此，展望未来，描绘理想，是旅游策划的重要认识基础。

二是以文化作为实践基础,以差异作为方法基础。旅游策划的过程,也就是文化增值和创造的过程,缺乏文化基础、文化背景和文化内涵的旅游策划,是没有生命力的旅游策划,在实践中会出现根基不牢、后劲不足的问题,因此,深入挖掘旅游地、旅游企业的文脉,基于项目的文化背景做好策划设计,是做好旅游策划的先决条件。与此同时,要积极设计项目的差异性,形成项目与众不同的特色。创造差异性是旅游策划最基本的原则和方法,旅游策划需做到"人无我有,人有我优,人优我新",始终把差异性作为自己领跑市场的王牌。

四、旅游策划的类型

旅游策划可以按照以下几种不同的分类方式,分成不同的类型。

一是根据旅游策划的规模划分,可以分成个别旅游策划和整体旅游策划两种。个别旅游策划是指单独对一个或几个旅游活动的内容进行策划,整体旅游策划是指具有较大规模地围绕同一目标而进行的一系列的旅游活动的策划。

二是根据旅游策划的侧重点划分,可以分为宏观旅游策划和微观旅游策划两种。这两者的主要区别体现在进行旅游策划时的着眼点有所不同,分别定位于宏观层面与微观层面。

三是根据旅游策划的基本要素划分,可以分为旅游目标策划、对象策划及方案策划。这三者的主要区别体现在策划内容上,实现形式和基本要素有所不同。

四是根据旅游策划的对象划分,旅游策划可以分为旅游企业策划、旅游事业策划和政府策划。旅游企业策划又可分为饭店、宾馆旅游策划,旅行社旅游策划和旅游景点、景区旅游策划等。

五是根据旅游企业的运行过程划分,可以分为旅游战略策划、旅游产品策划、旅游促销策划、旅游广告策划、旅游企业文化策划、旅游形象策划、旅游谈判策划、旅游专题策划、旅游危机策划等。

六是根据旅游活动的形式划分,可以分为休闲旅游策划、生态旅游策划、观光旅游策划等。随着旅游活动形式的不断发展,新的旅游策划形式还将不断出现。

五、旅游策划相关概念的辨析

旅游策划是一门新兴学科,目前国内外还较少看到专门的系统研究,在实际操作中,旅游策划的概念常常与其他一些旅游相关概念相混淆。为使旅游策划概念的界定更加科学、全面、准确、合理,有必要将旅游策划概念同旅游规划、旅游决策、旅游创意、旅游计划等这些容易与之相混淆的相关概念进行比较。

1. 旅游策划与旅游规划

在具体的旅游策划实践中,人们经常将旅游策划和旅游规划等同起来。其实,旅游策划与旅游规划之间虽然有着许多的共性和联系,但两者之间的区别是显而易见的。具体来说,旅游规划中必然要涉及旅游策划的一些内容,因为旅游规划是从总体和全局来考虑问题的,必须对旅游产品的生产和开发有一个全面的安排,这里面包含了对旅游策划的总体构想,包括长远的与近期的构想,这些构想在一定程度上可以为以后具体的旅游策划提供资料、依据和指导思想。但旅游规划不能取代旅游策划的作用,大量细致、具体的工作仍需要由旅游策划来完成。比如说,在常州市的旅游发展规划中,规划方提出构建常州恐龙园、天宁寺景区、太湖湾景区、金坛茅山景区、武进淹城景区和溧阳天目湖景区六大功能区的规划思路,地方政府按照这一思路进行了重点景区的建设,但景区经营中的很多问题不可能由发展规划文本来解决。在景区的发展框架由规划人员定下来以后,策划人员可以以景区为单位,对景区内的项目设置和活动安排进行细致的策划,力求取得较好的效益,推动景区的经营管理。由此可见,旅游规划可以作为旅游策划的指导,但不能完全包含旅游策划的内容。不过在近几年,出现了一种旅游规划与旅游策划合流的趋势,体现在一些实力较强的规划方在进行区域旅游发展规划的同时,为委托方进行若干重点景区的专项策划,这种操作形式的好处是便于规划思路与策划思路的衔接,但并不是说两者可以相互混淆和替代。

2. 旅游策划与旅游决策

决策是一种判断,是为了实现目标而进行的一种设计、选择和决定,重在选择方案,以选择、决定和判断作为它的本质特征;而策划则重在谋划和设计方案。就两者的关系来说,策划为决策进行创意和设计,对决策起着补充说明的作用;而决策从某种程度上看,是策划方案优选和融合的结果。换句话说,策划通常是决策的基础和前提,而决策是对策划进行的选择和决定。两者目标相同,相互制约,但内容和程序上存在很大差异。

3. 旅游策划与旅游创意

有人认为旅游策划就是拿出旅游创意,即为旅游出点子,这种看法是不准确的。所谓点子,就是人们常说的主意,它毕竟只是一个"点",而策划则是一个"面"或"体";点子只是策划中的一个环节,而策划则应是一个整体的、系统的实施过程。"点子"是闪亮的珍珠,虽有价值,但很零散,只有用策划这根线把它穿起来,才能构成具有高附加值的珍珠项链。策划比创意更完备、更具体、更具有可操作性,而且它是一个过程、一个系统。因此,旅游策划不能等同于旅游创意。创意是创造性思维的一种结果,是一种思想;而策划不仅仅是创造性思维的一种结果,而且还包括这一结果产生的动态过程。

4. 旅游策划与旅游计划

旅游策划关注的是旅游组织或旅游产品的全面性、整体性的战略战术,而旅游计划则强调旅游组织或产品的具体可操作性方案。具体来说,旅游计划是旅游策划具体的实施细则,任何旅游策划都必须计划化,要最终落实到一个或多个计划来实施。但并非所有的旅游计划都隶属于某一旅游策划,有的旅游计划是长远的目标打算,不具备现实的操作性;有的旅游计划是常规的工作流程,不具备创新性。

六、旅游策划的主体与客体

1. 旅游策划的主体

旅游策划的主体就是指参与旅游策划的谋划、制作和实施的单位或个人。衡量是否具备旅游策划主体资格,除了看他所策划的对象是否与旅游有关,重要的是要看他是否参与了旅游策划的谋划、制作和实施。参与了旅游策划的谋划、制作和实施就具备旅游策划的主体资格,否则就不具备旅游策划的主体资格。

2. 旅游策划的客体

旅游策划的客体是旅游策划所指向的对象。旅游策划的对象包括物质、非物质对象和行为等。如旅游景区(点)的策划,它所指向的对象就是旅游景区(点)这一物质载体;旅游节庆策划,它所指向的对象就是某种旅游文化或旅游产品;旅游服务策划的对象指服务硬件设施和服务行为。

第三节 旅游策划学概述

旅游策划学是一门有其特定研究对象和理论体系的学科,是在旅游学和策划学理论基础上建构起来的新型的交叉学科。

一、旅游策划学的性质、特点及学科内容体系

1. 旅游策划学的定义

旅游策划学是一门探索旅游策划的运作规律,研究其原理、原则、方法、技能及其在旅游策划实践中如何应用的学问和学科,旨在通过对旅游策划原理、原则及发展规律的系统研究,为旅游策划实践提供理论依据和指导。

2. 旅游策划学的特点

旅游策划学作为一门交叉学科,具有以下几个方面的特点。

一是整合性。旅游策划学是一门新兴的交叉学科,是旅游学和策划学合理整合的结果,兼具了两者的特色,具有典型的整合性特点。

二是综合性。旅游策划学是旅游学、策划学、传播学、行为学、创造学、运筹学、谋略学、市场学、心理学、信息学、公关学、环境学等各种学科和文学、历史、哲学、经济、民俗、文化、数学、物理、化学等多方面知识交叉综合的产物,因此具有综合性

特点。

三是应用性。旅游策划学与旅游学、旅游经济学和旅游心理学等旅游学科比较,尤其强调操作性、实用性和应用性。旅游策划学虽然也对旅游的一些理论问题进行总结和概括,但这种总结和概括,其根本出发点在于指导具体的旅游策划实践。

四是系统性。旅游策划学是一门系统性很强的学科,旅游策划的系统性表现在策划是对一些较大规模、要素复杂且围绕同一目标而进行的一系列旅游活动的策划。

3. 旅游策划学的学科性质

旅游策划学的学科性质是由旅游策划学这一学科所研究的对象和任务决定的。根据我们对旅游策划学研究内容和研究对象的把握和理解,旅游策划学的学科性质可以确定为:旅游策划学是策划学与旅游学相交叉而形成的一门应用性管理学科。

4. 旅游策划学的内容体系

旅游策划学的内容体系应包括两个大的部分,即旅游策划学原理与旅游策划应用,这也是本书所采用的基本框架。

一是旅游策划学原理部分。主要阐述旅游策划的基本概念、基本性质、基本内容、基本观点、基本理论、基本方法、基本特点、基本原则、基本程序和技巧等。

二是旅游策划应用部分。主要论述旅游策划活动中常见的一些专题性旅游策划的基本理论、方法及技巧,具体如旅游发展战略策划、旅游形象策划、旅游公关策划、旅游广告策划、旅游产品策划、旅游服务策划和旅游节庆活动策划等。

二、旅游策划学研究的内容

旅游策划学不但要研究旅游策划的基本特点、技巧及其运动变化规律,而且还要研究那些影响旅游策划的各种因素及其相互之间的关系。主要包括以下几个方面的内容:

1. 旅游策划基本要素研究

旅游策划活动一般由旅游策划者、旅游策划目标、旅游策划对象及旅游策划方案四个基本要素构成。

旅游策划者是指旅游策划活动和旅游策划系统的创造主体,在旅游策划诸要素中,居于首要位置。旅游策划者的时代差别、人格差别、文化差别、心理素质差别、精神面貌差别、职业道德差别,都将不同程度地、直接或间接地影响和作用于旅游策划活动。因此,旅游策划者的思想品格、道德风貌、兴趣爱好、性格心理、行为方式、理念信仰等都是旅游策划学研究的一个重要内容。

旅游策划目标是旅游策划的动力和指南,目的在于解决旅游组织在形象战略中提出的对环境对象应达到的期望状态。具体来说,要求弄清楚旅游策划究竟要"策划什么"、"策划到什么程度"、"取得什么样的策划效果"等问题。

旅游策划对象包括旅游策划所指向的对象和规划行为外部的组织环境,前者的基本情况和核心内容需要策划人员能够细致掌握;后者则具有多变性、复杂性和不确定性等特点,需要策划人员在工作中能够相机调控。旅游策划工作不可能脱离策划对象本身的性质和特点,否则将成为无本之木、无源之水,因此要求旅游策划学必须摸索出与旅游策划对象相关的规律。

旅游策划方案是旅游策划思想的物化,由于旅游策划活动角度不同、标准不一,旅游策划技巧有优劣之分,旅游策划水平有高低之别,因而造成旅游策划方案风格上的差异。旅游策划学应该把旅游策划方案的特点、内容、表现手法和表现形式等作为自己的研究内容。

总之,旅游策划是一项复杂的系统工程,是一个相互依存、互为关联的有机体系。旅游策划学科研究绝不是旅游策划者、旅游策划目标、旅游策划对象和旅游策划方案四种要素的机械堆积,而是通过有意识、有目地改造世界的行为使彼此之间相互联系和相互作用,因此,旅游策划四个基本要素之间的有机协调和优化整合,同样是旅游策划学一个重要的研究内容。

2. 旅游策划内容研究

旅游策划包含一系列的具体内容,如:旅游发展战略策划、旅游形象策划、旅游公关策划、旅游广告策划、旅游产品策划、旅游服务策划和旅游节庆活动策划等。这些内容涵盖了旅游策划工作的具体方面,共同构建了旅游策划的内容体系。

3. 旅游策划个案研究

在旅游策划实践过程中,有许多成功的案例,也有许多失败的案例;有许多优秀的案例,也有许多平庸的案例。通过对旅游策划个案的研究分析,可以有的放矢地帮助我们理清思路,用积累的经验和吸取的教训来指导具体的旅游策划实践。

4. 旅游策划艺术研究

旅游策划是一门艺术,是对势、时、术三要素的一种巧妙运用。旅游策划能否成功,不仅与旅游策划水平和旅游策划创意等要素有关,而且也与旅游策划艺术有着密切的关系。熟练掌握并巧妙运用旅游策划这门艺术,可以使旅游策划事半功倍,如鱼得水,游刃有余;反之则事倍功半,达不到旅游策划的目的和效果。

5. 旅游策划理论研究

旅游策划理论研究,主要是指对旅游策划基本概念和范畴、旅游策划基本原理和理论等的研究。旅游策划学是一门揭示旅游策划运作规律的学科,而所谓旅游策划的运作规律,是指旅游策划形成、发展的一种趋势,以及它的发展过程与旅游策划实践活动之间一种内在的必然的联系。对旅游策划的理论研究,就是要研究旅游策划作为一门学科所应维护和保持的完整性、准确性和系统性,也就是对旅游策划的基本规律和特点的研究和把握。

6. 旅游策划文化研究

旅游策划首先是文化的产物。无论是旅游策划者和旅游策划目标,还是旅游策划对象和旅游策划方案,都要以文化作为基础、依托和背景。同时,旅游策划在具体运作和实践过程中,也在不断地创造着旅游策划文化。旅游策划理论、旅游策划文字、旅游策划思想,以及旅游策划者的策划心理、价值高低、人文理念、审美情趣等,就是旅游策划文化最直接的内容和表现形式。因此,旅游策划的过程,就是旅游策划文化的营造过程,旅游策划文化是旅游策划学研究重点中的重点。

三、旅游策划学体系的构建

1. 构建旅游策划学体系的意义

构建旅游策划学体系的意义主要来自于旅游事业蓬勃发展的需要和旅游学学科建设向纵深发展的需要,从产业发展、竞争、管理、实践和学科建设等方面都能充分体现出旅游策划学体系建设的积极意义。

一是旅游产业发展的需要。旅游策划是对旅游发展的一种筹谋和谋划。"谋"是旅游策划的主要职能,旅游策划着眼于旅游产业在整个国民经济中的地位与作用,着眼于旅游产业宏观、全局和整体的发展,因而在旅游事业发展中具有提升产业地位和增强产业素质的现实作用。

二是旅游业竞争的需要。策划是竞争的产物,哪个时期、哪个领域存在竞争,哪个时期、哪个领域就需要策划。而且,竞争越激烈,策划活动就越重要,策划思想也就越丰富。因此,策划是竞争的需要,旅游策划也是竞争的需要。

三是旅游业管理的需要。旅游策划学是一门管理学科,而且是一门创造性很强的管理学科。对旅游策划的重视程度,和所使用的旅游策划方案水平的高低,是衡量和判断一个旅游企业管理水平和管理能力的重要标志。

四是旅游业实践的需要。旅游策划实践,需要旅游策划理论进行指导。在旅游策划实践过程中出现和遇到的问题,如旅游策划意识淡薄、旅游策划思维单调、旅游策划技巧单一、旅游策划创意单薄等现象,从根本上说是旅游策划实践缺少旅游策划理论指导的结果。

五是旅游学学科建设的需要。构建旅游策划学体系,是旅游学学科建设的需要。随着旅游学学科体系的建立和旅游学研究的深入,旅游策划学体系建设已经刻不容缓,只有这样,旅游学学科体系建设才能根深叶茂,旅游学才能向纵深发展。

2. 建构旅游策划学体系的途径和方法

旅游策划学建设,可谓"路漫漫其修远兮"。构建旅游策划学体系的途径和方

法很多,归纳起来主要有以下三点:

一是以策划学理论和原理作为旅游策划学建设的基础。旅游策划学是策划学的一门分支学科,是策划学理论和原理在旅游领域的具体应用,旅游策划学学科建设,应该而且必须以策划学基本原理作为理论基础。现代策划学虽然历史并不长,但毕竟已经有了二三十年的发展历程。它不仅构建了一整套较为完善的理论体系,而且也积累了相当丰富的经验。因此,以策划学基本原理为理论基础,学习和借鉴策划学的理论和经验,是构建旅游策划学学科体系的一个重要途径和方法。

二是借鉴公关策划学和广告策划学等学科建设的经验。在策划学学科体系中,公关策划学、广告策划学是两门较早获得独立并取得相当成就的分支学科和应用学科。借鉴他们的成功经验,可以最大限度地帮助我们避免失误,少走弯路,缩短时间,尽快尽早地建立一门具有相对独立意义的旅游策划学学科。

三是以中国旅游策划现状为根本点和出发点。策划学的基本原理和理论,公关策划学、广告策划学的成功经验,只能作为旅游策划学的理论基础和借鉴,旅游策划学既不能盲目照搬,也不能随意照抄,因为旅游策划学毕竟是一门具有相对独立意义的策划学应用学科。旅游策划学的构建,必须以旅游策划为自己的范围和研究对象,以旅游策划的现状和事实为根本点和出发点,只有这样,旅游策划学的生命之树才会常青,旅游策划学才能健康有序地稳步发展。

复习思考题

1. 策划有哪些主要功能?
2. 中国策划业的发展有哪些值得肯定的方面和需要注意的问题?今后的发展趋势如何?
3. 旅游策划可以从哪些不同的角度进行类型划分?
4. 旅游策划与旅游规划、旅游决策、旅游创意、旅游计划等概念的区别是什么?
5. 旅游策划学的研究内容主要有哪些?
6. 如何建立旅游策划学学科体系?

第二章 旅游策划的特点与原则

引言

　　世间的任何事物,都有其发生发展的规律;任何一个研究对象,都有其基本特点和适用原则。有些学生在学习上花的时间精力有限却能获得很好的成绩,是因为他们掌握了学习的规律和课程的特点。工人、农民在劳动中熟能生巧,是因为他们掌握了劳动对象的特点和实施劳动的原则。无论是在学习还是工作中,对我们关注的事物进行认真研究,发现它们的特点、归纳蕴含其中的原则,有助于我们加深对这些事物的理解,提升我们学习与工作的效率。

　　上述道理放在旅游策划上也是成立的。旅游策划有哪些特点,操作过程中应遵循哪些原则,是旅游策划基本知识中比较重要的两个问题。本章内容就是围绕这两个方面展开的,对旅游策划的特点和原则的学习,是我们加深对旅游策划理解的必由之路。

本章学习目标

1. 理解旅游策划的特点。
2. 理解旅游策划的原则。

　　旅游策划和广告策划、公关策划等其他策划学分支学科一样,都是策划者为实现一定的目标,借助一定的科学方法、手段和技巧,出谋划策、运筹帷幄的过程。旅游策划的特点和原则,与广告策划和公关策划等其他策划学分支学科的特点和原则紧密联系。不过,由于旅游策划与广告策划、公关策划等策划学分支学科在概念的内涵和外延上并不相同,旅游策划在很大程度上要受旅游自身发展规律的影响和制约,因而旅游策划形成了许多不同于其他一般策划的特点和原则。

第一节 旅游策划的特点

一、竞争的谋略性

谋略是策划最重要的特征,是策划思想的精髓。在日益激烈的竞争中,通过策划来决胜千里,是很多策划活动的共同特征。作为策划学分支学科和应用学科的旅游策划,具有一般策划所共有的谋略性特点。

1. 谋略的针对性

不同的民族和国家,有不同的旅游策划特点。中国的旅游策划具有浓郁的东方文化氛围与风韵,追求策划所赋予的谋略形式与内涵。而西方国家由于受历史积淀和传统文化等因素影响,旅游策划以技术见长,把旅游策划当作实现组织目标的一种手段和工具。因此,东方民族和国家与西方民族和国家在旅游策划方面存在着差异,但这种差异是支流不是主流。其主流是东西方国家在策划方面注重谋略的思想精髓,这也是东西方旅游策划的共同特点。

2. 谋略的发展观

旅游策划实务涉及的领域很多,比较重要的有:旅游发展战略策划、旅游形象策划、旅游公关策划、旅游广告策划、旅游产品策划、旅游服务策划和旅游节庆活动策划等。其中,以谋略为主要特征和内容的旅游发展战略策划鹤立鸡群,是旅游策划基础中的基础,对旅游事业的发展具有中流砥柱的作用和影响。其理由如下:

一是旅游发展战略策划关系到旅游事业的生存和发展,关系到旅游业的兴衰成败。良好的旅游策划本身就是最宝贵的资源和财富,它最大的价值就是创造机会、创造市场,促进旅游事业的蓬勃发展。

二是成功的旅游发展战略策划,可以使旅游业的发展避免盲目性。随着旅游事业30年来的大发展,各级政府对通过发展旅游经济来带动地方经济发展的思路越来越明确,对旅游业发展越来越重视,各地的旅游项目纷纷上马,在旅游事业红火发展的局面背后,也出现了资源浪费和竞争加剧的现象。如果在此之前能够科学合理地进行策划,提前明确项目的特点和实施的效果,则可以使旅游业稳步发展而避免盲目。

三是成功的旅游发展战略策划,可以有效地帮助旅游企业适应市场变化的需要,增强旅游企业的应变能力。旅游产品主要是一种以服务为特征和内容的无形产品,自身存在不稳定性和不可储存性,加上外部市场情况的变化多端、捉摸不定,对现代旅游企业的快速反应能力提出了较高的要求。策划能充分考虑市场状况,针对企业特点和资源优势给出应变方案,因此在旅游行业中显得尤为重要。

四是成功的旅游发展战略策划,可以增强旅游企业的竞争力。现代旅游业的竞争日益加剧,在这种形势下,策划已不仅仅是一种管理工具,更是一种竞争工具,企业需要自觉运用策划来内强实力、外塑形象,以在竞争中立于不败之地。

五是成功的旅游发展战略策划,可以推动和促进旅游事业的可持续发展。不谋全局,不足谋一域。旅游发展战略策划,突出发展,强调战略,注重旅游发展的整体性、全局性、系统性和宏观性,因而能有效促进和推动旅游事业的可持续发展。

六是成功的旅游发展战略策划,架起了旅游业今天和明天之间的桥梁。旅游发展战略策划,策划的是关于旅游未来的事物,也就是说,旅游发展战略策划着眼的是旅游业的将来。成功的旅游发展战略策划,可以使人们明确目标、理清思路、增强信心。

旅游发展战略策划在其他旅游策划实务中同样具有举足轻重的地位和影响。对于诸如旅游形象策划、旅游公关策划、旅游广告策划、旅游产品策划、旅游服务策划和旅游节庆活动策划等旅游策划类型来说,一方面,它们必须紧紧围绕并服务于旅游发展战略策划这一中心和基本点;另一方面,这些具体的旅游策划实务,无一例外地都将各自具体的发展战略和谋略的运筹作为自己工作的重点。所以说,旅游发展战略策划和谋略策划,是旅游策划的核心和灵魂。

二、发展的可持续性

旅游发展必须是可持续性的,以牺牲人类文化遗产和生态环境为代价去追求发展、追求经济利益,是与旅游发展可持续性观点格格不入的,因此旅游策划必须坚持可持续发展的观点,在策划时把可持续性作为旅游策划的根本目的。旅游发展可持续性的内涵包括:公平性、协调性、资源观、全球观等内容,旅游策划也必须坚持公平性、协调性、资源观和全局观。

1. 坚持公平性才能可持续发展

旅游资源是前人留给后人的自然、历史文化遗产,是全人类共有的财富,人与人之间、民族与民族之间、地区与地区之间、国家与国家之间都有平等享受的权利,因此进行旅游策划时必须坚持公平性。旅游策划就是为了人人平等享用人类自然、历史文化遗产,在享受的同时,人人都应自觉地承担保护遗产的责任,只有这样才能使旅游业正常、健康、可持续发展。

2. 坚持协调性才能可持续发展

旅游业的发展离不开协调,不仅旅游产业六大行业(景区、旅行社、酒店、交通、购物、娱乐)之间需要协调,而且其中某一行业内部的发展也需要协调。比如交通要协调其内部承担旅客输送任务的航空、铁路、公路、航运等交通组织,还要协调交通站点与景区、酒店等所在地的区域交通。此外,旅游的可持续发展还要自觉与旅游发展的大环境相协调,充分考虑经济发展水平、政治稳定程度、旅游资源的供应与承载力等因素。因此,为了使旅游业可持续发展,旅游策划时要考虑的协调因素有:考虑旅游业内部六大行业的协调发展,使其和谐有序;考虑国民经济发展水平和人们在旅游上的可能支出情况,使客源分析工作真实有效;考虑旅游资源的结构和生态环境的承载力,实现旅游业合理布局和有序发展。搞策划时不考虑诸多因素的协调,形成一个顾此失彼、不成功的策划,那是不可能使旅游业可持续发展的。

3. 坚持科学资源观才能可持续发展

科学资源观是资源开发与保护的统一。什么是旅游资源? 2003 年我国国家标准《旅游资源分类、调查和评价》中给出的定义是"自然界和人类社会凡能对旅游者产生吸引力,可以为旅游业开发利用,并可以产生经济效益、社会效益和环境效益的各种事物和因素"。如自然风景、历史文物、民俗风情、工业农业、现代科技等。旅游策划是一种有序的策划,针对不同类型资源和不同属性的旅游企业,要采取不同的策划策略,科学合理地制订旅游资源开发利用计划和步骤,这是以旅游策划保证旅游发展可持续性的一项重要内容。

4. 坚持全局观才能可持续发展

旅游策划的出发点是旅游业组织的整体利益和可持续发展,如果只顾眼前利益和局部利益,忽视长远利益和整体利益,不能很好地协调和处理好局部与整体的关系,那么,这样的旅游策划不可能是一个优秀的旅游策划,也不可能是一个成功的旅游策划。策划人员必须在工作中自觉树立大局观、全局观,自觉运用系统论的观点来分析问题和解决问题。

综上,可持续性是旅游策划发展的方向和出发点,可持续发展是旅游策划中必须执行的理念。

三、需求的服务性

旅游业是一个服务性的行业,通过服务满足旅游者的需求是旅游行业的本质属性,这也在很大程度上决定了旅游策划与其他一些策划的区别。

1. 旅游策划的服务特点

旅游策划是旅游策划者通过对旅游策划对象的系统分析,利用已经掌握的知识和手段,对旅游组织、旅游产品或旅游活动的整体战略和策略进行运筹规划的过程。旅游策划过程,本身就是旅游策划者和旅游策划组织为各类旅游组织、旅游产品和旅游活动提供服务的过程。旅游策划必须"以人为本",树立以游客为核心的观点,策划方案的设计应紧紧围绕游客的需求进行。由于旅游是人们为追求和实现个人在某一或某些方面的需求和发展而进行的异地活动,所以策划时应充分考虑到满足游客和社会对旅游产品知识性、欣赏性、安全性的期望,对方便、热心、周到服务的期盼。

2. 旅游策划以旅游者需求为中心

旅游服务是为满足旅游者食、住、行、游、购、娱等需要而提供的一种旅游产品。旅游策划的中心和出发点，不是各类旅游企业和各级旅游行政管理机构，而是一个个具有丰富感情色彩和需求层次多样化的旅游者，也就是说，旅游策划必须站在旅游者的立场，围绕旅游者的需要，体现以旅游者的旅游需求为中心的原则，因此，旅游策划具有旅游服务的鲜明个性和特点，需要以旅游者的需求为设计取向。

3. 旅游策划主要是旅游心理服务策划

旅游企业为客人提供的服务，既包括圆满、高效率地帮助他们解决在食、住、行、游、购、娱等方面所遇到的种种实际问题和具体问题的"功能服务"，也包括让他们在与服务人员的交往中获得心理满足的"心理服务"。作为旅游产品的旅游服务，主要是一种心理服务，它是无形的，不能用一般商品的外在质量和内在标准进行统一的评定和衡量，也不像旅游商品那样，旅游者在购买和消费之后一旦发现质量问题可以实现包退、包修和包换。更为复杂的是，旅游企业可以独自制作和生产旅游商品，却不可以独自制作和生产旅游产品。旅游产品必须在旅游者的直接参与下才能被生产出来。也就是说，旅游者不仅是旅游产品的购买者和消费者，同时也是旅游产品的生产者和制作者。旅游策划只有体现旅游服务的这种心理特点，才能满足旅游者的旅游需求。因此，旅游策划主要是旅游心理服务内容的策划。

四、目标的效益性

效益性原则是指旅游策划者在进行策划时，要注意正面的积极的效益获取，要设法以较小的付出与投入，产生较好的效果，取得尽可能大的收益。

1. 效益性原则是旅游策划的出发点和归宿

无论做什么工作都要讲究效益，旅游策划也一样。策划首先要确定目标，目标中包含着策划方案所希望达到的效益。效益有经济效益和社会效益之分。经济效益是尽可能以较少的人力、物力、财力的投入，获得高出投入数倍、数十倍的产出。在旅游业发展中，只有经济效益好的组织可以得到较好的发展，效益差的组织则举步维艰，甚至濒临倒闭。但旅游策划的效益策划也不能完全以经济效益为导向，在一定的时候还应该注重社会效益。有时候某个策划项目虽然赚钱不多，但它能够保护生态环境、教育群众，使游客在欣赏祖国大好河山之后激发出爱国热情、民族精神，这样的策划也是一个好的策划。所以，社会效益和环境效益也是旅游策划效益的出发点，都是旅游业发展的生命线，不能取得经济或社会效益的策划活动是没有意义的。旅游策划应自觉以效益性原则为指导，正确确定旅游策划的起点和目标,以期取得良好的策划结果。

2. 效益性原则是策划工作成败的重要原因

1978年以前的中国旅游业,以组织接待为特色,不算经济账只算政治账,造成几十年来我国旅游业基础建设落后,开发旅游资源的积极性不高,致使旅游业落后于同时期世界旅游发展的平均水平。十一届三中全会以后,我国开始推行改革开放、建立现代企业制度,很多旅游企业抓住机遇实现了快速发展。对企业来说,效益是生命线,必须牢牢抓住。在新产品、新线路推向市场的时候,确实有一部分旅游企业进行了一些"赔钱赚吆喝"的策划,目的是为了打开市场。但这种不计成本的工作不能长期进行,否则会使企业的经营受到严重影响。2000年前后,南京某旅行社一度策划了"君子游"的方案,旅游团费由客人在旅程结束后根据线路内容和服务质量自定,付多付少均可,甚至不付也没关系。这种方案看似新颖,但在目前我国诚信体系尚未建立的情况下显得可操作性不强,这个策划方案带来的后果是旅行社的经营很快变得难以为继,只能叫停。当一个策划方案使一个企业失去了效益,无论它在理念、文化方面做得多么出色,也不能算是一个成功的策划。因此,对效益性的关注,也是旅游策划工作的重要特点。

第二节 旅游策划的原则

一、创新原则

创新是人类赖以生存和发展的重要手段,创新适用于人类一切的自觉活动。创新原则是策划的核心、本质和灵魂,能否打破常规、标新立异、出奇制胜,决定着旅游策划的成败。旅游策划的创新原则体现在策划的观念层面、操作层面和现实层面上,模仿、人云亦云的旅游策划,会使人们有似曾相识的感觉,从而导致该策划失去吸引力,预期的经济效益和社会效益也就难以达成。

旅游策划的创新,从旅游组织的角度来讲,主要是为了进一步拓展生存和发展的空间,创造一种有特色、有新意、有内涵的旅游构件和要素;从旅游者的角度来讲,则主要是为了获得一种轻松愉快的新鲜感觉和经历,暂时进入一种与日常生活有强烈差异的生活状态。

旅游策划的创新原则,可以从以下几个方面进行具体的理解和把握。

1. 求"新"

一是理念创新。包含概念创新、风格创新、形象创新、时尚创新、趋势创新、感觉创新和效益创新等多方面。要有"没有市场,就创造一个市场"的勇气和精神,领导潮流,倡导时尚。美国迪士尼乐园的成功,首先就在于沃尔特·迪士尼将制作卡通片的一些手法和想象力,创造性地移植到一个真实的世界中,开创了主题公园这一现代旅游娱乐场所概念的先河,使主题公园风靡全球。

二是内容创新。内容创新是旅游策划求"新"的关键,这是因为,要改变人们对旅游组织和旅游产品的态度,最简单易行的办法就是改变旅游组织和旅游产品本身,然后再千方百计设法引导旅游者发现这种变化。有时,即使是旅游组织和旅游产品的细微改变,也会比基于一成不变的旅游产品的广告宣传有效十倍。美国迪士尼乐园的成功在很大程度上归功于园内设备设施的快速更新,正是因为他们能够不惜成本地推陈出新,所以能够永远为旅游者营造一个全新的旅游氛围,持续激发他们的旅游动机,保证了回头客,实现了自身发展的长盛不衰。

三是技巧创新。如果内容本身没有真正的改变,那么,手段和技巧的创新就起着决定性的作用。比如迪士尼乐园为了缓解排队问题,推出了 fast pass 服务,就是在一个游艺项目那里预约一个时间,到了那个时间就可以直接拿着 fast pass 去快速通道,不用排队,唯一的限制就是 fast pass 指定了具体的时间。这样一来,当很多游客都申领到 fast pass 后,不同的娱乐设施之间就实现了游客的分流,大大提高了园内设施的综合使用率。

2. 求"异"

"异"是不同点,特殊点。一个好的旅游策划,一定要在名称、形式和内容上有自己的特殊性。

一是在定名上"异"中求新颖。是指对旅游策划所涉及的对象进行定名时,综合考虑各方面的因素,最后确定一个有特色,别人难以仿效的名称。比如"五岳联盟",原来是叫五岳年会,是五岳之间一个松散性的旅游协作组织,这种松散性组织的年会开多了,大家就不觉得新鲜了。于是策划者在定名上下了功夫,将五岳年会改成"五岳联盟",将五岳年会的章程改成"五岳联盟宣言",将五岳年会的年度总结改成"五岳联盟年度热点报告",而且还像模像样地模仿起金庸小说里的做法,定下了五岳联盟的信物,取名"中华五岳雄心宝剑"。简单地改了几个名字,使一个松散性的旅游组织年会重新焕发了生机。

二是在形式上"异"中求新奇。是指通过不同的表现形式使内容趋同的旅游策划显示出新的特色和强大的生命力,以达到策划者或委托者的目的。比如围棋比赛,不算什么新鲜的活动,但在2003年,湖南凤凰旅游发展公司却在中国著名的凤凰古城组织了一场名为"棋行大地,天下凤凰"的中韩围棋擂台赛,别开生面地以蓝天为幕、大地为盘、武童为棋,使一场普通的围棋赛出现了许多亮点。有了这种新颖别致的形式,再加上中央电视台、凤凰卫视、湖南卫视、新浪网等媒体的炒作,使得一件从内容看来并无多少惊人之处的围棋比赛成了一件具有轰动效应的大事。

三是在内容上"异"中求新特。是指对表现形式趋同的旅游策划,通过赋予不同的内容,使其显示出新的特色和强大的生命力,以达到策划者或委托者的目的。比如,国家旅游局每年都要推出一个年度的中国旅游主题,从形式上看是基本一致的,都是国家旅游局宣布,都有一个首游式,都要公布一批与主题切合的旅游景区(点)。但国家旅游局在旅游主题策划的内容上下了很多功夫,如2006年的"乡村旅游年"、2007年的"和谐城乡旅游年"、2008年的"中国奥运旅游年"、2009年的"生态旅游年",这些不同的内容使每一年的旅游主题活动都充满了生机,从而也达到了应有的效果。

3. 求"最"

将旅游产品定位在第一的位置,追求最"美"、最"大"、最"奇"、最"高"、最"古"和最"优",是旅游策划创新过程中常用的一种原则。许多旅游策划者遵循求"最"原则,充分把旅游资源、旅游活动在某个方面最突出的特点挖掘出来,如规模最大、项目最多、内容最新、技术最高、功能最全等。比如在1992年,经几十名专家学者的论证,北京推出了十大"世界之最":最长的防御城墙——万里长城;现存规模最大、保存最完整的宫殿建筑群——故宫;最大的城市中心广场——天安门广场;最大的祭天建筑群——天坛;造景丰富、建筑集中、保存最完整的皇家园林——颐和园;建园最早的皇城御园——北海;保存最完整、埋葬皇帝最多的墓葬群——十三陵;发现直立人化石、用火遗迹和原始文化遗存最丰富的古人类文化遗址——周口店北京猿人遗址;收藏石刻经版最多的寺庙——云居寺;铭文字数最多的大钟——永乐大钟。这些"之最"都可以在策划方面大做文章。如果没有"世界之最",那"中国之最"、"区域之最"也是策划的好题材,有时候连"中国之最"、"区域之最"也没有,那就在第二、第三上策划出自己最具特色的东西,以引起游客的注意,但绝不能无中生有,沽名钓誉,蒙骗游客。

4. 求"需"

旅游策划的求"需",就是根据旅游者的需求,从现实的旅游行为中,找出能够与旅游策划产生呼应的契合点。每一位旅游者都有自己的个性特征,每一群旅游者都有不相同的心理需求。旅游策划者要善于从这些客观存在的行为和需求中发现线索,找出策划工作可以抓住的机会,通过精妙的策划方案来刺激旅游者的需求。旅游者的需求是多样化的,如对旅游目的地的景点,有人喜欢厚重的人文历史,有人喜欢秀丽的自然风光,有人猎奇探险,有人休闲娱乐。在旅游交通工具的价格上,有人追求豪华排场,有人追求经济实惠,有人追求安全舒适,有人追求优质服务。所以,旅游策划者应该分析游客的需求,抓住主要矛盾,投游客之所好,为策划目标定准位置。现在许多航空公司的广告宣传,有的宣传自己的票价低廉,有的突出手续简便,有的强调服务优良,有的突出公司实力,有的推出品牌战略……但这些广告都没有抓住主要矛盾,因为他们都没有注意到乘客在乘坐航班时最大的需求是安全。而新加坡航空公司在制作宣传广告之前,充分考虑到乘客中普遍存在的对于飞行安全的迫切需求,并在此基础上作了精心策划,策划出"天使栖息在我们的机翼上"的广告口号,这句口号充分迎合了乘客的安全与优质服务的需求,"天使"既是旅行安全的保护神,又是爱心服务的象征。从而使旅客对这家航空公司产生了一种安全可信、服务优良的感觉,策划获得了预期的效果。

二、系统原则

从哲学的角度来讲,系统是各要素之间、要素与整体之间相互对立、相互联系、相互作用的矛盾统一体。系统概念和系统原则反映了客观世界多因素、多层次交互作用的复杂关系,以及系统内在的复杂的辩证因果关系、质量互变关系、结构与功能的关系。

1. 旅游策划必须遵循系统原则

旅游策划必须遵循系统原则,这是因为:

旅游业是整个经济活动大系统中的子系统,在经济活动中,许许多多的行业组成了经济运行的大系统,而旅游业仅仅是其中的一个子系统,子系统的运行离不开大系统的规则制约,因此旅游企业或旅游组织的策划不能脱离地方与时代的经济背景而孤立地做策划。

同时,旅游策划是旅游业系统的支持系统。旅游业本身就是一个系统,由食、住、行、游、购、娱这六个相对开放和相对独立的子系统构成,这些子系统都有资源开发、市场营销、公关形象宣传等子系统,每一个子系统的开发与经营,都存在策划问题,所以,旅游策划是旅游业的重要支持系统。旅游策划系统的运行要遵循系统原则,策划时要考虑旅游业与其子系统之间以及子系统彼此之间的关系,使策划系统处于一个稳定、和谐的状态,否则会破坏整个旅游业系统的运行与发展。

此外,旅游策划本身也是由各要素组成的一个系统。旅游策划是由策划目标、策划对象、策划文稿、策划媒体、策划效果测定方法等子系统组成的。策划中任何一个要素定位不准,都会影响整个旅游策划的实施效果。所以,旅游策划本身各要素也要认真策划,使各要素之间能够有机联系,发挥系统的最大功能。

2. 坚持系统原则的整体谋划性

系统与要素在相互联系和相互作用过程中,要素之间的多变量、多维、多层次的非线性联系,决定了系统整体功能的多样性。系统整体的特性和功能不等于多要素在孤立时的特征和功能的总和。传统的分析与综合在运用时,总是首先分析事物的各个组成部分,然后再把它综合为整体。这样的思维方法,往往把分析与综合、部分与整体、原因与结果的关系简单地割裂开来。按照这种思维方法,必然得出部分功能好,整体功能就一定好;部分功能不好,整体功能也就一定不好的逻辑结论。而实际上,系统与要素不存在这种简单的直线因果性。应用系统的整体性原则,应当从各组成要素之间的相互联系、相互作用方式,揭示各要素在这种联系、作用中所具有的内在质的规律性。

系统原则的整体性特征要求我们在从事旅游策划时,首先要从系统的整体性出发,旅游策划者在进行旅游策划时,要着眼于全局观念和战略需要,一切战术的成败得失,要看是否有利于战略全局的转换和全局利益的谋取。其次要着眼于整体功能最优,系统理论的一个基本原理是"系统的整体功能大于它各要素功能之和",因此旅游策划者策划旅游项目、旅游活动时要对策划系统本身各要素进行优化,使各要素之间实现协调,力求策划系统整体功能最佳。此外要注意要素与系统的差别,虽然任何系统都是由若干要素构成的,但在功能、行为与运动规律上,又与构成它的要素迥然不同,所以策划人员不能简单地用要素的特征来分析系统的特征。

3. 坚持系统原则的结构谋划性

任何系统的结构,都是空间结构和时间结构的统一,都是稳定性结构和可变性结构的统一。在要素已经确定、环境影响不变的情况下,巧妙地安排子系统的时间结构与空间结构,可以使系统随着结构的变化而发生功能的改变。结构决定功能原理为旅游策划提供了更多的选择。以旅游市场营销为例,合理的布局之所以能使旅游市场营销能力得到充分发挥,就在于这种优化的市场组合结构,能够赋予各营销要素以新的特征和功能。同样,结构决定功能的原理也为旅游策划提供了一个新的原则,即结构破坏原则。例如,有两家风格内容大致相同的旅游公司,公司甲的竞争优势在于内部管理、市场营销和优质服务这三方面的协调一致,从而形成一个有机的整体。这时公司乙的竞争策划就可以遵循系统结构破坏的原则,采用"釜底抽薪"的办法,强化市场营销,集中某个环节的优势来获得竞争优势。

三、文化原则

旅游策划具有两重性:一方面,作为商品生产和市场经济的必然产物,旅游策划在全世界范围内具有共性,它的一些理念、方式是跨文化的;另一方面,旅游策划又总是针对特定的,具有共同地域、共同经济生活、共同语言和共同文化心理素质的消费群体,以特定的方式和内容进行的。因此,旅游策划必然会由于扎根于特定的文化土壤而带有鲜明的民族特色。

1. 旅游策划的文化背景

"近水知鱼性,隔山识鸟音"。旅游本身是一种跨地域文化体验的实现,而旅游者又都是在特定的文化环境中成长并且在特定的文化背景中生活的。旅游策划所面对的这种文化背景将在语言形式、思维习惯和价值观念三个层面上构造旅游者的文化性格,并进而影响旅游者的旅游需要、旅游习惯、旅游审美感受和价值判断。由这一影响深刻的观念系统和价值系统所锻造出来的每一个旅游者,在旅游行为上,都被打上了深深的文化烙印,以至于在每一种需求类型和每一次消费冲动的背后,都可以寻找出深藏着的文化基因。需求本身可以是物质的,但需求的实现形式却永远会受到文化的影响,因此,从事旅游策划时一定要对当地的文化底蕴有非常深的把握,善于发掘和引导需求背后的文化动机,而不能以一种"放之四海而皆准"的道理到处套用,套用肯定会导致整个策划的失败。

2. 文化差异与旅游策划的表现

在长期的历史发展过程中,由于生存环境的不同,各民族自然而然形成了自己独有的民俗习惯、宗教信仰、价值观念、审美感受、语言习惯,旅游策划如果建立在对民族文化充分了解的基础上,往往可能产生事半功倍的效果。因此,策划必须符合人们长久形成的文化背景、符合人们的不同文化需求。美国通过对千百万美国人的旅游计划分析,发现主动对运动发生兴趣并到某地去从事体育活动的需求已经成为旅游的重要动机因素,于是美国旅游服务公司非常重视这一发现,迅速地对美国新一代热爱体育运动的旅游者做出了反应,并策划设计了许多与体育活动有关的旅游产品,美国的体育旅游事业因此获得了前所未有的发展。

3. 文化是旅游策划的核心和灵魂

文化是旅游策划的核心和灵魂,旅游策划必须依据文化要素进行,其具体原则和要求主要有以下几点。

一是整个旅游策划过程必须依附某种文化。所谓依附某种文化,就是策划时要以某种文化为"红线",把整个策划系统内的各个要素串联起来,使之具有明确的文化主题、浓厚的文化色彩,使旅游者情不自禁地陶冶在文化氛围之中,接受一种文化教育。美国迪士尼乐园策划的成功,就深深地印记着美国冒险精神和幽默风趣的文化背景。

二是强化文化氛围。旅游策划应自始至终强化文化氛围,使旅游者在地域差别上感受到文化的差异,淡化旅游企业和旅游消费者的商业心理和金钱心理。

三是找准典型消费群。策划者在策划方案中应注重发现潜在文化,甚至制造新的文化,旅游者的文化诉求应当受到旅游策划人员的高度重视,并把这样的人群培育成典型消费群。典型消费群应具有可信度、知名度、影响度和社会地位较高等特点,由他们带头消费某种文化,可以为其他旅游消费者树立消费榜样。

四是设计好企业识别系统中视觉识别要素。企业识别系统中视觉识别要素渗透着丰富的文化元素,如名称、商标、标准字、专用色、吉祥物、统一服饰等。旅游策划要对旅游企业的文化元素给予充分的体现。

四、效益原则

每个社会集团、阶级、阶层等组织追求的目标,以及人们行为活动的动力就是利益。马克思说过:"人们奋斗所争取的一切,都同他们的利益相关。"可见,利益是激励人们为改造客观世界而自觉活动的客观动因,人们的一切活动,包括所有的策划活动的实质就是谋求利益。策划人只有加强对利益普遍性的认识、明确利益类型的大致划分、明了利益实现的过程研究,才能更深刻地认识到利益与策划的内在关系,从而自觉地在策划活动中坚持利益主导原则。

旅游策划既是一种经济活动,具有经济效益,也是一种社会文化活动,具有社会效益。社会效益和经济效益是一组并行不悖的矛盾统一体。没有社会效益的经济效益必然是不可持续的效益;而经济效益如果不能实现,那社会效益也就无从谈起。因此,旅游策划既要遵循经济效益的原则,也要遵循社会效益的原则。

1. 经济效益原则

经济效益原则是社会主义市场经济体制的一种客观的内在的要求。首先,旅游策划组织和个人,必须坚持经济效益的原则,严格实行经济核算。如果只考虑社会效益,不谈经济效益,旅游策划就会成为无本之木,失去生存的基础。其次,旅游策划的直接目的是为了进一步提高旅游组织经营活动的经济效益,这个效益直接关系到旅游组织的生存与发展。最后,旅游策划是一种高层次的知识经济活动,讲究以尽可能少的投入获得尽可能高的回报。也就是说,"经济"这一杠杆是检验和衡量旅游策划成败得失的最重要的因素和标准。

2. 社会效益原则

如果说经济效益原则是旅游策划原则的"经济基础",那么社会效益原则就是旅游策划建立在经济效益原则这一"经济基础"之上的"上层建筑"。经济效益的终极目的,是为了从根本上推动社会和谐发展,人类文明的提高,这也是旅游策划社会效益的原则所在。由此可见,社会效益原则是旅游策划必须遵循的根本原则。

五、可行原则

旅游策划的可行原则是指策划方案应该能够被实施并取得科学有效的结果。这一原则是策划活动各要素的综合要求。因为任何行动计划都必须是可行的和有效的,否则,任何计划都将是无意义的。

可行原则的具体表现和操作步骤如下。

1. 可行性分析

可行性分析是可行原则的最突出表现,并且实际贯穿于策划的全过程,也就是说在进行每一项策划时都要充分考虑策划方案的可行性。可行性分析主要从以下四个方面进行：

一是利害性分析。利害性分析主要是对策划方案可能产生的利益、效果、危害情况和风险程度等方面利害得失的综合考虑和全面衡量。

二是经济性分析。经济性分析也就是策划者考虑策划方案是否符合"以最低的代价取得最佳的效果"这一标准，以求用最少的经济投入实现最终的策划目标和最大的策划利益。

三是科学性分析。科学性分析主要包含两方面的意思：一方面，策划方案要以科学的理论做指导，要建立在实际的调查研究和科学预测的基础之上，要严格按照策划程序进行，要有新颖且合理的创造性思维和想象；另一方面，分析策划方案实施后所涉及的各方面关系要能够和谐统一，要有利于高效率地实施策划方案。

四是合法性分析。合法性分析，即考虑策划方案是否符合法律法规的要求。主要体现在：一方面，策划方案要经过一定的合法程序和审批手续；另一方面，策划方案的内容及实施结果要符合现行法律法规和政策的要求。

2. 可行性实验

可行性实验的目的是为了弄清策划的方向是否科学可行，它实际上是可行性分析的最高形式和最后手段。可行性实验一般以局部的试点方式进行，来检查策划方案的重心是否放在了最关键的现实问题上；还要检查策划方案的整体结构是否合理，实施结果是否有效等。

3. 有效性分析

策划方案的有效性是指，在策划方案的实施过程中能合理有效地利用人力、物力、财力以及时间等资源，方案的实施效果能达到甚至超过方案设计的要求。有效性在策划实施过程中的体现是：以最小的消耗和代价争取最大的利益；能圆满地完成策划的既定目标，包括以局部的损失换取整体目标的实现；能争取到策划的战略主动权；冒最小的危险，以最小的遭受失败的可能性，经过努力，有取得最后成功的把握。

总之，一个切实有效的策划方案，必须具有可行性，不具有可行性的策划方案，无异于"痴人说梦"式的空想。"再造一个迪士尼乐园"的创意在可预见的将来可能会成为一个可行的策划，因为这个策划符合可行原则的一般要求，具有按照这种要求进行科学操作，实现目标的可能性；但"再造一个地球"，则因为它的不可行性只能成为某些人的美好梦想了。

复习思考题

1. 旅游策划有哪些主要特点?
2. 如何理解旅游策划目标的效益性?
3. 旅游策划有哪些主要原则?
4. 旅游策划中的创新原则应当从哪几个方面去理解?
5. 为什么说"文化是旅游策划的核心和灵魂"?

第三章 旅游策划的程序与技巧

引言

小刚毕业不久,在一家民营景区从事销售工作。这家景区的负责人很想在旅游市场中大干一番事业,对小刚这一批新招的大学生非常看重,很多比较重要的工作都直接交给他们去做。前一段时间,他让小刚等几个同学完成一个面向城市居民的项目策划方案,想在景区内构建一些农业景观。小刚等人埋头苦干了几天,完成了一份自认为很不错的策划方案,但负责人却很不满意,认为这个策划方案文本虽然创新性思路很多,但没有基于认真的调查分析,在实施环节可能会出现问题。因此,他要求小刚等人严格按照旅游策划的程序进行文本内容的调整,并向小刚他们传授了一些与旅游策划有关的方法技巧。

旅游策划的科学性和可行性,有赖于对旅游策划所依赖的程序的遵循和技巧的应用。对旅游策划程序的理解,主要体现在对整个旅游策划流程的了解和对调查分析等几个关键环节的把握上。而在诸多策划技巧中,最为重要的技巧莫过于"时"、"势"、"术",这些技巧对旅游策划理论的丰富与发展具有十分重要的意义。

本章学习目标

1. 了解旅游策划的程序。
2. 理解旅游策划的技巧。

旅游策划是一项复杂的综合性的系统工程,是一个刻意创新、出奇制胜、更好地实现旅游发展目标以及追求最佳效益的过程。因此,在探讨旅游策划的特点和原则之后,有必要进一步研究旅游策划的操作程序,即旅游策划的运作过程。此外,旅游策划想要在思想上、计划上和行动上先发制人、胜人一筹,就必须熟练掌握和运用旅游策划的运作技巧。

第一节 旅游策划的程序

旅游策划没有完全相同的策划方案和固定不变的策划程序,而是因人而异、因事而异、因时而异。但在旅游策划理论研究过程中,人们却习惯于把旅游策划过程程序化,即把旅游策划过程划分为几个不同的阶段,以便于人们学习和掌握旅游策划这门学科。

一、接受任务

1. 选定策划人

一项策划是否成功,主要取决于是否能选择到合适的策划人员或策划小组,因为旅游策划者的素质在旅游策划中起着决定性的作用。一般来讲,旅游策划者应具备以下素质。

一是热爱旅游事业,具备相关知识。策划人首先要热爱旅游事业,同时要具备自然地理与人文地理、历史民俗、旅游资源的开发与利用、旅游营销等方面的知识,了解国内外旅游的现状和发展趋势,同时关注各种社会热点。

二是具有发现问题、分析问题的能力。优秀的旅游策划人员应当具有强烈的问题意识,不仅能够准确敏锐地掌握问题的实质,还能够发现新的相关问题。同时具有综合、归纳、联想的能力,富有丰富的想象力和创造力。也就是说,能够综合别人的看法和意见,归纳出有意义的结论,再联想到自己的问题,然后创造性地提出解决问题的方案。

三是具有互相协作的团队精神。旅游策划往往是集体行为,所以它需要策划人员具有团队协作精神。但是,具备这种精神首先要求策划人员做好自己的本职工作,高效完成分配给自己的任务就是对其他成员的最大支持;其次是策划人员之间的信息要沟通共享和相互配合,反对文人相轻、互相扯皮、封锁信息、制造壁垒。

四是具备一定的专业策划能力。资料搜集、野外调查、数据分析、信息处理、形象设计、财务分析、文案制作等专业素养都应具备,在策划成员构成上,要充分发挥成员各自的特长,顺利完成策划任务。

目前,进行旅游策划的一般为规划部门、科学院、研究所、大专院校以及专门的策划咨询公司等,有时也可能是旅游企业所属的策划部门。如果是委托策划,一般需要委托单位和被委托单位双方签订一份合同或协议,明确双方的责任和权利,尤其要明确策划的内容和目标,以及策划所需的费用。

2. 界定问题

界定问题就是对问题进行仔细分析,把问题的实质和范围加以准确地说明。

界定问题要考虑到各方面的需要和可能性,将问题明确提出。只有界定了问题,才可能将目标具体化。界定问题需要做三个方面的工作。

一是要弄清委托方的本意和要求。这种要求应该是清楚的、条理化的,便于策划人员把有限的时间、智慧和财力集中在某些重点问题上。如果策划方不能领会委托方的本意,可能会导致策划的结果与委托者的本意出现偏差,从而使策划方案无法实施,浪费人力、物力、财力和时间,甚至使委托方失去发展的大好时机。

二是要调查研究策划的对象。了解了委托者的本意后,要调查了解这种本意是否具有可行性,是否可以通过改进以获得更大的效益,这是一种对委托方负责的态度。如果策划难度很大,策划方感到不能胜任,则最好放弃策划任务,以免给他人和自己带来不必要的麻烦。此外,调查研究还要对策划对象进行考察分析,看看委托者的本意是否符合实际情况,在策划过程中是否能够得到委托方的支持,策划最终能否被执行下去。如果这些问题都不太令人满意,那么就得慎重考虑进行策划的实际意义了。在旅游策划实践中,不乏一些根本不具备实施策划方案基本条件的委托人,他们只是出于种种目的进行策划,对于这样的策划,策划人员接受委托时要慎重。所以,接受委托前最好能深入实际去做一些调查研究,以便对委托者的本意有一个深入的领悟,对策划对象的情况有一个感性的认识,调查研究的同时才有可能获得策划的灵感。

三是要明确策划重点。旅游策划涉及许多方面的问题,在这些相关的问题之中,总有一个或若干个重点问题,只有在解决了重点问题之后,其他的问题才能迎刃而解。比如某地区旅游业发展滞后,其原因究竟是资源条件不理想,还是旅游产品组合不合理,还是营销工作不到位,搞清楚以后,才能在策划时抓住重点。旅游策划的重点可能是委托者或上级给定的,也可能是委托方与策划方共同讨论出来的,还有可能是策划方通过调查分析后得出的结果。当策划重点确定后,其他工作就好开展了。

3. 签订策划合同

策划合同是约定策划委托方和策划编制方之间权利义务关系的文件,需要在策划工作正式进行以前签订策划(委托)合同。合同应当建立在双方平等自愿且充分交换意见的基础之上。合同的内容应包括:策划的对象、范围、双方的权利义务、时间、费用、费用支付方式以及最后形成的成果形式等。对策划内容、策划时间、策划费用等最好能做出明确的约定,而对策划的具体方案、策划取得的成果、策划运作模式等则应当充分发挥策划编制方的主观能动性,使其处于合同框架的约束下即可,委托方不应过多干涉。当合同签订后,策划方便开始组织策划人员,实施策划工作。

二、拟订策划计划

1. 计划拟订

旅游策划是一个有计划、有步骤的活动过程,什么时候开展市场调查,什么时候组织讨论,什么时候撰写策划报告书,什么时候完成策划任务,事先应根据委托合同书上的要求进行周密的部署和安排。一般来说,策划的计划要根据委托方的要求去制订,主要内容应包括:每一阶段的具体工作,工作的分工,经费使用的计划等。在实践中,计划主要是确定好三个方面的工作:一是完成工作的时间;二是确定做什么工作;三是具体的分工。

旅游策划计划的拟订能使策划人员做到心中有数,进而有条不紊地去完成每项工作。

2. 任务分工

组织分工与计划拟订是紧密相连的,计划拟订之后,策划小组应明确各自的任务,做到职责分明。分工要注意发挥小组各成员的特长,同时也要强调彼此间的相互配合,特别是策划的个性、重点问题、创新点等内容需要集体讨论,做到集思广益,否则策划的结果不能实现有效的合力,质量自然也会打折扣。比如,在一个度假村旅游项目策划工作中,策划小组是这样进行任务分工的:甲,负责度假村环境分析和营销策略分析;乙,负责度假村经营战略分析和提交公共活动策划方案;丙,负责经济效益预测分析;丁,负责总体协调和危机处理。

三、调查分析

1. 确定调查内容

在收集整理资料之前,要明确调查的内容。收集资料带有一定的目的性,不能漫无目标,眉毛胡子一把抓,这样不仅会增加工作量,而且还会使目标不集中,不能获得真正有效的资料。

调查的内容和策划对象有关,下面以旅游风景区项目策划为主要对象来分析旅游策划的调查内容。

一是旅游资源调查。其调查的内容包括:

旅游地资源的调查。旅游地的范围一般要大于旅游景区,调查的面比旅游景区规划中的资源调查更广,调查的深度则由策划的要求来决定。一般要求旅游地的绝大部分资源都要被调查过,一些资源即便不属于接受策划的景区,但仍因它们与景区内旅游资源的地脉、文脉联系而成为需要我们去认真把握的对象。对于一些面积广大、交通不便的地区,可以借助遥感图协助调查,有条件的还可以用直升机来进行航拍。对旅游地内重要的景点、景物,要进行拍照、摄像,制作成幻灯片等。

　　旅游环境质量调查。旅游环境质量与旅游资源紧密相连，环境质量往往直接影响旅游资源的质量，甚至影响其开发价值。旅游环境质量大致包括如下内容：温度、湿度、降水量、风力、冰冻季节等气候特征；山岳、湖泊、山林、河流、峡谷、溶洞以及地震、断层、火山、滑坡、泥石流等地质特征；水量、水位、潮汐、泥沙量、凌汛、水质污染等水域特征；有关古遗址、古墓、古建筑的历史背景、民间传说等；旅游景区的社会风俗和传统习惯等；有关单位、企业数量、交通运输、污染情况等。

　　开发条件调查。大致有如下一些内容：交通状况、物资供应、人民生活水平、文化素质等基本开发条件；人口、民族、地方风情、经济发展水平、社会治安等社会经济文化状况；给排水、供电、通信、环卫、污水处理、广播电视等基础设施状况；游览、食宿、购物、娱乐、医疗、邮电、银行、厕所等服务设施状况；管理机制、机构设置、立法工作等地方管理状况。

　　二是旅游市场环境的调查。其调查内容包括：

　　旅游市场的调查。主要包括：旅游地的交通情况、景区与其他城市或景区的距离等景区地理位置的调查；景区与周边邻近景区知名度的比较、旅游资源的比较、景区特色的比较、景区管理的比较、景区旅游设施与服务的比较、景区策略特色的比较等旅游市场竞争状况的调查；交通价格的比较、物价的比较、景区门票的比较、旅行社报价的比较等旅游市场价格的调查。

　　经济政治环境的调查。主要包括：旅游客源地（国）宏观经济形势与币值；旅游客源地（国）政治、社会的稳定程度；消费者的政治、宗教倾向；旅游给目的地（国）或旅游客源地（国）带来的政治影响；政府在旅游业中的影响；外汇与税收政策等。

　　三是旅游消费者调查。主要包括：人口分布特点；城乡居民生活水平；可支配收入的多少；生活习惯与消费习惯；闲暇时间与休闲倾向；文化传统；教育水平等。

　　四是旅游设施和服务质量调查。主要包括：景区交通、水电气供应系统、"三废"处理系统等旅游基础设施；汽车、火车、飞机、游船、缆车等旅游交通设施；饭店、旅馆、度假村、农舍等旅游住宿设施；餐厅、冷热饮店、茶馆、烧烤场所等旅游餐饮设施；旅游商店、纪念品、土特产摊点等旅游购物设施；保龄球馆、游泳馆、桑拿房、健身房、温泉等旅游娱乐设施；以及医院、银行、旅行社、车票代办点等其他设施。

2. 资料调查方法

　　一是搜集二手资料。市场调查人员面临的信息资料有原始资料和二手资料两种。原始资料是指由调查人员以本次调查为目的，直接从调查对象处搜集的信息资料。二手资料是不以本次调查为目的或由他人所收集、整理并存放于某处的信息资料，又称现有资料。调查人员应当首先从搜集二手资料入手，只有当二手资料不能满足调查目的需要时,才需着手搜集原始资料。这样做的好处是:搜集资料所需时间短;搜集资料所耗费的人力、物力、财力少;有助于更精确、更有针对性地搜集原始资料。二手资料的不足之处在于:所搜集的资料往往不能很好地满足调查的目的,对解决问题不能完全适用;缺乏时间性,过时的资料比较多;缺乏精确性和可靠性。

二手资料主要有以下几个方面的来源。

第一,企业内部。包括各种会计、统计报表,企业内部的有关记录、凭证、各种经营指标,客户资料以及以前的研究报告等。

第二,政府。主要是由政府部门发布的有关信息、文件、统计公报、研究报告或发展规划等。

第三,报刊书籍。包括各种有关的报纸、杂志、手册、年鉴、书籍、企业名录以及有关机构分布情况的资料等。

第四,商业资料。包括由企业发布的信息资料,企业咨询机构出售的信息资料和研究报告等。

二是搜集一手资料。二手资料往往不能满足工作的需要,许多资料需要旅游策划者自己亲自去调查。一手资料不仅能够弥补资料的不足,而且还使得资料更具有可靠性、时效性和真实性。一手资料的搜集一般来说有如下几种方法。

第一,直接观察法。它是由调查人员在现场观察有关参与者及其环境的一种方法。观察的对象可以是产品、顾客,也可以是竞争对手、环境因素等。观察得到的一手资料往往比较生动、直观、可靠。观察法的局限性在于:它一般只能看到表层现象,很难对深层因素进行分析,比如,顾客的职业、文化水平、心理动机等,就很难通过观察法去了解。

第二,会议法。它是通过召开座谈会议的形式搜集原始资料的一种方法。采用会议法应注意:会议的准备必须充分完善,与会者的水平和素质是开好会议的基本保证,对会议内容的认真记录、核实是取得可靠资料的依据。

第三,询问法。这是运用最多,适用面最广的一种市场调查方法,它可以用来搜集各种市场信息资料。比如,顾客的行为、动机、态度、意见,竞争对手的动态,市场的热点问题,企业的广告效果,各销售渠道的状况等。询问法最适合描述性调查,具体的调查方法有电话访问、发放问卷和人员访问三种。电话访问获得信息最迅速、最及时,反应率较高,可以及时解决许多疑难问题;但此法也有一定局限性,即谈话时间有限,不能提太多的问题。发放问卷包括邮寄问卷、街头发放、上门发放三种形式,此法送达率较高,成本较低,比较容易被调查对象所接受;局限在于,问卷的回收率比较低,一般在30%~40%。人员访问包括预约访问和街头采访,由于采用面谈方式,因此最灵活,内容可多可少,可以深入交谈,可以察言观色,随时调整访问的内容;但此法成本最高,最费时费力。

第四,实验法。它是将选定的刺激因素引入被控制的环境中,进而系统地改变刺激程度,以搜集和测量调查对象的反应的一种方法。有时可根据需要,将调查对象分成若干小组,然后分别给予不同程度的外部刺激,以便进行分析对比。特别是当对同一现象存在不同解释的时候,运用实验法可以找出真实的原因。因此,实验法适合于因果调查。比如,为确定某项产品的价格,可以进行这样的实验:在两处环境基本相同的销售点以两种价格同时销售该产品,然后统计两处的销量,若两处对比销量相差不大,说明价格不是影响该商品销售量的主要因素;反之则说明价格对该产品有重要影响。这种结果若在一段时间内持续稳定则可证明它是可靠的。

3. 整理分析资料

搜集来的资料很多,需要进行分门别类、去粗取精、去伪存真。

在对第二手资料进行评估时,应掌握三条标准。

一是公正性。资料应客观公正,不带偏见,发布资料的机构权威性要高。

二是时效性。旅游业的季节性很强,使得旅游策划的时效性也很强,旅游策划的成功与否直接关系着旅游业组织的发展与效益,因此,应当选择最新或最适合策划的资料,剔除过时而无用的资料,避免陈旧数据干扰决策而误导策划的情况发生。

三是可靠性。可靠性的本质在于资料的真实性,同时还要求抽样调查方法得到的样本具有典型性、代表性;抽取样本的数量是否充足,对资料的可靠性也有很大的影响。

将搜集来的资料按照不同的类别进行整理,使凌乱的资料变成有用的情报,这样对问题的认识更深入一步,也基本上产生了解决问题的方案。

四、策划创意

1. 创意的来源

旅游策划是为了找到能够解决问题的方法、方案,这种方法、方案就是旅游策划的创意。创意不是单凭一个人的点子就可以简单得来的,而是要经过系统的组织、整理,形成可以实现的构想和方案。

一般来说,创意可能来自以下三方面。

一是组织内部。有许多好的创意可能已经存在于旅游工作人员的脑海里,只不过他们的创意没有被发现,或者没有被重视,抑或还只是一个点子,因此需要策划人员对内部人员进行广泛的征询和调查。不少策划单位习惯于采用开"诸葛亮会"的办法来集思广益,在思想的碰撞中形成新颖的策划创意。

二是社会实践。对于某一方面的问题,可能在社会上已经存在解决方案,比如在一些相关的报刊书籍中有许多归纳好的成功策划范例,不少策划创意可以从中吸取营养,使推出的策划创意既基于已有的策划创意而又高于已有的策划创意。另外,在一些旅游展销活动中,各参展商纷纷使出自己的看家本领,拿出高明的策划创意来实施,力求取得较好的市场效果,把旅游交易会变成了旅游商业策划创意的舞台,这对旅游策划创作人员来说,正是启发创意灵感的最好场合。所以,策划人员要深入社会,丰富自身的阅历,参加各种旅游活动,吸取别人策划的优点。

三是策划人员的灵感。灵感,是以长期思考积累为基础的,当外界合适的因素刺激大脑,打通了思维的通道,灵感出现了,这就是"灵机一动,计上心来"。策划人员在策划某一具体方案时,要有丰富的经验积累,还要有"为伊消得人憔悴"的苦思精神,同时也要注重外在环境、外界因素对大脑的启发,使自己尽快达到"蓦然回首,那人却在灯火阑珊处"的创意境地。

2. 寻找创意的线索

策划创意的获得并没有秘诀,好的策划创意往往来自于创意的灵感,也就是创意暗示、创意联想、模糊印象、灵机闪现等,将灵感经过整理、变形、加工和组合,就形成创意。因此,寻找策划创意的线索就是要寻找创意的灵感。产生好的策划创意的人,并非一定要绝顶聪明、反应敏捷,其成功的关键在于能否深刻地把握策划主题,能否深入地看待问题,能否有丰富的联想,能否掌握正确的策划方法。

以下是寻找策划创意线索的几种常见的方法。

一是临时搜集信息法。前面谈到了策划创意可能的三个来源,其中,第一和第二方面的来源,表明有现成的策划创意存在于组织内部和社会,还没有被策划人发现,只有在广泛调查的基础上,我们才有可能得到这些现成的策划创意。这是最省时、省钱、省力的方法。

二是添加新内容。添加新内容是在搜集来的好的策划创意的基础上,加减增补新的内容,加以修改、变更和加工,也就是说加上自己的重新塑造,改变若干切入点,或加以新的灵感和创意。

三是感性认识法。仅靠现成的策划创意来应付策划的需要是不够的,同样,仅靠策划小组成员闭门造车、绞尽脑汁想点子也是不宜的。必须积极走动,亲自去探寻,以求获得感性认识。在感性认识的基础上,往往会获得新的创意和灵感。感性认识法,就是参加到生产、经营、消费过程中,同旅游消费者进行交谈,必要时还得拜访同业前辈及不同行业的人士,多开座谈会,多到有成功策划经验的企业去考察,从各类人士中获得创意和灵感。

四是日积月累法。很多创意不是突然产生的,而是在日积月累的基础上产生的。优秀的策划者在日常的工作和学习过程中,会用心积累各种有关旅游策划的资料和经验,在需要的时候,可以顺利地做出高效率的策划。日积月累法常用的手段有:经常去参加策划方面的座谈会,听相关方面的演讲,向前辈同行请教,摘抄、剪报、记录、做卡片,并且将这些搜集来的资料进行整理,分门别类。

五是联想法。利用策划者的大脑,通过联想获得策划创意的方法就是联想法。联想法中还有一些具体的方法。

第一,"头脑风暴"法。策划小组成员在一起开会,让每个成员把他的想法说出来,然后让每个人根据大家的想法,动动脑子,再加上自己新的联想,提出新的看法,最后能获得比较一致的创意。

第二,关键词法。事先搜集一些与本策划有关的关键词写在卡片上,然后翻阅卡片以寻求联想点。也可以罗列一些与本策划有关的问题,然后根据这些问题进行思考,从而导出联想点来。

第三,跳跃思维法。即策划者脱离实际,通过假想、臆想、空想、构想、胡思乱想等,得到看来不太可能实现的结果,然后想办法实现这个结果。

3. 确立策划方案

在旅游策划过程中,往往会有几个策划创意,得到几个策划方案,但是实际操作却只能是一个策划方案,因此要选定和确立一个方案。

一个可行的方案,应具备以下三个条件。

一是方案应具有可操作性。方案本身要符合单位和企业的实际情况,包括人力、物力、财力和时间;此外还要有此方案实施时所必须具备的外部条件。

二是方案应得到领导的信任与支持。策划方案能否顺利推行,执行到底,与领导的信任和支持程度有很大的关系。因为,推行一个策划方案,往往需要大量的资金投入,而在推行之初,看不出任何效果,如果领导态度不明朗,对策划方案的信心产生动摇,支持与信任的程度降低,会使策划方案夭折。

三是方案应得到其他部门的支持与配合。方案的实施除了领导的支持外,还要其他部门的全力配合。作为旅游策划来说,如果是对一个地区进行策划,那么其他部门就是与旅游相关的部门,如园林、建设、环保、规划等;如果是对企业进行策划,那么其他部门就是企业内部的各个部门。因此,在策划方案制订之初,就必须与其他部门沟通、协商,最好请各个部门的领导直接参与策划。这种经过大家共同制订的策划方案,是大家所参与的、认可的方案,可以得到各部门的全力支持和配合。

五、撰写策划方案文本

旅游策划的分类多达数十种,与此相适应,旅游策划文本的分类也有数十种之多,本书介绍三种基本的常见的策划文本格式。

1. 旅游主题活动策划文本格式

旅游主题活动类旅游策划文本包括重大节会活动、重大促销宣传活动、"黄金周"活动等。其文本的制作格式主要包括以下内容。

一是策划文本的标题。标题应点名策划的是什么活动，是总体方案还是分项方案，是策划方案还是实施方案。

二是活动背景。主要点明策划该活动的时代背景、地域背景、行业背景及委托方与受托方的背景，以便让人对活动的策划原因有一个全面的了解，能够更好地理解策划者的意图。

三是活动的名称。必须是活动名称的全称，需要在名称前冠上地名的还要注意冠上地名。

四是活动时间。在活动时间上除了应点明活动开始的时间外，还应点明活动分段的时间、结束的时间。

五是活动的地点。主要应点明活动的报到地点和主要活动的举办地点。如果有分项活动，还应点明分项活动或分会场的地点。

六是活动的主题。活动的主题就是本次活动的中心思想。活动的主题必须十分鲜明，并能够用简明扼要的语言将其表达出来。除了活动的主题外，有些活动比较复杂，用一两句话很难将活动的主题概括出来，因此，还可以用活动的宗旨或举办原则之类的方式予以补充。

七是主办单位、承办单位、协办单位。主办单位、承办单位、协办单位的排列顺序应该是先主办单位，然后再协办单位。有些活动为了显示不是主办单位的主管部门对于活动的重视，还应列明特别支持单位，特别支持单位一般应排在主办单位之前。

八是组织领导。重大活动一般都要成立一个组委会，组委会要设正副主任，一般是由主要主办单位的领导担任组委会主任，次要主办单位的领导担任组委会副主任。有的活动主办单位只是挂个名，主要的组织工作是由承办单位负责，因此在设组委会的同时还要设一个筹委会，筹委会主任一般由主要承办单位的主要负责人担任，副主任由次要承办单位的主要负责人担任。有的活动还要设特邀顾问，特邀顾问一般是社会名流、行业德高望重之人或行业领导，特邀顾问一般排在组委会领导之前。活动组委会和筹委会下面还可以设立若干个部门，各部门应尽量做到在一地办公，对外只公布一个办公地点。

九是活动的具体组织办法。活动具体内容是策划工作的主要体现，在具体内容中，应根据委托单位的意见和策划者的思考，将活动的组织方式、活动的组织程序、活动的涉及事项尽量列明，让人一看便懂。

十是活动的宣传口号与媒体支持。旅游业是一个关联产业，也是个服务产业，它面向的是大众，因此，旅游活动的策划文本与其他策划文本不一样，它必须重视活动的宣传，重视媒体的支持，以打造活动的亮点，扩大活动的影响。在媒体支持方面，可以考虑三个层次的合作：一是协办媒体。应该主要是在活动预定辐射区域内影响较大的媒体或与委托单位关系密切的媒体。二是指定媒体。指定媒体主要是那些对活动感兴趣，能够拿出较好的版面或时段来对活动进行宣传的媒体。三是一般合作媒体。一般合作媒体主要是指那些有一定影响，但主办单位、承办单位并不想与他们过多接触，只是想借助他们的阵地进行宣传的媒体。旅游活动策划文本的宣传口号应力求生动准确，朗朗上口。

十一是安全事项。聚众参加的旅游活动特别是室外聚众参加的旅游活动，安全工作十分重要。因此，对于这类活动还必须要有专门的安全事项条款。作为策划机构和策划人员，在制作策划文本的同时，要充分考虑安全的因素，要提出明确的安全建议。属于安全隐患较为严重的活动宁愿取消，也不要为了自己的利益鼓励委托单位去组织。

十二是经济效益分析或效益预测。在这一条中，要明确提出经费收支的预算，让委托单位心中有数。

十三是风险分析。这一条除了对经济上的风险要进行分析外，对可能遭遇的政治风险、自然风险、安全风险等均要有预先的考虑，要有明确的规避风险的意见。

十四是其他事项或策划者需要强调的几点建议。这一条只适用于一些复杂的活动，凡是在前面条款中不好表达的事项，或在前款中已经表达，但策划机构和策划人认为还需要强调的事项均可以在这一条中表达。

十五是附件。主要点明随策划方案一起呈送的附属文件。附件应根据其在策划文本中的重要程度，注明序号，以便核对。

十六是落款。如果只是一个由策划机构呈送给委托单位的总体策划方案，落款主要是策划机构及主要策划人员的名单和文本形成的时间；如果是以实施方案的形式体现，则可以直接署主办单位、承办单位、协办单位之名或活动组委会之名，在他们后面再署策划机构和策划人员之名、文本成文时间。

旅游活动策划文本除了按上述格式制作之外，还可根据活动的内容，请人设计专门的封面、封底，以增强文本的美感。

2. 旅游项目开发策划文本格式

这里所说的开发项目类的策划文本包括已有旅游资源的深度开发，新的景区、景点的开发，旅游资源的整合性开发，旅游商品开发策划等。其文本制作格式主要包括：

一是策划文本的标题。标题应点明所开发的是什么项目，是总体方案还是分项方案，是策划方案还是实施方案。

二是项目名称。必须是项目的全称，需要在名称前冠上地名的还要注意冠上地名。

三是项目所在的位置。必须点明具体的方位。

四是项目的组织实施单位。应包括主要组织实施单位、协助实施单位等。

五是项目策划背景。主要点明该项目所处位置,当前国际、国内同类项目的情况,策划本项目的原因。

六是委托单位组织实施该项目的优、劣势分析。应该根据当前国际、国内该项目的发展趋势,实事求是地分析委托单位实施该项目的优势,也要毫不客气地点明委托单位实施该项目的不足之处。

七是项目开发的指导思想。就是知道项目开发的总的原则、总的方向。

八是项目的具体开发思路。这一项应包括项目的具体设计、具体实施、具体定位、具体开发程序等内容,这一项也是此类策划文本的重中之重。

九是项目的组织领导。项目开发一般不叫组委会,而称开发领导小组,领导小组的负责人一般就是委托单位的负责人。大的项目,领导小组下面还可设项目实施小组,负责将领导小组的意见落到实处。项目领导小组和实施小组下面还可设立若干个部门,各部门应尽量做到在一地办公,对外只公布一个办公地点。

十是项目的经费预算。项目的经费预算比活动的经费预算应该做得更精细,要有更明确的成本计划、收支计划。

十一是项目的营销战略。旅游项目开发的目的是为了满足旅游市场的需要,因此,在项目策划之初,就要有营销方案,要让人看到项目开发的前景。在项目的营销战略中,对项目要有明确的客源市场定位,落实好价格、销售渠道、营销策略等。

十二是项目的风险分析。这一条除了对经济上的风险要进行分析外,对可能遭遇的政治风险、自然风险、环保风险、安全风险等均要有预先的考虑,要有明确的规避风险的意见。

十三是有关问题的协调。旅游项目的开发涉及方方面面,策划文本对于可能出现的问题,如土地征用的问题、知识产权的问题、交通问题、媒体宣传的问题等,要有所预料并预先提出解决的办法。

十四是其他事项或策划者需要强调的几点建议。这一条只适用于一些复杂的项目,凡是在前面条款中不好表达的事项,或在前款中已经表达,但策划机构和策划人认为还需要强调的事项均可以在这一条中表达。

十五是附件。主要点明随策划方案一起呈送的附属文件。附件应根据其在策划文本中的重要程度,注明序号,以便核对。

十六是落款。如果只是一个由策划机构呈送给委托单位的总体策划方案,落款主要是落策划机构及主要策划人员的名单和文本形成的时间;如果是以实施方案的形式体现,则可以直接署组织实施单位、协助实施单位之名或项目领导小组之名,在他们后面再署策划机构和策划人员之名、文本成文时间。

旅游项目开发策划文本除了按上述格式制作外,还应该辅之以必要的图片,以增强文本的易读性。

3. 旅游品牌形象策划文本格式

品牌形象策划文本包括政府、旅游城市、旅游景区(点)、旅行社、旅游饭店、旅游车船公司等为了提升自己的品牌或者为了打造某一新的品牌所进行的专门策划。品牌形象策划文本的主要格式是:

一是策划文本的标题。标题应点明是什么单位的品牌形象策划方案,是总体方案还是分项方案,是策划方案还是实施方案。

二是策划背景。主要点明委托单位的主要历史,进行品牌形象策划的原因,同类单位目前在品牌打造方面的基本情况。

三是品牌定位。包括品牌的名称定位,品牌的形象设计定位(图),品牌的核心理念定位,品牌的宣传口号定位,品牌的覆盖范围定位,品牌的市场定位,品牌的客源定位,品牌的经营和销售渠道定位,品牌的效益定位。品牌定位在确定了一个主要的定位即母品牌定位之后,还可以策划与母品牌相适应的子品牌定位。

四是品牌定位的前景分析。这一条主要是根据各个不同的委托单位的具体情况,参照策划机构、策划人所提出的品牌定位标准,对委托单位实施品牌定位战略之后将带来的变化进行全面的分析。分析中,既要考虑品牌战略实施后将带来的好处,也要分析实施品牌战略后将对委托单位带来的不良影响。

五是品牌的推广时间。这一项要根据品牌自身的特点,对品牌推广的谋划时间、启动时间、打造时间、完善时间都要有明确的界定。

六是品牌推广的办法。这一项应该包括品牌推广应使用的媒体,品牌推广应配合的活动,品牌推广应协调的关系等。

七是品牌推广的组织领导。品牌推广可以由委托单位和策划单位的负责人共同参加成立一个推广委员会,也可以单独由委托单位成立一个领导小组进行具体的组织实施。

八是品牌推广的配套建议。这一条主要是围绕品牌推广将涉及的问题提出一系列的配套建议,以保证品牌推广的顺利进行。

九是经济效益分析或效益预测。在这一条中,要明确提出经费收支的预算。

十是风险分析。这一条除了对经济上的风险进行分析外,对可能遭遇的政治风险、自然风险、安全风险、市场风险等均要有预先的考虑,要有明确的规避风险的意见。

十一是其他事项或策划者需要强调的几点建议。这一条只适用于一些比较复杂的品牌推广方案,凡是在前面条款中不好表达的事项,或在前款中已经表达,但策划机构和策划人认为还需要强调的事项均可以在这一条款中表达。

十二是附件。主要点明随策划方案一起呈送的附属文件。附件应根据其在策划文本中的重要程度，注明序号，以便核对。

十三是落款。品牌推广方案一般是由策划单位接受委托完成任务后直接送呈给委托单位的，因此，落款主要是策划机构及主要策划人员。

六、修改实施

1. 征求意见

毕竟实施一项旅游策划需要耗费较长的时间，花费较多的经费，所以一项策划在实施之前必须征求意见。一般做法是把策划书下发给各个相关部门的主要领导和其他人员，广泛征求他们的意见。某些情况下还需要在征求意见时进行更为严格的答辩，由主要领导和相关部门的领导就策划的内容询问，策划小组进行回答。答辩会不仅有主管领导和相关部门人员参加，还要请旅游策划方面的专家参与。策划人员应对策划书的内容做出比较详细的阐述，对提出的问题作明确的答复，并认真记下各个方面的意见和建议，虚心接受批评，不能感情用事，不能对领导、专家的意见和建议听而不闻，甚至对立。

2. 修改

从各方面反馈回来的意见和建议，要认真地进行研究分析。意见和建议有可取的，也有不可取的。通过对这些意见和建议进行整理，吸取对本策划方案有用的意见和建议，对策划书进行修改。修改量的大小，依据反馈意见对原有方案的否定程度而定；如果否定的意见较多，则需要进行较大的修改，甚至从头再来。所以，在调查阶段工作要做得细一些，尽可能翔实和准确地获得资料信息；在确定策划创意阶段，要与领导和相关部门多沟通、多交流，避免策划方和委托方之间的思路出现太大的偏差；在策划中期及时向委托方通报策划工作的进展，有问题双方及时解决。只有这样，才能保证策划内容的科学性和合理性，避免大量精力的浪费。

3. 实施

经过同意和批准的旅游策划，就要付诸实践，进入策划的实施阶段。在实施过程中，要对策划进行有效的管理，尤其要保持策划的连续性、权威性，按照策划的内容实施，不得随意改变策划的内容，以免造成策划方案系统内各要素之间不协调，致使整个方案运行得不稳定。如果情况确实发生了较大的变化，可以依据客观实际的变化对策划书进行修改。由于实施阶段是一个比较长的阶段，可能是几个月、几年，甚至十几年，因此实施过程中要进行动态监督，保证方案的顺利实施。

第二节　旅游策划的方法技巧

旅游策划想要在思想上、计划上和行动上先发制人、胜人一筹，就必须熟练掌握和运用旅游策划的运作技巧。"势"、"时"、"术"是影响旅游策划的三大根本因素，所谓旅游策划技巧，也就是对旅游"势"、"时"、"术"三要素的巧妙运用。

一、巧妙利用"势"

策划家孙黎认为，"势"是组织本身环境形势的发展变化，也就是通常所说的"氛围"、"大环境"、"形势"、"趋势"、"潮流"等。旅游策划者在实施策划之前，务必先"度势"，后"运势"，只有认清了"势"的发展规律，并且顺应它，才能使"势"真正为我所用。"审时度势"是一句成语，"审时"是指对策划所处环境、时局和格局等客观情况的判断；"度势"是指策划家分析环境、时局、格局中对策划有利的因素，主动创造出一种局面，使这些有利因素进一步发展，进而推动策划的顺利进行。具体来看，对"势"的利用，有借势、顺势、转势和造势这四个方面的内容，其中尤以借势为重。

1. 借势

借势，顾名思义就是借他人之势为我所用，补我所长。人们熟知的"狐假虎威"便是借势的典范。借势中最常用的招数就是借名人效应，请名人为自己的企业或产品做广告，这招在旅游策划中经常使用。例如，韩国国家旅游局曾经策划推出了一则"请到韩国来旅游"的旅游广告，其中就有当时的韩国总统金大中面向镜头发出邀请的画面。无独有偶，香港著名影星成龙也出现在香港特别行政区的旅游广告中。借势主要有以下几种形式。

一是借事件之势。借事件之势就是借助某一事件的影响进行旅游策划。我们身边每时每刻都在发生着各种不同的事件，这些事件起因各异，表现形式各异，结果各异，但有一个共同点，就是这些事件犹如大海中大大小小的浪花，总会波及一定的区域，总会使一些人不可避免地受到影响，因此，也总会被人们所关注。有心人往往可以从中发现契机，顺势而为，从而策划出一些活动或发展项目。比如1999年在云南举行的世博会，这个世界性的会议在云南举行之前已经在20多个地方举行过了，也都没有留下什么硬性旅游资源。可云南不一样，他们趁势而动，不但提出了"人与自然——迈向21世纪"这样响亮的口号，而且，大手笔征地218公顷，建立了一个集古今中外园艺为一体的昆明世博园，从而借世博会的召开为云南留下了一笔永久的资产，可谓是借事件策划的典范之作。

二是借政策之势。主要是指借助各级政府的重大旅游决策而进行旅游策划。

政府的决策对旅游业的发展至关重要。政府决策一般是针对全行业而言的,但精明的策划人总是可以从中发现商机,抢得先机,趁势而为,取得佳绩。2004 年,国家旅游局决定将红色旅游作为一个重点来发展,决策一出,湖南、江西等省便率先行动,启动了红色旅游线路。湖南省人民政府则联合国家旅游局、团中央在韶山组织了声势浩大的"中国红色之旅、百万青少年湘潭韶山行"大型主题活动;江西组织了"新世纪、新长征、新旅游——2004 年中国红色之旅万里行"活动,由十多台专车组成的车队从瑞金出发,沿途穿越 15 个省(市、自治区),历时两个月,行程 3 万余公里,宣传红色旅游线路。这是借政策之势的典范之作。

三是借时间之势。借时间之势就是借助某一特殊的、有重大纪念意义的时间进行旅游策划,以达到树立旅游组织形象、发展旅游业的目的。特殊的时间往往具有特殊的意义,会产生特殊的效果。比如各种类型的龙舟比赛,如果在端午节举行,就显得意义重大了。2000 年是一个重要的年份,策划家陈放早在 1993 年就敏感地意识到了千禧年的商机,策划出了几百套方案,其中包括泰山点千年圣火、钱塘观千年大潮等。后来,这些方案大部分都实施了,陈放先生的这种敏感性就是借时间之势进行旅游策划的经典。

四是借人物之势。借人物之势就是指借助于某一名人的影响,策划出相应的活动或开发项目。人物可以分为古人和今人,只要他们有一定的影响,都可以"为我所用"。借人物来策划旅游的事例数不胜数。从借古人来说,不但中国古代的皇帝、大臣、皇后、贵妃、文人墨客、能工巧匠的故居、陵墓现在大多已经成为了旅游景点,而且古代神话传说中孙悟空、猪八戒、七仙女、嫦娥等人物也都成了重要的旅游资源。山东的孔子国际文化节、湖南的蔡伦科技发明节等都是借古代名人造势的典范。借今人造势的例子更多,毛泽东故居——湖南韶山,邓小平故居——四川广安等,现在都成了著名的旅游目的地。

五是借山水之势。山有山的走势,水有水的流势,借山水之势,就是利用自然界山水的大致走势,稍加点缀,营造新的景点,策划出山水文化活动。对于旅游策划者来说,山水是永远也做不完的大文章。做山水的文章要善于从常人眼里的沟沟坎坎中去发现不同寻常的东西,寻找山水的卖点。近年来,关于利用山水而成就的旅游策划数不胜数,张家界的飞机穿越天门洞,就是利用了天门山顶的那个天然山洞。那个山洞如果没有那一次穿越,也许永远只是一个任人评说的山洞,可是,那一次穿越之后,那个山洞便与挑战和冒险连在一起了,成了大自然留给人类的一道战书。阿迪力南岳走钢丝,猛洞河的国际漂流节,都是在利用山水大做文章。四川乐山大佛是个著名的景点,而乐山大佛所在的那座山的山势被人发现也像一尊卧佛之后,经媒体炒作,卧佛又成了新的景点,可谓借势成景的典范。

六是借建筑之势。借建筑之势就是指利用古代或现代的建筑物而策划出来的活动或景区项目。建筑是人类文化的立体体现,是人类重要的文化遗产。我国是一个有着五千多年文明史的文明古国,自古以来,我国人民创造了十分丰富而又独特的建筑文化,为各地发展旅游业奠定了坚实的基础。做建筑的文章首先是要做好古建筑的文章。如现存的古代书院、寺庙、民居、宫殿都是用来策划旅游项目的好原料。平遥古城、凤凰古城、皖南西递宏村等都是利用集中布局的古建筑策划出来的景点,北京的故宫、长城、西安的华清池、碑林等更是利用古建筑促进旅游发展的典范之作。也可以将现代建筑策划成为好的景观景点,如上海的东方明珠电视台,北京的人民大会堂、毛主席纪念堂等,还有长江三峡大坝、奥运建筑"鸟巢"、"水立方"都是重要的旅游资源,经过科学的策划,会成为非常吸引游客的旅游景点。2008年夏季北京举办奥运会后,奥运场馆对游人开放,国庆长假奥运场馆日接待游客超过24万人。

七是借特产之势。利用一地的特产策划出旅游活动或旅游产品开发项目、旅游景区建设项目,促进旅游业的发展,这便是借特产之势。我国各地的物产千差万别,如新疆的哈密瓜、海南的椰子等。由于各地的经济条件、民间习俗不同,还形成了一系列具有浓厚地方特色的加工产品,如东北的皮革、大连的服装、义乌的小商品等。利用特产策划大的旅游项目和旅游节会活动已经成为近年来旅游策划的一种时尚。如吐鲁番的葡萄节、海南的椰子节、大连的服装节啤酒节、景德镇的陶瓷节、哈尔滨的冰雪节,还有南京的梅花节、常德桃花源的桃花节、北京香山的红叶节等,已经成为有一定影响的、以特产为基础的旅游节会活动。

八是借民俗之势。借民俗之势就是指借助一地的民风民俗,策划出旅游活动项目或旅游产品开发项目、旅游景区(点)建设项目,促进旅游业的发展。我国地域辽阔且差异很大,各地居民在长期的环境适应和生产生活中形成了具有浓郁地方特色的民俗风情,东西南北中各不相同,这种差异性,正是策划旅游项目的好素材。此外,民族风情也是一种重要的旅游文化资源,我国有56个民族,各民族都有自己独特的民俗风情,如苗族和土家族的摆手舞、哭嫁风俗,蒙古族的摔跤风俗等,这些民间风俗习惯只要稍加整合,就可以成为独具魅力的景观和旅游节会活动。张家界的土家族民族风情园,就是将土家族的民风民俗及建筑集中到一处进行展示;云南等地的火把节、蒙古族的摔跤节等也都是利用民风民俗而策划的节日。由此,可以考虑在具有民俗特色和民族风情的地区策划相应的旅游项目,或开设民俗园、风情园等,组织专门的表演队伍,持续稳定地为旅游者进行具有民俗特色和民族风情的表演,给旅游者带来新奇的感受。

2. 顺势

顺势就是顺应潮流之势,也就是常说的顺水推舟。旅游策划中的顺势,是事件、活动已经出现,但还不是有目的的、自觉的行动,离形成旅游产品还有一段距离,需经过策划人的修饰包装,使之适应时代发展潮流,成为人们喜爱的旅游项目。

被誉为"中华第一街"的上海南京路,在1999年步行街改造中实行的商业结构大调整就是一次出色的顺势策划。上海是个国际大都市,在这里发展旅游的最佳模式就是"都市旅游"。而作为上海都市旅游重要组成部分的南京路商业街却存在着综合百货多、娱乐休闲少、专业特色退化等诸多不利于发展都市旅游的问题。乘着1999年南京东路改造为步行街的机会,市商委针对以上问题对南京路原有商业结构实施了重大调整。调整后的南京路,购物比例下降,餐饮设施、休闲娱乐设施、文化设施的数量和面积大幅度增加;南京路百货业占据半壁江山的局面也得到了改观,调整后仅剩三大综合百货和一个特色百货,经营面积下降约一半,取而代之的是一些特色经营店铺。这次大调整正是有关部门顺应"都市旅游"的大势,同时又借步行街改造的机遇,将南京东路从传统的购物街演变为集购物、旅游、商务、展示、文化五大功能于一体的全天候步行街,既丰富了上海的都市旅游,又巩固了其在全国商业中的领头羊地位。

3. 转势

转势就是将某种势,通过一定的手段和方法,转化为另一种对自己有利的势。转势的目的是要使无势变为有势,劣势转化成优势。皖南的黟县,历史上是一个山区农业县,随着这几年资源保护力度的加大和周边地区旅游事业的快速发展,黟县开始寻求经济结构的转型。2006年,黟县主打"世界遗产"与"世外桃源"两大品牌,力推"中国画里乡村"的旅游目的地形象,成功承办了首届国际山地自行车节、首届中国黟县摄影节等大型节庆活动。全年接待游客突破240万人次,其中入境游客突破7万人次,旅游总收入突破9亿元,同比分别增长14%、55.5%和31.9%。围绕旅游促工业、调农业、强三产,黟县工、农、三产的产业结构优化调整为23.6∶36.8∶39.6。被省政府授予全省首批旅游经济强县,被国家旅游局列入首批"中国旅游强县创建工作试点县"。通过转势,黟县逐步转向为一个新兴的旅游名县。

4. 造势

所谓造势,就是制造声势,或者说,是营造一种旅游氛围激发旅游者的旅游动机。造势是广告宣传策划中最常用的一种方法,企业为了树立品牌形象,引导消费,往往都要采用造势这一手法。造势一般采用铺天盖地的广告宣传,多种媒体全方位、立体式的传播。加上各种策划手段的辅助,往往会产生让目标对象震撼身心的效果,从而在公众中树立起组织的形象,营造知晓产品的氛围。造势有程度高低之分,普通的造势,如单纯的产品推销,就是简单地制造声势。高程度的造势,如战略造势,则要在势的规模和深度上更进一步,要造成一种不可阻挡的社会趋势和历史潮流。

一是整体造势。即从整体上加强旅游宣传的力度,制造旅游声势,激发旅游者的旅游动机,引导旅游消费。2007年11月至2008年2月间,内蒙古、黑龙江、吉林等省以及部分城市在中央电视台1套、2套和新闻频道的新闻节目中频繁地插播"雪域"、"滑雪"、"冰雕"等旅游广告,吸引南方游客感受冰天雪地的风光与乐趣。除了电视媒体宣传外,旅游书籍、报刊、小册子中提供的专业旅游信息,广告、展销、陈列以及推销员提供的旅游营销指导信息,都是激发旅游者旅游动机的最佳途径和手段。

二是倡导新型旅游。造势要倡导新型的旅游观念,鼓励旅游消费。我国传统的旅游观念向来是"父母在,不远游",然而,在交通日益便捷、经济日益发达的今天,越来越多的人有了游山玩水、休闲娱乐的需求。有关部门应针对这一形势,倡导一种全新的旅游观,使人们认识到"旅游是一种现代的生活方式"、"带父母出门旅游是尽孝道的一种形式"。加上我国开始逐步推行带薪休假制度,可以预见,假日休闲旅游将在中国成为一种时尚潮流。

二、及时抓住"时"

时,就是时机、时间、机会和机遇。旅游策划中对时的把握最为复杂,也最为机动,因为"时"是可遇而不可求的。光凭旅游策划人员的主观判断,很难确定"时"什么时候出现,什么时候结束。正因为"时"来去不定,转眼即逝,所以人们尤为看重时机,甚至认为"时"是决定事情成败的关键。有时候"万事俱备",但因为"只欠东风",即便是再好的策划,也只能付诸东流。策划如能捕捉到合适的时机,就能取得事半功倍的效果;如果与时机擦肩而过,事后即使花费更多的气力也无法收到时机之效。

旅游时机既有时机的一般特征,也有旅游时机特有的特性。具体来讲,旅游时机具有两重性的特点:一方面,旅游时机具有时机的偶然性。任何社会重大事件、民间文化热点或自然现象都有可能蕴藏着发展旅游的契机,这种契机的出现,是随机的、偶然的。如自然现象中的流星雨、日全食、云海、海市蜃楼等天文气候天象。另一方面,旅游时机具有随季节、时间变化的规律性特点。众所周知,旅游行业有所谓的"淡季"和"旺季"之分,这是由旅游的季节性特点所决定的。无论是旅游景点、旅游产品还是旅游行为本身,都具有随季节变化而变化的季节性特点。因此,旅游时机的出现往往也随季节的交替呈现出一种规律性的变化。对于旅游策划者来讲,旅游时机的这种规律性特点给旅游策划带来了较大的便利。因为规律是可以把握的东西,旅游策划者可以根据季节、时间的变化对旅游时机的出现做出较为准确的判断,以便在时机来临之前做好充分的准备,创造出最佳的策划。

对旅游策划人员来说,时机的把握尤为关键。明智的旅游策划者总是审时度势,见机行事,故能运筹帷幄之中,决胜千里之外。旅游策划对于"时机"的把握必须做到以下几点。

1. 未雨绸缪,时刻准备

时机总是不露声色地悄悄来临,等人们稍有察觉,它又转瞬即逝,一去不返。为了避免在时机突然造访之时措手不及、失之交臂,聪明的旅游策划者应该在平时未雨绸缪,针对可能出现的时机做好充分的、完全的准备。只有"万事俱备",在"东风"真正来临之际,才能够迅速做出反应,适时抓住机遇。比如,旅游策划者可以在预测旅游高峰到来之前,合理配置旅游资源,安排设计旅游路线,按实际情况配备旅游服务人员和导游人员,使一切布置妥当,井然有序,这样就能在"旺季"来临时从容应对,避免因准备不充分而造成资源短缺、人手不足或管理混乱等一系列问题。反之,如果旅游策划者粗心大意,疏于准备,即便是一年一季的旅游高峰也会忙得焦头烂额、疲于应付,白白错失大好的旅游时机。

2. 细心观察,准确预测

时机的出现虽然是偶然的、随机的,但偶然中蕴含着必然,时机在出现之前,总有一些细微的征兆。旅游策划者为了把握最佳策划时机,必须具备能够觉察各种微小征兆的能力,具有这种觉察能力,也就能够大致预见到时机的出现,从而抓住策划良机。旅游策划者的这种洞察力并非天生,而是策划者在平时积累培养起来的。诸葛亮之所以能够料事如神,并非他有什么通天神术,而是他比常人更加留心观察、精于计算、勤于预测。旅游策划者只要细心观察环境,对人们通常不太注意的情况和细节多加留意,不放过任何有可能暗示着机会的微小变化,就能发现许多有价值的情况。好的旅游策划者应该对环境有敏锐的感受力,善于运用直觉,在细心观察客观环境细枝末节的同时,还具有分析和辨识的能力,对探查到的任何征兆都能够从中准确地预测到时机出现的情况。有时,甚至还能凭借积累的观察结果,推演出时机运行的大致轨迹。旅游策划者如果细心观察、准确预测,找到其中隐含的规律,就能把握住策划时机,成为旅游策划的王者。

3. 独特创意,别开生面

时机总是隐藏在不经意的事物之中,只有极少数高明的策划者才能剥开表象,发现并发掘其真正的价值。同样的机会,有的人看到了,不以为然,不屑一顾;有的人却视之为宝,借此蒸蒸日上。这里的差别不仅是眼光上的差别,更是创造性的差别。正因为具有创造性的思维,他的眼光才会独到,才能捕捉到事物的细微方面。任何现象的发生和发展,都有可能隐藏着旅游的发展契机,旅游策划者如果具有独特的创意头脑,就能发现这种契机,并加以利用,反之,如果策划者思维平常,那么即便机会就在眼前,他也辨认不出来。"机遇只垂青于有准备的人",旅游策划者应该主动出击,积极探求时机,在时机不佳或时机不至的情况下,可以通过有意识地运筹,自行创造出最佳的旅游策划时机。

　　旅游者的心理往往受制于特定的时机。例如,在国庆期间,人们有较长的假期,心情都很宽松,于是有了想出门游玩娱乐的冲动,这种冲动很容易付诸旅游行为。从某种角度来说,时机直接影响着旅游者的消费心理,决定着旅游策划的成功率。如何利用旅游者在特定时机下的"时间心理",开展旅游创意和宣传,是现代旅游策划工作的基本艺术之一。旅游策划者应该根据特定时机下旅游者特殊的惯性心理,推出相应的旅游策划,营造相应的旅游氛围。

　　在日常生活中,旅游策划者可捕捉的旅游策划时机是多方面的,常见的主要有:

　　一是社会节假日。包括:国家法定节日如五一劳动节、十一国庆节、元旦、春节、清明、端午、中秋等,民族性节日如雪顿节、望果节、火把节、开斋节、古尔邦节、圣纪节等。除此之外还有近年来青年人比较热衷的外来节日如情人节、愚人节等,以及各种文化艺术节、纪念日等。此外,还有许多地方性的节庆活动,如上海艺术节、南京国际梅花节、洛阳牡丹节、宁波服装节、青岛啤酒节、山东潍坊风筝节等。

　　二是重大社会活动。在社会上具有一定影响的重大活动比较多,如各种体育盛会(奥运会、亚运会、世界杯足球赛、世界田径锦标赛、国际网球公开赛等)、政治活动、外交活动、教育活动、大型展览会等,这些都是可供旅游策划者捕捉的大好时机。旅游策划者如能抓住这些重大活动的机会,在活动期间或前后适时推出与活动相关的旅游活动,应该能收到很好的经济效益和社会效益。例如,1999年世界园艺博览会在昆明召开,吸引了无数中外游客前往参观游玩,对于这次世博会带来的巨大客源和商机,策划者们并没有将眼光局限在园艺上,而是推出了多种多样的旅游产品,组织策划了丰富多彩的游览活动,在游人如织的世博会期间,既打响了世界园艺博览会品牌,又取得了旅游业的良好经济效益,将这次园艺博览会变成了一场旅游的盛会。2008年北京奥运会和2010年上海世博会的举行,必然会给中国旅游业带来新的发展机遇,策划工作者应当注重把握这样的时机。

　　三是公众热点。公众关心、议论的热点和焦点,往往也是策划的最佳时机。

　　1999年8月11日,是20世纪最后一次日全食出现的日子。这次日全食出现在世纪末,是百年中的最后一次,因此,赢得了媒体和科学界的普遍关注,成为公众关注的热点。罗马尼亚布加勒斯特市是欧洲唯一位于日全食覆盖带上的首都,因此,他们对这次日全食的兴趣尤其浓厚。早在一年多以前,罗有关部门就开始积极策划,力图以这次天象奇观为契机,重振本国旅游业。为了吸引尽可能多的旅客前去布加勒斯特观看日全食,布加勒斯特市在8月11日即日全食出现的当天晚上,举行了男高音歌唱家帕瓦罗蒂的专场音乐会。音乐会的黄金座位价格高达每位200美元,而这相当于普通罗马尼亚人月收入的两倍。普通票的价格则从50美元到 150 美元不等。尽管音乐会门票昂贵，但 2 万张门票却被销售一空。罗马尼亚吸引游客的另一个绝招，是对游人开放前总统齐奥塞斯库居住过的一个地堡。据说，齐奥塞斯库建造了 30 个地堡，目的是为了核战争打起来时他和妻子能有个逃生的地方。这些地堡保存完好，电力、通风和供水等都很正常。旅游者可以住在地堡里，也可以租用齐奥塞斯库用过的豪华轿车。齐奥塞斯库胸像和画像拍卖会同时也在地堡中举行。

三、灵活运用"术"

"术"，是指旅游策划过程中所采用的招数、套路或手段，旅游策划者根据不同的形势和时机，采用不同的招数和手段，可以使形势和时机符合自己行为的方向。旅游策划中"术"的运用，可谓五花八门，下面介绍几种较常见和实用的技法。

1. 出奇制胜

创意是旅游策划的第一要素，创意的根本在于创新出奇。有创意的旅游策划绝不循规蹈矩，而是另辟蹊径以鲜明的个性特色和巧妙的构思吸引旅游者。只有具有新奇创意的旅游策划，才能触动旅游者，从而产生引起注意——提起兴趣——激发欲望——加深印象——引起激动的心理功效。也只有具备新奇创意的旅游策划，才能在激烈的旅游策划中出奇制胜。菲律宾国家旅游公司曾实施过一个绝妙的旅游策划。他们印制了一批警告观光游客来菲律宾旅游有十大危险的小册子，并到处免费派发。旅客刚拿到手都觉得很吃惊，怎么到菲律宾旅游还有"十大危险"？仔细一看，原来这"十大危险"是这样的：一是小心买太多的东西，因为这里物价便宜；二是小心吃得过饱，因为这里的一切食物物美价廉；三是小心被晒黑，因为这里的阳光很好；四是小心潜在海底太久，要记住上来换气，因为海底美景使人流连忘返；五是小心胶卷不够用，因为名胜古迹数不清；六是小心上山，因为这里山水云影常使人顾不了脚下；七是小心爱上友善、好客的菲律宾人；八是小心坠入爱河，因为菲律宾姑娘热情而美丽；九是小心被亚洲最好的菲律宾酒店和餐厅宠坏；十是小心对菲律宾着了迷而舍不得离去。这虚贬实褒的"十个小心"，淋漓尽致地展现了菲律宾作为旅游胜地的巨大魅力。这则策划以新奇的创意，抓住了公众的心理，吸引了无数的游客，尤其是好奇的青年，都恨不得立即去菲律宾领略一下这种种"危险"。

2. 合理定位

定位是旅游策划的一个重要内容。旅游者年龄、身份、工作和生活习惯等不同，决定着他们的旅游需求、旅游动机以及旅游心理的不同。旅游策划者应该根据旅游者的不同需求，对不同的旅游产品进行定位策划，使各种产品都能对应相应的消费群体。旅游策划者不光可以针对消费者的需求进行定位，还可以针对产品的个性特点进行定位,或者针对旅游者的旅游观念进行定位。上海市各条市级商业专业特色街就是旅游定位策划的成果。那条默默无闻的多伦路自全面改建之后,成了一条令人神往的文化名人街;短短的雁荡路和独特优雅的衡山路凭着一派欧陆风情成了青年人钟爱的休闲情调街;传统的南京路商业街,经改造成为全天候步行街之后,重新定位于多功能休闲文化街;依托上海老城厢700年的历史底蕴和传统建筑的上海老街则以其独特的历史定位赢得了众多中外游客的光顾。各条特色商业街交错定位,既填补了上海市都市旅游市场的空缺,又细分了市场,实现了整个旅游市场的合理化分工。

3. 以人为本

情感需要是人的本质需要之一,旅游策划者如果能在策划过程中,针对旅游者的情感心理,以人的情感为本,抓住一个"情"字,做足、做够、做大文章,设计出具有感染力的旅游产品或旅游活动,那么就可以诱使旅游者产生相应的情感心绪,产生情感幻觉。在旅游策划过程中要做到以人为本,以情感人,首先必须做到把游客的利益放在第一位,处处为游客着想。只有这样,才能吸引游客,打动游客。全球闻名的假日集团创始人威尔逊的旅游策划带给我们许多启示。1952年,第一个假日旅馆在进入孟菲斯主干道之一的夏日大道上落成,它与以往的汽车旅馆不同,假日旅馆里的所有服务和设施都体现了人性化的设计。传统旅馆里的标准房间,冷冷清清,大厅的气氛令人生畏。而威尔逊策划开设的旅馆房间,光线明亮,空气流通,色调柔和,充满了亲切感。威尔逊还在假日旅馆的每间客房内安放了一台电视机,以便游客在饱览沿途风光之后,晚上能像在家里一样享受到有趣的节目。此外,假日旅馆内还有一个专供儿童嬉水玩耍的游泳池,并安排了照顾孩子的服务,甚至还设计了为旅客的小狗居住的免费狗舍……假日旅馆里的每一件设施,每一项服务,甚至连最小的细节都体现出了创办者处处为游客着想的念头,为游客营造了一个人性化的空间。假日品牌因为威尔逊的人性化构想赢得了数十亿的财富,假日集团今天已经发展成为在世界各地拥有1 700多家酒店的大型酒店集团。

4. 文化为魂

旅游,从文化学角度来讲,是一种文化的走出和超越。旅游者离开常住地,到别的地区去观光游览,实际上是在寻找一种文化的认同,是从一个文化圈流向另一个文化圈,是一种文化交流的行为。未来的旅游文化将是民族性与世界性相统一的旅游文化,所谓"民族的,就是世界的"。凡是具有民族特色与地方色彩的旅游文化,一定是吸引人的旅游文化。旅游策划者应该抓住这一点,在旅游策划中加入具有文化色彩的内容,策划出颇具地方特色和民族风格的旅游文化产品,以浓厚的文化气息引起旅游者的注意,吸引其参与和投入。南京的"金陵灯会",就是一个以鲜明的地方民俗文化特色吸引游客的成功的旅游策划,类似的还有无锡"灵山大佛"、常州"中华恐龙园"等旅游策划。旅游策划者想要开发真正具有文化特色的旅游资源和旅游项目,要做的工作很多,目前策划者首先应该考虑的是如何进一步开发民族的优秀文化遗产,把传统文化和现代手法巧妙地结合在一起,创造出兼具时代特色和民族特色的旅游策划。

☞ 复习思考题

1. 旅游策划的基本程序有哪几项?
2. 旅游策划创意的来源有哪些?如何寻求策划创意线索?
3. 旅游策划中应如何"借势"?
4. 策划人员应怎样抓住时机进行旅游策划?

第四章 旅游发展战略策划

引言

　　小张是位名牌大学的学生,当年高考他以全县最高分走入了莘莘学子梦寐以求的高等学府。假期回家拜访了自己母校的老师们,大家见到他都很开心激动,因为小张已经成为母校的传奇,于是老师们邀请他为学弟学妹们开个讲座,谈谈自己的学习经验,小张欣然接受。讲座那天,来了许多学生,小张凭着这些年大学生活锻炼出来的胆量和口才,在台上讲得慷慨激昂、意气风发,台下听众们也是听得热血沸腾,现场效果十分火爆。轮到台下学生提问时,有一女生提问如何才能在考试中做到不紧张,拿到试卷时不迷糊,考好它。小张引用了一句著名的话:"战略上藐视敌人,战术上重视敌人",他解释说,就是在考试时,从总体上要树立必胜的信念,而在具体的做题上应该小心谨慎,审慎答题。前半句是指要自信,不要怕考试考卷,后半句是说要认真对待,不能马虎,不能自负。也就是要自信,但不能自信过头,不能小看每个题目,要充分做好考前的准备工作,不要自负,不要压题。

　　这里小张提到了"战略"一词,这是我们生活中经常碰到的常用语,无论是国家、社会、企业,还是军事、政治、经济领域,都会遇到这样或那样的战略问题。那么究竟什么是战略?在旅游领域,它又有什么作用和影响?让我们进入本章的学习,解答这些问题。

本章学习目标

1. 理解旅游发展战略的含义及其在旅游业发展中的地位作用。
2. 学习如何策划旅游发展战略。

　　旅游发展战略是区域旅游发展的中心议题,是要解决的首要问题,是决定旅游发展方向的大问题。只有制定出符合实际、有较高的科学性和较强的可操作性的发展战略,才能使旅游发展有正确的方向,在正确的道路上前进,否则就会事倍功半,甚至破坏当地的旅游环境,劳民伤财。本章主要讲述了旅游发展战略的含义、层次、意义,旅游发展战略策划的内容、目标构成,以及旅游发展战略策划的重点和应评估的关键因素。

第一节 旅游发展战略策划概述

一、旅游发展战略

1. 战略

"战略"一词原为军事术语,指对战争全局的筹划和指导。以后战略一词逐渐超出了军事范围,被广泛地应用于社会、经济、政治、教育、文化、科技等领域。管理学对战略的定义,是指制定、实施和评价使组织能够达到其目标的、跨功能决策的艺术与科学。比如经营战略,就是使用何种商品向什么人(目标客户)销售?采取何种流通方法与经营程序?从何处突破,主打商品、热卖商品是什么?在经营的各个环节中从何处突破?何时是介入的时机?何时是撤退的时机?所以,企业的经营战略就是在企业运行过程中对企业发展的方向、目标以及解决基本问题的方法所形成的思考。

2. 旅游发展战略

旅游发展战略就是国家或区域层面上通过对自身优势的认识,而制定未来发展的目标、措施和程序的总和。通俗地说,就是"定调子、定盘子、定路子"。"定调子"指的是旅游发展的定位、指导思想与方针,是战略制定的根本问题;"定盘子"指的是旅游区域的范围,发展的规模、目标、方向等,是战略制定的核心问题;"定路子"则是指旅游发展的计划与过程,以及具体的发展战略措施,是战略制定的主要问题;三者结合后才是解决区域旅游发展的战略问题。

例如河南省旅游发展规划(2005—2025年)提出了以下的旅游发展战略:以科学的旅游发展观为指导,确立河南旅游业"当好开放带动战略'先行部队',实现'中原崛起'做出重大贡献"的基本方针,依托中原文化特色和自然山水旅游资源,利用优越的区位交通和基础设施条件,遵循市场经济规律和国际规范,培育大旅游发展的整体动力和发展环境;推动政府主导型向政策导向型的旅游发展机制转变,积极介入国际竞争,实施精品战略,注重非物质文化和故事文化遗产的开发利用,保障供给,引导消费;立足于打造根源、文源、武源、商源、佛源、道源、儒源的文化品牌,形成"中国心·华夏根·黄河魂"的旅游形象;推进旅游产业结构和空间结构调整,创造大旅游可持续发展的良好环境;实施旅游集约化、跨越式发展战略,在规划中远期将河南建成现代化旅游强省,旅游业成为全省国民经济的支柱产业之一和重要动力产业。在这个旅游发展战略的表述中,首先提出了发展战略的定位、指

— 61 —

导思想与方针,其次阐述了发展战略的措施与计划,最后表明了其发展的总体目标。

因此旅游发展战略,应包括以下内容:

一是科学明确的定位。对任何事情而言都是先有定位后有目标,没有准确的定位就无法找到切实合理的发展目标,对一个旅游业组织发展战略而言,都是建立在准确定位的基础之上的,没有准确可行的定位,即使制定再好的战略目标也是空中楼阁。所以,旅游发展战略策划首先要对策划的对象有科学明确的定位。比如江苏省盐城市地处黄海之滨,号称"黄海明珠"、"东方湿地之都","十一五"旅游发展规划的发展战略定位是:突出湿地生态休闲旅游,积极发展红色旅游,以长三角地区为主要客源市场,以规划建设盐城湿地生态国家公园为重点,全力打造五大旅游经济区,完善城市旅游功能,提升产业要素水平,着力提高旅游核心竞争力。

二是符合实际的战略总体目标与分目标。战略总目标,是指要达到的整体目标。如盐城市旅游发展战略的总目标是:力争到2010年建成旅游大市,把盐城湿地生态国家公园建成太平洋西岸最大的湿地公园、亚洲东部最佳的生态旅游公园,尽快使盐城市成为国内外知名的东方湿地之都。而四川绵阳市旅游发展总目标是:成为西部旅游目的地和集散地,确定绵阳市在川西北地区的旅游中心地位,创建中国优秀旅游城市,完成旅游中心区和八大旅游产品(王朗、小寨子沟、罗浮山温泉、窦圌山、七曲山、嫘祖坛、云台观、仙海)的配套体系,发挥主导产品的拉动辐射作用,带动配套产品的发展,与邻近区域建立良好的旅游产品协作关系。

战略分目标,是为了实现总目标而实施的具体战略环节、步骤所要达到的目标。绵阳市依据总目标提出了针对性极强的六个具体战略分目标:实现旅游业长期均衡增长战略;建立特色旅游基地,实施优势发展战略;构建旅游创新体系,实施跨越式发展战略;注重人才素质提高,实施高质发展战略;创建旅游网络系统,实施区域联动战略;发展生态旅游项目,实施可持续发展战略。

三是竞争制胜的战略创新。一个创新的旅游发展战略,不仅是旅游业发展的不竭动力,也是提升地区知名度的重要举措。比如江苏省苏州市是老牌旅游目的地,一直有"上有天堂,下有苏杭"、"东方威尼斯水城"等美誉,如何能进一步挖掘旅游发展的潜力,保证旅游快速持续地发展,创新是关键。苏州旅游发展规划把创新作为发展战略的灵魂,在观念、制度、文化和管理四个方面进行创新,如图4-1所示。

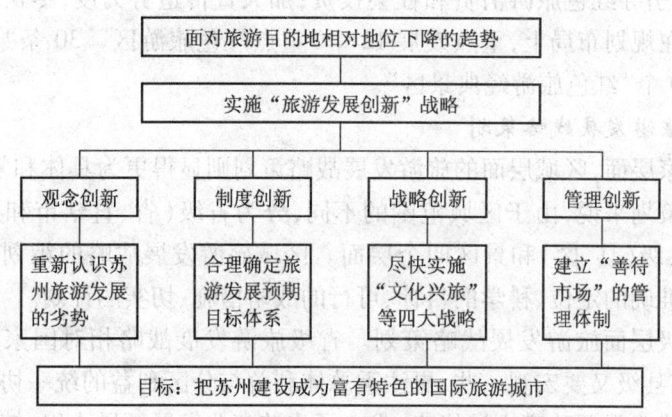

图 4-1 苏州旅游发展创新战略模式
(引自保继刚等著《旅游规划案例》,p.268)

3. 旅游发展战略策划

旅游发展战略策划,是在对基本现状分析的基础上,从宏观的角度对旅游发展战略的策划,即在对旅游发展的机会、必要性以及可能出现的问题分析的基础上,对旅游发展战略思想、战略目标、战略重点、影响战略目标实现的因素、实现战略目标的办法步骤的谋划。

二、旅游发展战略层次的策划

旅游发展战略策划活动是针对国家或区域层面上的,从策划内容、程序、过程和方法上来说,基本相近,包含了发展的目标、计划、措施、政策等,但区域范围与层面的不同,战略策划是有区别的。如国家层面上更强调总体与分区利益协调,目标表述比较宏观,而在区域层面上更强调目标与计划的可实现性与操作性。

1. 国家层面旅游发展战略策划

国家层面的旅游发展战略因所处国家的大小、地位、现状、资源条件等因素不同而有着不同的关注点,通常这样的策划或规划活动由各个国家政府或大型的旅游组织完成,这一层面的战略表述更加宏观,体现了国家旅游发展的大方向、大思路、大政策。

例如红色旅游发展战略,就是国家层面上的旅游发展战略。在战略定位上,把发展红色旅游作为巩固党的执政地位的政治工程,是弘扬民族精神、加强青少年思想政治教育、建设社会主义先进文化的文化工程,是促进革命老区经济社会发展、提高群众生活水平的经济工程。在组织领导上,成立高层次的组织、协调机构。在实施步骤上,规划先行,科学打造红色旅游精品;加大红色基地的基础配套建设;制定优惠政策,引导红色旅游消费和社会投资;加大宣传造势力度,尽快扩大市场和培育品牌。在规划布局上,重点发展 12 个"重点红色旅游区"、30 条"红色旅游精品线路"、100 个"红色旅游经典景区"。

2. 区域旅游发展战略策划

相对国家层面,区域层面的旅游发展战略策划则显得更为具体和复杂一些,通常作为旅游策划来说,由于区域范围的不同,分为省级(省、直辖市和自治区)、市级(地市)、县级(县、区)和景区四个层面。区域旅游发展战略的策划需要对区域旅游发展有准确的定位、科学的目标、可行的战略措施、切实的计划。

一是省级层面旅游发展战略策划。省级旅游发展战略相对国家级要具体一些,但相对市县级又要宏观一些,更注重总体利益与分区利益的统一协调。如四川省旅游发展战略强调政府主导战略,成立了旅游产业发展领导小组,统一协调解决全省文化旅游发展中的重大问题,包括强化旅游行政管理部门的综合管理和协调职能,特别是公安、交通、文化、文物、宗教等部门,要主动配合旅游部门,共同搞好文化旅游资源的综合利用和开发管理。在区域利益协调方面,策划出在世界、国内有影响的拳头景区,能够吸引游客的精品旅游线路,即在峨眉山、乐山、都江堰、九寨沟、黄龙寺"五大精品"的基础上,在 2010 年前,逐步推出新的文化旅游"五大精品",即大香格里拉(四川片区:康巴文化、彝族、摩梭文化);邓小平—朱德故里;阆中古城;李白故里—杜甫草堂—三苏祠—郭沫若故里;三国文化(蜀道)5 个世界级文化旅游精品。在 2015 年前,再集中开发川陕苏维埃旧址—诺水河风景区,王朗—白马人风情,广元女皇故里,石海洞乡(苗僰文化)—李庄,福宝—黄荆老林 5 大世界级文化旅游精品。

二是地市层面旅游发展战略策划。地市层面旅游发展战略策划,更强调抓住全市旅游发展的突出矛盾所在,关注旅游发展中的主要问题,强调定位的准确、旅游资源的整合、旅游发展的创新意识、特色旅游产品的开发、旅游竞争的策略、旅游市场的开拓、旅游产业的发展和旅游体制的改革等问题。苏州的太湖旅游度假区是国家级风景名胜区和度假区,在其发展战略的准确定位上提出了"保护前提下的重点乡镇适度开发"的战略模式,即严禁破坏生态区的建设行为,建设成以自然生态和自然保护区为组团式的空间发展模式。该模式有利于环境保护,有利于经济发展。

三是县级旅游发展战略策划。县级旅游发展战略策划对比省市级的战略策划更具体,更注重可操作性,更强调市场营销与产品开发策略,更看重县域内的旅游龙头对全县旅游发展的示范效应。如南京市浦口区地处江北,没有长江南岸紫金山、中山陵、玄武湖、总统府等景点知名度高、人气旺。江北的旅游打什么产品?旅游龙头是什么?如何带动全区的旅游发展?浦口区旅游发展有良好的生态环境、独特的自然资源,而生态观光和休闲度假产品又有强劲的市场需求,开发潜力大。因此,浦口的旅游发展战略模式是以生态观光与休闲度假旅游双重驱动,观光与休闲度假共同发展的发展模式。在"一山三泉"(老山、珍珠泉、琥珀泉、汤泉)区域里,开展以生态、温泉、文化休闲为主导的休闲度假旅游,同时借助良好的生态环境和独特的自然资源开展商务、会议、公务旅游,把浦口区建设成环境优美、轻松愉快的休闲度假社区。如图4-2所示。

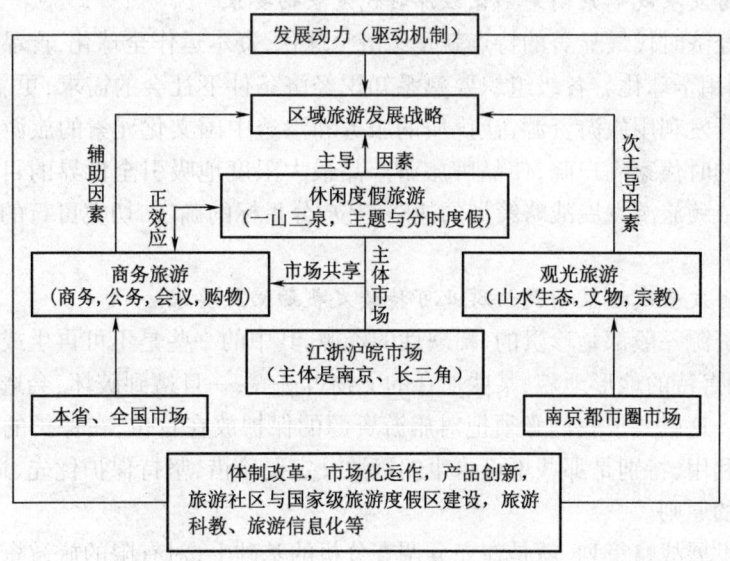

图4-2 南京市浦口区旅游发展战略模式

四是景区旅游发展战略策划。风景区旅游发展战略是风景旅游发展策划的主要内容之一,相对于前文所说的国家、省市县级更加具体,更具备可操作性,重点在解决风景区旅游发展的主要矛盾、产品定位、营销目标、经营体制和形象定位,尤其重视景区的持续发展和新市场的开拓。如千岛湖位于淳安县境内腹地,是国家级风景名胜区、全国首批AAAA级旅游区。千岛湖旅游经过20余年的发展,已具有良好的产业基础、响亮的品牌声誉、蓬勃的发展势头和灿烂的发展前景。千岛湖旅游未来发展战略的目标定位是:打造观光旅游、休闲、度假与会展四位一体的长三角一流、国内著名、世界知名的休闲度假胜地,塑造湖泊旅游典范,建设旅游经济强县。

通常意义上的区域旅游发展战略策划就包括以上几个层次，当然还有介于这几个层面之间的区域范围，比如国家级层面的"丝绸之路"旅游、西部旅游，大区域的长三角旅游、沿江沿河沿海旅游、江南古镇系列等，这些旅游发展战略各有特点，比较宏观，突出发展大的层次思考，这里就不一一赘述了。

三、策划旅游发展战略的意义

1. 旅游发展战略策划是知识经济时代发展的要求

知识经济时代最显著的特点就是经济全球化，资本运作全球化，产品服务全球化，信息利用全球化。各级组织要熟悉知识经济条件下社会的需求，更新观念，科学合理地开发利用旅游资源，让优质的服务和渗透中国文化元素的旅游产品在信息全球化的时代家喻户晓，使品牌旅游产品最大限度地吸引全世界的目光。这一切都必须依赖旅游发展战略策划的战略定位，分目标的确定，切实可行的战略措施来保证。

2. 旅游发展战略策划是旅游业可持续发展的必然要求

旅游资源一般都是珍贵的、稀缺性的资源，其中的一些是不可再生或很难再生的资源，如奇特的地形地貌、某些遗存的文物古迹等，一旦遭到破坏，会造成难以挽回的损失。这就要求我们必须把对旅游资源的保护放在首位，在保护的前提下加以发展和利用，特别是那些不可再生的资源一定要珍惜，坚持保护优先、适度开发、永续利用的原则。

旅游发展战略策划，就是在充分调查分析的基础上，对有限的旅游资源开发和利用进行科学合理的规划，反对"为保护而保护"、"为开发而开发"的片面态度。在保护意识指导的前提下，策划出具有市场化、精品化、生态化、集约化、特色化的旅游产品。加强旅游资源开发建设项目的环境影响评价，最大限度地保护环境，促进旅游业可持续发展。

3. 旅游发展战略策划是满足人们消费需求的要求

旅游活动是现代人类外出旅游的需要和消费的直接结果，旅游业的发展必然受到旅游需求和具体消费特点的制约和影响。具体讲，一方面，旅游需求和消费从性质上看，是一种人类求得身心健康、享受和完善发展的高层次需要和消费行为，是社会经济、文化高度发展的产物，其具体特点和表现形式都取决于特定时期的经济、科技的发展水平以及文化上的价值取向等，并随其变化而变化。这就决定了旅游发展必须关注整个社会，尤其是客源地的社会经济发展趋势、科技水平的提高程度以及其他决定和影响旅游需要和消费变化倾向的重大环境和条件因素，从而能够预先自觉地在旅游生产力布局和结构上进行调整和配合，保证旅游发展在供求数量和质量方面基本协调。另一方面，旅游需要和消费从形式上看几乎涉及日常生活全部需要的消费总和，具有十分明显的综合性，这就决定了旅游供给的综合性，而这种综合性绝不是仅仅依靠旅游业的发展所能解决的，必须依靠其他相关行业的支持，甚至包括社会居民这样的非经济因素的配合。显然，从旅游发展的内在规律上看，制定旅游发展战略是决定、分析和影响本地区旅游发展的因素及其变化系数，并根据旅游发展的内在要求，组织和协调旅游生产力的各种关系，这是旅游发展的必然要求。

4. 旅游发展战略策划是打造旅游精品的需要

旅游发展战略，已经成为政府管理旅游产业和区域旅游开发的重要工作。可以说，几乎所有的县级城市及大部分旅游区，都已经制定了自己的旅游发展战略，编制了旅游规划。

就一个地区的旅游发展而言，旅游发展的目标与战略，是由旅游资源与市场共同决定的，而资源与市场的结合点，是产品，特别是产品的定位与成型，产品的调整与改造。比如：没有博鳌论坛，就不可能正确规划出琼海的旅游战略；没有中视基地，无锡旅游又如何去规划；没有将瓷艺转化为瓷艺旅游的产品，景德镇又怎样成为旅游目的地？当目前的规划尚未建立起以产品为核心的编制体系时，策划，就成为规划最好的补充。通过策划来制定出产品导向的旅游发展战略，是完全必要的。

第二节 旅游发展战略策划的内容

一、旅游发展战略目标策划

1. 发展旅游业的目的

旅游业是以旅游者为对象，为其旅游活动创造便利条件并提供所需商品和服务的综合性产业。因此发展旅游业的目的是发展经济，同时又能促进文化发展、解决就业、提升形象、保护环境，促进相关产业的发展，所以一般认为旅游业是经济产业、文化产业、服务产业、形象产业、环境产业和动力产业。

一是发展旅游业是促进社会和国民经济和谐发展的重要内容。2007年9月国家旅游局印发了《关于进一步促进旅游业发展的意见》，阐明了我国积极发展旅游业，是为了促进经济社会和谐发展。要使旅游业更好地满足人民群众日益增长的旅游消费需求，必须自觉地把促进旅游业科学发展作为旅游工作的出发点和落脚点。为此，要妥善处理好提升产业素质与扩大产业规模的关系、坚持政府主导与发挥市场作用的关系、对内开放与对外开放的关系、严格保护与合理利用旅游资源的关系。只有保持我国观光、宾馆、交通、餐饮、娱乐、购物六大旅游产业和谐、科学发展,才能使社会和谐发展,使国民经济大系统和谐发展。对资源的破坏性过度开发、对景区环境的破坏与污染,都不是科学发展观所要求的,其后果将会制约国民经济的发展。

二是发展旅游业会带动经济社会快速发展。旅游业在现今已经成为新兴的"综合性产业",成为21世纪最具活力的行业之一,带动着国民经济和社会发展。国家旅游局邵琪伟局长在2007年全国旅游工作会议上的讲话中说,2006年"全年入境游人数达1.25亿人次,增长3.9%……旅游外汇收入创汇339.5亿美元。……国内游13.9亿人次,国内旅游收入6 230亿元"。我国旅游年收入超过千亿元的省份已经有8个。而云南、四川、湖南、广西、贵州、江西、陕西、黑龙江、甘肃、山东、新疆、西藏、山西、吉林等省、自治区在发展规划中都把旅游业作为地区国民经济发展的支柱产业。就连经济发达或旅游业发展较好的地区,也提出依托经济发展态势,形成旅游与经济的互动。如江苏省提出:到2010年,江苏旅游业发展成为全省国民经济支柱产业,率先基本建成旅游强省,成为中国和亚太地区知名的旅游目的地;到2015年,建成国内一流、国际驰名的中国旅游强省;到2020年,旅游业成为全省国民经济重要产业,江苏成为世界一流的旅游目的地和我国重要的出境游客源地。按照中国旅游发展规划,到2020年,旅游总收入将达到3.6万亿元人民币。在国际上,中国将成为世界旅游强国;旅游业在国民经济体系中将成为新兴的支柱产业。

三是发展旅游业可以增加就业、消除贫困,促进社会安定。旅游具有"就业容量大,门槛相对低"、"就业方式灵活,适合不同人群"的特点和优势,发展旅游业,可以增加就业,消除贫困,促进社会安定。截至2006年年底,全国就业人员7.64亿人,其中第三产业就业人员达2.64亿人,在第三产业中由旅游业直接带动就业的有1 000万人,间接带动就业达4 900万人。例如,自从开展乡村游后,许多地区有效地解决了农村剩余劳动力的就业问题。2006年全国600多万农村人口通过发展旅游业获得了新的就业岗位。"十一五"时期我国旅游业将每年新增直接就业70万人,间接就业350万人。许多农民直接是旅游的经营者,通过摆小摊、开餐馆转化农产品,使农民的经济收入增加,生活质量提高,促进了社会的稳定。四川碧峰峡景区是一个省级风景区,周边地区原系贫穷山区,群众生活较为贫困。碧峰峡景区的开发建设,有力地带动了当地经济发展。围绕景区发展起来的服务业使得当地农民群众的收入显著增加,当地人均年收入从1998年前的不足1 000元,一跃上升至现在的8 000余元,农民生活得到明显改善,同时也促进了当地的"退耕还林"和森林保护工作。2004年开展红色旅游以来,也给革命老区人民带来了巨大的实惠。2006年,井冈山、韶山、延安、广安等7个红色旅游重点城市,接待旅游总人数13 405.8万人次,旅游综合收入525.28亿元。世界旅游组织的专家认为中国的旅游业在促进当地的经济、社会和环境发展的同时,在就业和扶贫等方面也扮演了重要的角色;并且认为中国是世界上第一个通过发展旅游业达到根除贫穷目的的国家。由于旅游业和相关产业的发展,像云南和广西等过去贫穷的地区也通过旅游业的发展解决了生计问题。

四是发展旅游业可以弘扬民族文化、传播先进文化、促进文化资源走向市场。旅游资源中的自然景观和人文景观,本身就是历史文化的积淀和艺术创造。一个地方旅游资源的多寡往往是那里文化底蕴深浅的重要标志,即使是现代的人造景观,其品位高低也往往是历史文化对现代开发者水平的一种折射。一个历史文化肤浅的民族,不可能保存很多的历史文明的痕迹。而对一个地区自然资源、文物古迹、乡土风情的保护、发掘和开发利用的态度,也往往是对当地领导者综合素质的实际检验。所以,对旅游资源的保护、开发、利用起着弘扬民族文化、促进文化资源走向市场的作用。同时,旅游还起着传播先进文化的作用。旅游的人流不仅带来了资金流,而且带来了信息流、意识流,人们通过耳闻目睹,交谈交往,观念相互影响,行为相互模仿,口味相互调和,情感相互交流,习惯和观念相互感染……这本身就是文化的传播,文化的品尝与鉴赏,是促进社会文明进步的重要渠道。

2. 旅游战略目标构成

由于旅游在精神文明建设、国民经济发展中有如此重要的作用,许多省、市领导对旅游产业的战略地位认识越来越深刻,认为"发展旅游是硬道理",纷纷提出把旅游业作为本地区经济发展的支柱产业来培育。但发展旅游业不能盲目,不能一哄而上,不能以牺牲资源与环境为代价来发展,必须从战略的高度来科学策划,制定出符合当地实际的旅游发展战略目标,合理开发利用,使旅游业实现可持续发展的良性循环。

战略策划的目标构成通常包括总目标与子目标。

一是战略策划总体目标。总目标主要指的是整体战略思想实施所能达到的目的。如江苏省旅游发展的总目标是"达到依托综合优势,形成较大规模,促进旅游产业发展,以不断提高目的地品质,努力丰富市民生活,扩大旅游功能,创造新的江苏品牌,使江苏率先进入世界一流旅游目的地的行列"。(见江苏省发改委和旅游局于 2006 年 11 月制定的《江苏省十一五旅游发展专项规划》)

二是战略策划子目标体系。子目标一般指的是分层次、分项目、分建设内容所要实现的指标,这些目标的组合得到其总目标发展的指标体系。在目标表述中,通常是定性与定量的结合。如金坛市旅游战略子目标体系是:

——经济目标(表4-1):

表4-1

目标成分	至2010年		至2015年		至2020年	
	数量	增幅	数量	增幅	数量	增幅
国内旅游者(万人次)	293~311	14%~15%	328~340	7%~8%	430~455	5.5%~6%
入境旅游者(万人次)	2.5~3.0		3.2~3.5	10%~12%	4.5~5.0	7%~8%
国内旅游收入(亿元)	23~25.8	16%~18%	31.5~33.8	12%~14%	46~52	8%~9%
旅游外汇收入(万美元)	1 000~1 200		1 300~1 400	13%~15%	1 900~2 150	8%~9%
旅游增加值(亿元)	9.5~10	17%~18%	13.5~14	14%~15%	21.5~23.5	10%~11%
旅游增加值占GDP比率	4.7%~5.%		4.8%~5.2%		5.0%~5.5%	

——社会目标:

改善金坛的市域形象,扩大对外交流,提高金坛的知名度,增强金坛人民的凝聚力和荣誉感,提高居民的素质,创造大量的就业机会。到2010年金坛旅游业提供直接就业岗位4.8万~5.2万个,2015年为7.7万~9万个,2020年为9.9万~11.8万个。

——文化目标:

保护金坛的历史文化遗产,进一步挖掘金坛的宗教文化、历史文化、名人文化等旅游资源,强化金坛的文化特色。

——环境目标:

不断改善金坛的生态环境质量。大气环境质量达到国家《环境空气质量标准》(GB 3095—1996)二级标准;钱资荡水质要达到《地表水环境质量标准》(GB 3838—2002)中的Ⅱ类标准,长荡湖和市域内的其余河流要达到和保持Ⅲ类水标准;声环境质量达到《城市区域环境噪声标准》(GB 3096—1993)中规定的区域环境噪声标准,其中主要景区白天噪声平均值控制在50分贝以下,晚上在30分贝以下;不断增加绿地和风景区面积,提高森林的覆盖率,2005年城区绿化覆盖率达35%以上,远期达40%以上。近期固体废弃物处理处置与综合利用率和垃圾粪便无害化处理率达到100%;金坛市旅游总体环境达到舒适、康益和安全的目标。

——品牌目标:

将金坛建成国家级生态城市,长江三角洲重要的休闲度假地;塑造"好运金坛、生态茅山"的品牌形象;将茅山风景名胜区(包括句容部分)建成国家级风景名胜区,将金坛茅东森林公园建成国家级森林公园;将茅山旅游度假区建成中国第一家养生度假区;将茅山旅游度假区和洮湖旅游度假区建成省级旅游度假区,远期将茅山旅游度假区建成国家级旅游度假区;近期将金坛城南风景区和华罗庚公园建成3A级旅游景区,中远期将金坛城南风景区建成4A级景区。

二、旅游发展战略思想策划

战略思想是旅游发展目标实现的战略措施总结,反映了策划者对旅游发展目标实施途径的把握,从资源、产品品牌、营销思想、投融资等方面得以体现。

1. 旅游资源开发战略思想策划

资源开发的战略思想通常表述为"整合资源、重点分步实施"等,整合资源涉及资源的评价问题,事实上在评价过程中,更强调资源转化成产品的能力。比如风景名胜区是以具有科学、美学价值的自然景观为基础,自然与文化融为一体,主要满足人与大自然的精神义化和科教活动需求的地域空间综合体。其价值达到世界级的为世界自然(或自然文化)遗产,达到国家级的为国家重点风景名胜区。虽然其价值很高,内容丰富,但资源评价的目的在于发现以及衡量资源的经济价值。将经济利用价值高的资源通过开发、整合、包装形成不同类型的产品,向市场推介,引导消费者购买并出售产品来获得收入,从而达到资源向产品的转化,实现资源的经济效益。不同的资源在转化为产品后获取利润的能力也是不同的,"资源不赚钱就没有经济价值",评价资源赚钱能力的大小是资源整合的重要原则之一。资源整合是通过市场来对资源进行评价,要发挥市场的导向作用,推出符合市场需要的产品,从而实现资源的经济价值的转移。这一思想已经得到大多数策划者的认同。

比如在策划南京市石城风光带时,在方圆不大的区域,其自然与人文资源兼备,结合紧密,资源条件相对优越,其特色是"城、墙、林、江、河、塔、园"构成资源整体要素,且互相配合,成为"自然与人文,历史与现代,物质与精神"呼应良好的旅游风光带,并表现出资源群体价值优势,但缺乏拳头产品。为此提出城市与旅游的一体性开发,对其资源开发战略思想的表述为:在旅游资源开发观念上,要改变传统思维,以创新性思维和新的视角来评价和开发旅游资源,要突出风光带的城市生态和文化优势,积极开发秦淮文化、城市发展文化、名人文化和城市休闲等旅游产品。提出了坚持"整体规划、分步实施、突出重点、强化特色、打造品牌、持续发展"的旅游资源开发基本原则,有机组合区内和周边的旅游资源。在整合和发挥已有旅游资源优势的同时,着力挖掘旅游资源潜力,积极开发、利用和创造新的旅游产品。

2. 旅游产品品牌战略思想策划

品牌经济已经席卷全球。国内旅游业亦越来越重视品牌建设,有学者研究认为我国现有的旅游品牌,运作尚显稚嫩,难以抵挡各种危机的侵袭。许多旅游经营者把旅游品牌视为旅游产品,而忽视品牌的创立,对品牌的核心价值不明确,对品牌的角色关系理不清,对品牌认同的设计不重视。旅游景区和旅游企业必须在服务、质量、危机等方面重塑品牌意识,否则只能被无情地淘汰,等待的将是悲惨的结局。目前,在旅游产品品牌战略实施上存在以下的误区,也是在战略思想策划上应该注意避免的问题。

误区之一:品牌定位脱离实际。旅游品牌定位的目的就是创造鲜明的个性和树立独特的形象,最终赢得市场客源。然而我国旅游景区和旅游企业在品牌定位中往往忽视市场调研,脱离实际,盲目做出品牌定位,仅仅为了显示决策的果断与英明。盲目品牌定位已成为中国旅游品牌建设中的致命伤。定位不准、脱离实际的旅游品牌,必定是经不起市场考验的。

误区之二:品牌制造无创意。只要留意就会发现中国旅游景区、旅游城市越来越相像了:一样标志的旅游饭店、星级宾馆;一样的旅游商品、主题公园,看到的是一张张似曾相识的脸庞,一个个相差无几的景点。从而导致克隆出来的旅游品牌毫无特色,缺乏竞争力,产生不了品牌效益。北京、长沙曾先后克隆"世界之窗",但由于只是简单的复制,远没有深圳的那样火暴,与预期目标相差甚远。

误区之三:品牌营销手段单一。国内的旅游企业在旅游品牌营销中,仍然依靠降价、广告、推介会等单一的营销手段来参与市场竞争。大打价格战,成了各大旅行社和宾馆酒店营销的一张"王牌",由于价格竞争的有限性,无止境地降低价格,导致旅游行业利润越来越低,服务质量大打折扣。特别是使旅行社成了名副其实的微利行业,处境越来越艰难。旅游景区方面,自从广西的大篷车队旅游促销取得空前成功后,各地的旅游促销大篷车队南来北往,这种单调的一窝蜂式的营销,究竟能收到多大的效果?

误区之四:品牌评选遍地开花。因为利益的驱动,中国旅游行业中的品牌评选活动越来越多,评选内容是无所不包。只要肯花钱,便会有一个耀眼夺目的"头衔"。"最佳酒店"遍地是,"最佳景区(点)"满天飞,"最佳导游"到处可寻,均有过多、过滥之嫌。这种泛滥成灾的品牌评选活动,并不能提高整个旅游行业的服务质量,只不过是满足了部分旅游区和旅游企业领导的虚荣心而已,其直接后果是造成旅游品牌大大贬值,"金钥匙"沦落到连"铁钥匙"都不如的境地。

虽然品牌这个词已经被讲了很多年,但国内旅游业的品牌建设还刚刚起步,基础薄弱亦属正常。但是,面对加入WTO后的挑战,不进则退,旅游品牌的建设亦应朝着市场化和国际化的方向发展,才能融入世界潮流。品牌说到底是一种概念,是消费者在相关信息影响下,头脑中对产品、服务或空间范围形成的综合概念。品牌是存在于市场当中的,因此不仅实体产品需要品牌,服务产品由于自身"无形性"的特点,更需要通过品牌塑造使其有形化。因此,品牌在旅游服务的经营过程中尤其重要。品牌对于服务产品而言,不仅是区别于竞争对手的标志,更是企业向消费者提供的核心价值的直接表现。

3. 旅游市场营销战略思想策划

旅游市场营销战略思想策划是对市场如何进行营销的谋划。对于区域旅游发展来说,营销战略思想策划应该提出大市场、大营销的观念,建议决策者按照"政府机构塑造形象、行业部门拓展渠道、旅游企业推广产品"的总体思路,开展以"区域联动,行业联合,企业联手"为主的大联合旅游促销。同时积极整合社会各类营销资源,坚持旅游营销与区域整体营销和社会营销相结合,坚持旅游产品促销与旅游形象推广相结合。强调旅游营销与强化特色、优化服务相结合,通过塑造区域旅游形象,运用立体化的多种促销方式和现代营销技术,加大市场营销力度,促进区域旅游市场良性增长和快速发展。

下面列举青海格尔木市营销战略和计划的例子①,说明营销战略的实施目的、方法、手段和过程。

旅游市场营销是开拓、发展格尔木市旅游市场的关键。只有把格尔木市独特的旅游优势宣传出去,诱发人们对格尔木市的好奇、向往,才能广招海内外游客。利用西部大开发的大好机遇,对格尔木市的整体旅游形象和旅游产品进行策划、设计和包装,组织格尔木市的旅游部门和企业有计划、分步骤地在陕西、甘肃、河南、四川等主要客源地和广东、北京、上海及长江带沿线等地进行一系列的促销活动,以期尽快树立格尔木市独具魅力的旅游形象,达到宣传格尔木市,吸引国内外游客,掀起旅游热潮的效果。

格尔木旅游市场营销组合策略将在4Ps[产品(product)、价格(price)、渠道(place)、促销(promotion)]基础上,灵活运用4Cs、4Rs[关联(Relevance)、反映(Re-

---

① 部分引自网站 http://www.lyghlm.net,有改动。

action)、关系(Relationship)和回报(Reward)]营销策略,发挥各自优势,结合旅游营销特点,充分利用旅游[顾客的需求和欲望(coustomer)、顾客的成本与费用(cost)、顾客购买的便利性(con-venience)、企业与顾客的沟通(communi-cation)]资源,锁定忠诚游客,吸引游离游客,引导潜在游客。

——形象策略

形象设计和宣传是一个需要花费大量时间和财力的进程,但是良好独特的形象对一个旅游区的发展无疑是至关重要的。人们在谈到某地时,首先总有一个独特印象出现在脑海中,因此格尔木旅游区在市场营销中,要给自己独特的形象定位。格尔木市旅游拟统一以"追宗寻祖昆仑山"、"饮水思源沱沱河"、"拥抱长江源"为宣传主题口号,使旅游者获得旅游产品的有用信息和完整鲜明的形象,最终将游客的需求转化为出游动机。利用广告、宣传、公共关系等一系列手段来加强营销,因地制宜、因时而异地推出促销口号。在格尔木机场、火车站、主要交通口、主要景区景点、闹市区设置大标语、大广告、招示牌,还要细化到各种服务标牌、商品包装以及各种印刷品、指南上,从而树立一个鲜明生动的总体形象,以吸引游客。

——产品策略

在格尔木旅游产品的开发方面,既要考虑自身的资源优势,更要瞄准游客的需求,才能最终充分发挥每项旅游产品的作用,同时满足游客的需要,获得好的口碑和美誉度,从而吸引更多的游客。在竞争性旅游市场中,游客具有动态性。如果能与游客建立关联,则可以提高游客的忠诚度,赢得长期而稳定的市场,重要的营销策略是通过某些有效的方式在业务、需求等方面与游客建立关联,形成一种互助、互求、互需的关系。与游客建立关联的方式很多,譬如利用系统集成的模式为游客服务,为他们提供一体化、系统化的解决方案,建立游客资料库,发放格尔木旅游纪念品等,形成互相需求、利益共享的关系,共同发展。

——价格策略

建立灵活的价格体系来增强吸引力和缩短旅游淡季,制定一个完整的季节性折扣政策,同时推出相应的淡季旅游产品,如昆仑文化节、世界屋脊旅游节等。在价格战略上要考虑到:团队与散客的差价,旺季与淡季的差价,节假日与平日的差价。对特定游客群体,如中小学生、离退休老人等应实行优惠价。比如实施淡旺季价格差别战略。建议3月、4月和11月,优惠20%;1月、2月、12月,优惠50%;不论按怎样的政策和优惠,都是对市场做出的正向反应,并通过各种手段有效延长旅游季节。成立会员俱乐部:如在玉珠峰登山基地可以采取这样的方式,缴纳一定的会费或在玉珠峰登山基地花费超过一定数额后自然取得会员资格。会员在旅游区内消费享受一定折扣,消费积累达到一定点数后可获得免费住宿一夜,以此增加回

第四章 旅游发展战略策划

头客。

——宣传策略

第一,请专业人员设计格尔木市旅游总体形象标志,全面导入 CIS 系统,尽快着手品牌创建工程。同时印制充分体现格尔木文化的宣传画册、导游图、明信片、旅游纪念品等。

第二,有针对性地在最重要的目标市场的公共汽车、火车等交通工具上,张贴广告、宣传画;在车站、机场等交通场所设立广告宣传牌。在街头橱窗,布置宣传图片、景观模型等,重点介绍格尔木的旅游风景及特色。

第三,加强与国内各地的旅游机构的交流合作,联合促销,进一步与各旅行社、旅游管理部门和协会建立紧密联系;与周边省市的旅游景点进行横向联合,纳入区域旅游线路上的一点。

第四,在充分发挥第一代媒体报刊、第二代媒体广播和第三代媒体电视传播范围广、传递信息速度快、宣传效果好的同时,要采用第四代媒体电子网络的宣传作用。建立格尔木旅游网站,广告的设计应该由专业广告公司和人员进行。广告媒体由大众传媒和特定传媒两类构成,以特定媒体广告为主、大众媒体广告为辅。大众传播包括报纸、杂志、电视、广播等媒体,如中央电视台二套、四套栏目;《中国旅游报》、《中国旅游》等;本省、本市及周边省份的电视台栏目和省市级广播电台节目;当地及邻近省市的报纸。特定媒体包括户外媒体、电波媒体、印刷媒体等。一期在省内市场的广告促销中,以户外广告、交通工具、报刊等媒体的广告促销为主,二期开始在生活频道、旅游专栏等大众媒体上做旅游广告。

第五,聘请专家建立具有独立域名的格尔木市旅游网页,全面介绍旅游产品与接待服务设施等各项基本情况,进入各主要网络搜索引擎和一些热门网站(如新浪网、因特网、亿唐网、搜狐网、中文雅虎、中国旅游网、华夏旅游网、携程网等)。随着旅游市场的不断发展,时机成熟时建立网上预订服务系统,包括预订机票、火车票,预订房间,预订景点门票等。不断完善旅游网页内容,及时更新、维护。通过大的旅游网络站点进行广告宣传。

第六,利用目前国内各级政府和媒体对生态环境、对长江源的普遍关注,要适时地与其他旅游地区联合举办国际性、全国性或区域性会议及体育赛事,例如全球或全国防止沙漠化高级研究会,全球或全国昆仑神话研讨会等。

第七,利用节事活动吸引游客。充分利用农历三月二十一日的蒙古族祭天大会以及夏季那达慕大会等传统节日,举办具有地方特色的旅游节,作为当地标志性的旅游节事活动,融生态旅游、人文自然观光、度假休闲娱乐、商业贸易洽谈、科技文化交流于一体,使其成为当地旅游的拳头产品之一。积极寻求与周边市场的合作,使旅游节事取得事半功倍的效果。

第八,对核心客源市场,要根据覆盖面相对较大的特点,着重开发面对大众的促销活动,刺激市场需求的增长,拓宽客源层。在西宁市、德令哈等省内市场及周边西安、成都、拉萨等市场应重点做好学校、机关、企事业单位客源的工作,这部分细分市场具有很大的消费能力,同时具有重复回头的旅游特性。可以与各省市的教育局、体育局、团委、妇联、青联、作家协会等结成合作关系。对基本客源市场和机会客源市场,要根据覆盖面比较窄的现状,着重开展对旅游中间商——旅行社的促销活动(尤其是海外市场),更多地发挥旅行社推销能力强的作用,广泛与旅行社签约,由这些机构组织散客及部分社团旅游。控制了这两个对象无疑既控制了散客旅游又控制了团队旅游,这是格尔木旅游业发展的根本保障。

第九,参加旅游展览。每年利用各种展览会和博览会(如北京旅游资源展示会、国家旅游局海外促销会日本、韩国、蒙古国、中国香港、美国、法国站)的临时场所,以及旅游交易中心(如北京旅游交易中心)永久性场所,精心策划与设计旅游区展台,吸引观展者的注意,发放旅游宣传手册或资料。

第十,通过销售激励的手段进行促销。在旅游淡季向游客赠送格尔木旅游纪念品,向游客发放定点购物商店、饭店的优惠券,并可持券抽奖,奖品由组织者邮寄给游客。旅游淡季时降价销售。对旅行社进行价格优惠。

——公共关系营销计划

第一,邀请有影响力的人物来格尔木旅游。邀请对象主要包括:国内外有广泛影响的新闻媒介(如中央电视台、《中国旅游报》、《中国经济导报》、《中国经营报》、《中国旅游》杂志等)主任记者和专栏作家,旅行社(旅行公司)的高层主管等,通过他们的宣传报道,将会收获出乎意料的效果。

第二,组织"全国大中学生昆仑山夏令营"、"青少年爱国修学之旅"、"千里追寻长江源""昆仑山国际旅游节"等活动。利用学生放暑假的机会,开展夏令营活动,让学生们开展游记比赛和旅游征文活动,以达到宣传格尔木的效果。

第三,邀请度假。参加对象主要包括:有名的社会人士、旅游专家,以及某些著名公司高层领导者(引导、鼓励公司员工旅游)。

第四,抓住每一个对外宣传的机会。组织本地文化团体、艺术团体、体育或科技交流团体到外地进行交流,带上各种光盘、宣传册等资料,开展将"格尔木送到家门口"或"把格尔木送出去,把世界请进来"等宣传活动,另外在其他部门的招商引资会上也将旅游区作为投资环境介绍的一部分,抓住每一个宣传机会。

——主题活动计划

举办"中国大众登山节"或"世界大众登山节",吸引全社会体育旅游爱好者的关注;举办"昆仑文化旅游节"或"世界屋脊旅游节",吸引所有华夏儿女乃至全世界旅游爱好者及昆仑文化崇尚者的关注;举办"世界大学生登山节"或"中国大学生登山节",吸引学生群体的关注;举办"世界屋脊摄影展",吸引探险旅游者、观光旅游者、摄影爱好者的兴趣;举办"海峡两岸昆仑文化考察与学术研讨会";利用世界环境日或地球日举办"长江源之夏"环保系列活动;拍摄有关昆仑文化、长江源、察尔汗盐湖、唐古拉山、可可西里野生动物世界等的电影、电视剧和旅游风光片,创作歌唱格尔木壮美山河、多彩风情的歌曲;在北京、西宁、成都、西安或其他重要城市举办格尔木旅游推介会。邀请国家有关部门领导、各个方面专家、各种媒体新闻记者、旅游企业等方面人士参加,产生新闻效应及社会效应;在旅游旺季,选准最佳时机,在北京、西宁、成都、西安或其他重要城市广播电台举办"格尔木在线"主题活动,请广播电台主持人到格尔木旅游景点现场,介绍自己的所见所闻,对这些重要城市的潜在游客会产生震撼影响。

——海外旅游市场营销策略计划

格尔木市在海外旅游市场中尚未真正建立起自身的旅游形象,海外游客对格尔木市知之甚少。为此,要加大宣传力度,采取有针对性的促销措施,根据市场需求原则,推出有特色的产品,与一批有实力的旅行商建立稳定伙伴关系,以保持格尔木市客源市场的相对稳定。具体思路是:

第一,委托国家旅游局在海外和国内主要客源地建立代理点,或建立合资旅行社,开辟在客源地直接招徕、组织客源的渠道。中远期在中国台湾、中国香港、中国澳门设立旅游办事处或旅游代表,与香港合资或合作办旅行社,互送客源,把港澳地区作为格尔木市面向国际旅游市场的前沿阵地。每年邀请主要客源国的旅行商至格尔木市考察景点,踩线,增加感情交流,加强合作。每年邀请一到两批在国内外有影响,愿意为格尔木市宣传的旅游专业记者、专家来采访,利用国外的大众媒介,直接面向大众销售。

第二,增大促销力度。对主要客源国每年至少有 1~2 次宣传促销,力争 5 年内有 2~3 个稳定的海外客源市场。积极参加国际旅游交易会、博览会,面向旅行批发商、中间商和大众直销,赴中国台湾、日本、东南亚举办格尔木市旅游发布会,面对旅行商和大众直销。

第三,提高宣传品的质量,努力做到系列化、专题化和多语种化。

第四,加强旅游调研、增加市场调研人员和设备,调查、研究、跟踪国际市场动向与海外游客的旅行动机及旅行行为特征。用科学的方法、手段来制定市场策略。

第五,以观光游览为基础,大力开发专题旅游,大力开发特色旅游资源,满足国内外旅游者的不同层次需求,并产生"轰动效应",提高格尔木市旅游业的知名度。格尔木在搞好常规旅游的基础上,还要不断推出新产品,重新包装老产品,实现旅游产品的更新换代。大力开发特种旅游资源,开辟诸如登山、狩猎、探险、滑雪、汽车拉力赛等唯我独有、唯我所长的项目,建立能在国际旅游市场上产生轰动效应的旅游线路和旅游景点。在新产品的设计和包装方面要重点突出"新、奇、特"的特点,给人以新鲜感,力争塑造成王牌产品。

——市场定位

不同的市场有不同的产品和主题口号。例如:针对中国台湾要突出昆仑文化;对日本要突出昆仑文化、屋脊风光、长江源等;对欧美游客则要侧重屋脊奇景、藏族风情、生态旅游、保健等。

——旅游市场营销保障措施

第一,建立旅游营销工程协调小组,由市委宣传部牵头,市外办、侨办、台办、外贸、文化、教育、统战和旅游部门共同组成,全方位开展旅游宣传促销工作,形成强大的宣传合力。党委宣传部门要把旅游作为精神文明建设的重要部分,认真抓好此项工作。

第二,充实市场宣传促销机构,格尔木市各旅游景区、景点及旅游局都要充实市场宣传促销机构,培训营销骨干。各类旅游企业要落实市场开发的机构和人员。旅游行政管理部门的旅游形象宣传与旅游企业的产品营销有机结合,联合开展各类宣传促销活动。

第三,加大市场营销投入。全市每年宣传促销经费应不低于20万元,随着旅游收入增加而逐步提高其比重。各类旅游企业依照《格尔木市旅游发展基金办法》规定缴纳促销费,保证市场营销经费。

4. 旅游投资融资战略思想策划

旅游规划不针对单个项目,无法真正招商引资。只有单项旅游策划对规划中的建设内容进行分解,形成单个项目的建设目标、项目建设环境、市场前景等内容分析后,使投资者看到投资的机会点,符合投资者的利益目的,能够带来丰厚的回报,才能进而实现旅游项目融资的目的。而旅游策划的创造性思维就是吸引投资者投资。

由于旅游业具有高投入、高产出的特点,并且是个涉及面广、利益关系复杂的产业,其建设的资金不可能是单一的,而是由多个主体、通过多种渠道筹措的。

因此,在投融资战略思想策划上,可以将资金来源分为政府和非政府性投资。

一是政府投资。政府投资指财政拨款,这是目前一些地区旅游业投入的主要渠道。国家为了加快旅游业的发展,自2000年旅游基础设施建设列入国债投资计划以来,4年里,国家已安排旅游国债资金61.2亿元,共安排项目543个。政府投资一般用于一些风险大、回收期长的项目,如必要的基础设施、可持续性规划、管理和开发方案、市场营销、公共便民设施和其他非营利性投入项目,提升景区条件,扩大接待能力,有效保护国家旅游资源,带动各级政府和社会投入。如2006年宜昌市三峡坝区获得了1 000万元人民币国债的资金支持,用于建设游缆车道、步行道、木栈道、停车场、大门及围墙等旅游基础设施。

二是非政府投资。非政府投资一般指旅游企业、外资和私人投资。非政府投资多以建设周期短、赢利见效快的项目为投资目标。非政府投资按照"谁投资,谁受益"的原则,使投资与利益回报挂钩。国内旅游企业可以通过股份制改造,有条件的企业尽可能改制为股份有限公司,吸纳经济效益比较好的企业进入旅游市场,实现快速融资;也可以积极谨慎地吸引私营企业家投资旅游景点景区的开发和宾馆饭店的建设;鼓励社会民间资金通过各种形式参与旅游产业的开发和建设;也可以利用外资,即兴办中外合资、合作经营企业以及外商独资企业,利用国际组织贷款或政府贷款,实现旅游业建设融资。如四川省黄龙溪古镇经过"2006年首届黄龙溪国际古镇风情节"和"2007年首届黄龙溪世界古镇镇长合作论坛"两次营销造势,打造出了"千年水码头,古镇黄龙溪"品牌,形成集会议、观光、休闲为一体的休闲度假区。黄龙溪古镇政府在开发资金的引进上推出一系列招商开发项目,优惠政策,为有志到这里投资兴业的人士搭建一个增进了解,促进友谊的互动平台。中国电子科技集团斥资5亿元人民币,占地600亩,建四星级研发中心和培训中心;四川亚东房地产开发斥资1亿元,占地100余亩,修建公馆产权式酒店"成都情怀";德国最大的投资集团林姆斯伯克入驻黄龙溪古镇,投资5亿欧元,修建亚洲最大的Shopping Mall。

在旅游融资策划中,应首先对项目投资进行概算,包括建设资金和运营费用两个方面,这两个方面都是影响项目投资收益和可行性的重要因素。制订融资计划时,重点是明确项目融资方式,其来源首先考虑自有资金,此外,可以采用政府支持、开发基金、银行贷款、招商引资、集资、借债、发行股票、捐赠或赞助支持等融资方式。在融资时应注意加强项目管理、节约使用资金和实施滚动开发的形式。

三、旅游发展战略重点策划

1. 旅游优势战略重点策划

旅游优势战略重点策划,指在策划中找出旅游发展的主攻方向和影响旅游开发的主要矛盾。

一是旅游发展战略重点策划应指明决定旅游事业发展的关键点。一个地区旅游资源比较丰富,但以什么为龙头,以什么项目提领整个旅游业的发展,这就是旅游发展战略思考的重点问题。湖北省旅游资源有"一江两山"。所谓"一江"是长江三峡;"两山"是神农架、武当山。湖北省旅游业经过调查分析,认为"一江两山"紧密的地缘联系及其世界级的旅游资源,在国内外拥有较高的知名度和市场影响力,其资源规模、质量、组合条件和市场知名度具有不可替代性,利用好"一江两山"的特色旅游资源,能够吸引游客,促进湖北旅游事业的可持续发展。于是,2002年湖北省提出以"一江两山"作为全省旅游发展战略重点。"一江两山"文化生态休闲旅游区包括神农架生态旅游区、长江三峡观光度假旅游区和三峡大坝观光度假旅游区、武当山文化旅游区、襄樊文化观光旅游区、古隆中文化旅游区、荆山生态旅游区等。其中,长江三峡是世界著名的风景名胜,武当山古建筑群是世界文化遗产,神农架是联合国"人与生物圈"保护区网成员,襄樊是三国文化遗址古隆中、古城襄阳的所在地,它们均是湖北省的重要旅游城市。通过整合长江三峡大坝区、武当山、神农架等景区为代表的鄂西旅游资源,形成"一江两山"的内部各景区的互动、自然与文化特色的互补,可以建成全国一流的旅游区,进而将这一区域培植成国际知名旅游品牌。因此,"一江两山"作为湖北省旅游发展的战略重点,集中了力量,突出了品牌,使全省旅游业步入快速发展的轨道。

二是旅游发展战略重点策划应对确定的重点项目提出切实有效的资源、产品和营销的整合思路。如四川在旅游发展规划中着力打造九大旅游走廊,其中把古城、古镇、古村落、古民居等作为发展战略的重点,特别是古镇成了很多地方政府、投资人看好的"香饽饽",提出打造"四川周庄"、"川西丽江",冠以"中国××第一镇"、"中国××之乡"的头衔。四川省旅游局经过调查分析,认为四川的巴蜀文化积淀深厚,确实有很多古镇、古城,但四川古镇真正要冲出去,让更多的旅游者认识、接受,必须对资源、产品和营销三者进行整合,于是提出了"通过旅游要素整合,打造精品古镇";"通过相邻相似旅游资源整合,在大旅游中形成互补互利的经营机制";"通过宣传促销整合,把众多散乱的古镇捏成拳头"。如被誉为"山顶一只船"的乐山罗城古镇,根据规划目标,就是把自己融入以峨(眉)乐(山)为中心线的整个区域旅游链条中,投资了200万元,对古镇道路、绿化、古戏楼进行全面整治,并把犍为文庙、罗城古镇等人文景观和同兴桫椤湖、茉莉花基地等自然资源合成一块,与峨乐共生互利。"五一"期间罗城古镇迎来近5万游客,多数是游完峨眉山—乐山大佛后乘兴而来的游客。如2004年成都推出10大古镇,并联合在成都举行"人居城镇—生态家园"展览,引起市民轰动,大邑安仁、崇州街子、龙泉洛带、金堂五凤溪等古镇,成了成都市民周末、大假期间休闲娱乐出游的好去处。

2. 旅游优先开发战略重点策划

一个地方性的旅游资源与产品总是有许多类型和品种,在制定旅游优先开发战略时,应该抓住地方旅游发展的龙头资源、龙头产业,集中优势兵力,重点发展能带动整体发展的排头兵。

比如,山西省晋中市以平遥古城、乔家大院、王家大院与静升古镇等具有晋商文化特色的旅游资源为龙头,重点打造有强大旅游吸引力和市场影响力的古城大院、名镇名村、名山名寺等旅游文化品牌。通过重点旅游产品的吸引力,带动其他旅游业的发展,达到整体升级的目的。

江苏省扬州市在制定"十五"期间旅游发展规划时,提出了12个旅游景区的发展项目,其中古运河(市区段)综合整治与瘦西湖水系沟通项目是旅游项目中的"重中之重",列为扬州市旅游发展优先升级开发与投资的项目。他们投资10亿元,在古运河全线路整治美化的基础上,实施与瘦西湖水系沟通,形成古运河—瘦西湖水上游览线,成为扬州最主要最有历史文化内涵的旅游产品。这就是抓住了旅游发展的龙头景区,形成扬州的精品和品牌产品,对推动城市旅游的后续发展具有极为重要的作用。

3. 克服旅游发展"短板"战略重点策划

俗话说的"短板"通常被认为是区域旅游发展的瓶颈、障碍和困难,也是制约旅游发展的因素。一个地方发展旅游总会遇到这样或那样的困难和不足,实际上就是制约旅游发展的主要因素,在制定旅游发展战略时需要分析这些不足之处,找出问题,提出解决这些问题的战略思路和措施,解决"短板"问题,这就是旅游战略重点策划中要考虑的问题。

比如湖南省衡阳市衡东县的罗荣桓故居是全国100个"红色旅游"经典景区之一,罗荣桓故居、陈列馆被中宣部公布为全国第三批"爱国主义教育示范基地"。经过近20年的建设和发展,特别是2002年罗帅诞辰一百周年纪念活动时,多方筹资2 000余万元,对罗帅故居、罗帅母校岳英小学旧址、罗帅青少年时期开展农民运动演讲过的古戏台,以及故居周边古桥、古井进行了全面修缮修复,并新建了罗帅铜像纪念广场和罗帅生平业绩陈列馆。初步形成了集教育、参访、观赏于一体的红色旅游景区,成为衡阳红色旅游的一张重要名片。但从旅游发展的现状看,罗荣桓故居的接待设施较差,旅游综合收入较低,景区的市场竞争力亟待提升。

通过对景区旅游发展的现状分析,找出存在的"短板"问题,策划出解决"短板"问题的思路。①

一是针对发展资金严重缺乏,建立多方位、多层次的资金筹集机制。由于开发资金不足,致使罗帅故居红色旅游资源开发总量偏小,红色内涵还没有得到充分的挖掘和展现。接待设施陈旧、单调,不配套,难以有效吸引游客"眼球"。解决的办法是在政府的积极引导下,争取国家、省、市"红色旅游"建设资金,吸收民企和社会资金。用学校挂牌建立"思想政治教育基地"的形式筹集资金被许多红色旅游景区所认同,不但可以扩大景区的客源,而且可以为景区增加一定的建设

---

① 引自 http://www.hydjnet.gov.cn,有改动。

经费。

二是针对景区促销手段滞后,加大宣传力度。景区宣传力度不够,促销手段滞后,致使景区知名度不高,难以适应日趋激烈的旅游市场竞争。解决的办法是加大宣传力度,印制宣传册和制作富有特色的旅游纪念品,开展在罗帅故居"过一次团日,听一堂传统教育课,看一部革命传统剧,读一本红色旅游书,栽一棵纪念树"的有益活动,不断放大"红色"的内涵,撒播"红色"理念。

三是旅游市场运作网络不畅通,建立与省内外旅行社及旅游区的互动网络机制。由于景区没有主动出击与省内外其他景区和旅行社联动,进行资源整合,因此景区的知名度不高,客流量不大。因此必须与省内外旅行社及旅游区建立互动网络机制,广泛地宣传、形成销售网络,构筑旅游大市场。由于罗帅故居坐落于井冈山—炎帝陵—南岳衡山—彭德怀故居纪念馆—刘少奇纪念馆—韶山的中继点上,交通区位优势十分明显。将罗帅故居的宣传纳入韶山、井冈山和南岳衡山等旅游宣传促销网络之中,实现资源共享,客源共享,效益双赢。主动出击,与井冈山、韶山等地,特别是与衡阳市、南岳地接旅行社及邻近省相关旅行社合作联姻,将罗荣桓故居编排到各旅行社促销线路之中。可以对组团多的旅行社实行奖励激励措施,鼓励旅行社多组团参观,增加景区收入。

第三节 旅游发展战略策划必须分析评估的因素

旅游发展战略的制定是在充分调查研究的基础上,对策划区域的区位、交通、自然环境、社会经济、旅游资源、客源市场、旅游产业基础、旅游竞争状况、旅游容量等进行分析和评价,尤其要重点对旅游资源和客源市场进行研究,把握旅游市场需求,找准旅游特色和优势,为旅游目标定位和旅游战略策划提供充分的依据。

一、旅游市场需求分析评估

1. 旅游市场现状分析评估

对旅游市场的分析是旅游规划与策划的基本工作,针对什么市场开发什么样的产品,要坚持以旅游市场为导向,以旅游资源为基础,以旅游产品为主体,坚持经济、社会和环境效益可持续发展的指导方针。必须以旅游市场需求为前提,开发设计适销对路、供需匹配的旅游产品。

例如老年旅游市场的开发,从老年人的心理特点来看,老年人为国家、为社会贡献了大半生,退休后他们最怕被社会淡忘。许多老人对社会怀有极强的责任感,只要他感到自己还能被社会所接纳就足够了。从旅游产品设计考虑,旅游活动是人们在满足基本生活之后的一种更高层次的休闲和学习方式,在本质上是人类的自我丰富、自我发展和自我肯定,把自己融于人类社会,参与社会发展的一种形式。这样老年人选择旅游便成为一件自然的事了。老年人由于其身体、阅历等情况与其他年龄组差异很大,所以在策划老年人旅游产品时应充分分析评估老年人的旅游需求,以及老年人的现状。

一是对旅游目的地选择性强,对出游活动的安排比较慎重。老年人已经失去了青年人所具有的对旅游活动中探险成分的好奇,因此,出发前会通过各种媒介,对旅游目的地的情况作尽可能详尽的了解,并力求提前安排。

二是以纯旅游活动为主,区别于青少年组的休闲旅游活动,更不同于中年组的带有特定商务目的的旅游活动。与此相对应,在旅游消费支出中,基本上全部用于旅程中的吃、住、行、游、娱,很少购物。相比之下,其他年龄组的购物支出往往占到整个旅程总消费的50%左右。

三是以团队旅行活动为主,往往老两口结伴而行,对旅程中各种活动的安排,要求以舒适、休闲和旅游机构的高质量服务为标准。这之中,健全的医疗安全保障体系是老年旅行团完成旅行的一个极其重要的组成部分,也是老年旅行团不同于一般旅行团的一个显著特点。

四是美丽的自然风光和独特的传统文化,是对老年游客吸引力最大的两类旅游产品。

五是旅行距离受局限,通常是旅程长的目的地参游的老年人趋少。

由于老年旅游市场有区别于其他市场的重要特点,我们在开发老年旅游市场时,要以这些特点为依据,有的放矢。

此外,在进行旅游产品策划时,对市场现状的评估主要从市场人数、构成、消费总值、过夜比例、游览天数等方面,通过统计资料获取。如缺乏部分资料,可以结合问卷调查的方法,分析旅游市场的现状,旅游者构成、旅游产品的偏好以及目前景区存在的问题。也可以借用大区域的或邻近景区的市场资料作为分析的依据之一。

2. 旅游消费能力分析评估

一是分析评估旅游消费能力的社会背景。旅游消费能力主要和旅游客源地的经济基础、个人消费能力和意愿有关,同时还取决于目的地提供的旅游产品的性质和客源地与目的地的交通形式。而且旅游消费能力往往和一个地区的恩格尔系数有关,恩格尔系数高的地区旅游消费能力低,恩格尔系数低的地区旅游消费能力高。目前,中国国内旅游快速发展,总体呈现规模大、覆盖广、多样化和集中化四个特点,国内市场仍将保持良好的发展态势,旅游消费也将更加成熟,国内旅游市场空间潜力巨大。此外,中国人口增长率放慢,素质提高,收入大幅度增加,城市化水平提高,私人汽车拥有量增多,带薪假期的实行使休闲时间延长,消费模式发生转变,更注重生活质量,对参与式的度假旅游和回归自然类型的旅游活动兴趣不断提高,这些变化为旅游目的地的国内客源的增长提供了充分的条件。地方如能抓住机遇打造一流旅游产品,国内游客的旅游支出也将增加,逗留时间将会延长,度假产品需求量会有较大幅度增加。据多方面的市场统计发现,传统的观光旅游依然深受欢迎,休闲度假、商务会展旅游正在崛起。

二是分析评估旅游消费结构。旅游者在旅游目的地的购物、住宿、餐饮消费是消费中的主要部分。据统计,全年国内过夜旅游者花费1 768.15亿元,占87.9%;一日游游客花费244亿元,占12.1%,其中长途交通费收入277.68亿元,占13.8%;住宿费收入392.37亿元,占19.5%;餐饮费收入370.24亿元,占18.4%;景点游览费收入209.26亿元,占10.4%;娱乐费收入124.75亿元,占6.2%;购物费收入484.93亿元,占24.1%;市内交通费收入46.28亿元,占2.3%;邮电通信费收入18.11亿元,占0.9%;其他花费收入88.53亿元,占4.4%。由此可见,旅游消费结构中占主要部分的花费正是构成旅游产品的组合要素,光有优美的旅游资源是不够的,旅游策划的核心就是对旅游产品配套要素的整合包装,满足市场的消费需求。

3. 旅游业形象分析评估

旅游形象对于人们并不陌生,对于旅游者而言,旅游目的地景区优美的景观建设,特别是环境卫生、安全保卫以及相关的服务和管理工作,旅行社良好的接待服务工作,酒店标准化的服务,以及旅游过程中购物环节的服务工作,这都是旅游者所感受到的旅游目的地形象的内容。

随着旅游者对旅游形象的理解不断深入,对旅游形象的认知也逐渐深化,策划者在对旅游形象分析评估时应重点考虑:

一是必须考察城市旅游的发展过程。现代旅游实际上是背离现代城市而产生的,人们追求天然的绿色、久远的古迹、充足的阳光、湛蓝的海水,因此留在人们心目中的传统旅游地不再是高楼林立、汽车与人群喧嚷的现代城市。城市的旅游功能退居于工业、居住、商业、交通等城市基本功能之后,在这些旅游城市,旅游者也仅仅被其天然赋予的桂林式山水或西安式古迹吸引,而不是因为它们城市的属性而前往旅游观光。

二是展示体现旅游功能接待服务。展示体现旅游功能接待服务,包括为其风景名胜区提供酒店、宾馆、交通组织、物资供应、旅行社服务等多方面的辅助配套设施。因此,根据功能分区的原则,著名风景名胜区和旅游点的附近都有一个城镇作为接待服务中心和基地,如承德之于避暑山庄、衡阳之于南岳、杭州之于西湖、韶关之于丹霞山……这些城镇由于附近旅游区的发展需要，增加了旅游业的接待服务功能和配套基础设施，并逐渐得益，形成由"接待服务中心城市——风景名胜区"共同构成的旅游目的地地域结构，组成了旅游形象系统的重要部分。

三是形成独特的城市旅游形象。随着现代旅游与城市的发展，城市的旅游发展逐渐接近世界其他城市的旅游发展模式，即都开始追求将城市整体而非若干独立景点作为旅游吸引因素推向市场。城市旅游发展的核心是建立独特、鲜明、有招揽性的旅游形象，依靠形象吸引游客前来旅游。因此，规划者在做旅游业形象分析评估时应该针对旅游目的地的整体评价，提倡"城市即旅游，旅游即城市"，塑造城市整体形象，成为当今城市旅游发展的新领域。而且毫无疑问，没有鲜明旅游形象的城市是难以长久吸引旅游者的，因此，有特色的、良好的旅游形象势必成为新、老城市旅游发展的战略武器和竞争工具。

二、旅游供给能力分析评估

1. 旅游目的地吸引力分析评估

现在各旅游目的地已经越来越意识到，目的地旅游经济发展的核心依托是旅游景区（点），而旅游景区（点）的核心依托是旅游吸引物。从效用的角度看，旅游者之所以会离开自己常住地到目的地旅游，是因为该消费者觉得从特定目的地进行闲暇消费能够得到比常住地以及其他备选目的地更多更优的效用。也就是说，该特定目的地对该消费者更具有吸引力。

由于旅游吸引力具有针对性、主体性、变动性的特点，因此它是一个具有消费者指向的动态概念，同时它还是一个综合性概念，包括基本吸引力、辅助吸引力以及最终形成的整体吸引力。旅游吸引物产生的是吸引旅游者从客源地到目的地的直接的基本吸引力，以此为基础形成的旅游景区（点）自然是"第一产品"。旅游景区（点）所产生的吸引力是旅游目的地得以形成的基本动力，旅游景区（点）的开发、发展在很大程度上决定了目的地旅游经济发展的广度和深度，并因旅游消费的关联性，进而使得旅游经济的发展在很大程度上影响着很多目的地地区国民经济的发展。

对于策划者来说，对旅游目的地吸引力的分析评估应该注意以下这些方面。

一是处理好基本吸引力与市场开发之间的关系。在旅游经济发展中，尽管旅游吸引物引发的吸引力是基本的，如果基本吸引力足够强的话将弱化辅助吸引力的负面影响，但是基本吸引力同样也将因辅助吸引力的增强而增强，如果一味地强调旅游吸引物方面的优势，过分夸大资源的独特性，将使大量市场需求小、资源价值品位低的旅游吸引物被开发，从而影响目的地资金使用效率。这种"遍地开花"的情形将对市场竞争产生一定的负面影响，使市场开发的有效度降低，因此在策划中一方面需要评价资源吸引力的条件,另一方面也需要遵循市场规律,"资源—市场—产品"三位一体进行整体开发。

二是建立好旅游目的地的整体吸引力。目的地旅游规划与策划的过程中应该不仅注重旅游产业的发展,还应该注重旅游外部相关环境和产业的联动,目的地发展的应该不仅是旅游产业,而且应从旅游经济的整体层面上进行全盘考虑。我国旅游经济的发展是建立在入境优先、观光切入的线路旅游基本"路径"上的,但是现在应该以旅游者活动客源地——目的地模式为路径构建的基础,重新回到以目的地为基础的路径上来,强调"大旅游"理念,突出发展目的地整体的旅游吸引力。

三是创新是推动旅游持续吸引力的动力。旅游目的地吸引力发展将经历旅游景区(点)创新、配套设施及服务创新、组织管理制度创新三个阶段。目的地必须从初期的"多样化"发展开始注重大众旅游者的需求,注重进行面向大众旅游者经历的针对性设计,开始大量建设与旅游景区(点)吸引能力相适应的交通、住宿等相关配套设施和相应服务。随着进入供给市场的目的地越来越多,目的地竞争越来越激烈,旅游者的选择将越来越多,需要通过组织管理创新以及目的地供给能力的协同等方面来改善产业组织以及市场竞争格局,通过相关制度创新,从而无论在营销影响还是实质性发展推进方面都可以在与其他目的地的竞争中取得较为有利的地位。策划者在进行旅游吸引力的分析评估时,需要提出在这三个方面的创新思路。

2. 文化资源鉴赏价值分析评估

旅游的发展离不开文化资源的参与,尤其在党的十五大报告中明确指出要重点发展文化产业,文化产业的发展程度是经济与文化融合的具体反映,同时也成为经济发展水平的重要标志。目前旅游产业与文化产业已经逐步融合,文化旅游成为旅游发展的趋势之一。作为旅游策划者,在旅游资源的评价中必须对其文化景观的鉴赏价值进行分析评估。

关于旅游景观文化鉴赏资源评价的方法与体系的研究和文章有很多。早期有"三三六"评价法,即历史文化、艺术欣赏、科学考察三大价值,经济、社会、环境三大效益和地理位置、交通条件、景物地域组合、客源市场、投资能力、施工难易六大开发条件。现在普遍采用的是国家质量监督总局颁发的《旅游资源分类、调查与评价》(GB/T 1892—2003)标准,是开展旅游资源评价工作的基础。要求评价者从资源要素价值、资源影响力、附加值三个方面对景区旅游资源予以评价。评价方法则有定性和定量两类。定性评价的方法除有体验性评价、形象评估法外,一般常应用定量评价有技术性的单因子评价和综合性的评价。综合性的定量评价主要有德尔菲法、要素评估法和层次分析法(如表4-2所示)。

表4-2 旅游资源的定量评价体系

评价项目\评价因子	资源要素价值(85)					资源影响力(15)		附加值
	观赏游憩使用价值(30)	历史文化科学艺术价值(25)	珍稀奇特程度(15)	规模、丰度与几率(10)	完整性(5)	知名度和影响力(10)	适游期和使用范围(5)	环境保护与环境安全

对旅游资源的文化欣赏价值的评价,是旅游者或评价者对欣赏和评价对象所具有信息感知、挖掘和识别能力的体现,也是所获取的信息对欣赏者或评价者自身冲击和激励作用的反映,因此,对旅游资源的欣赏和评价应从资源或产品本身固有特征的价值和评价者自身的感知两个方面来综合考虑,包括资源或产品的价值和评价者的感知。通常旅游资源的文化欣赏价值包含美学价值和科学价值,在资源评价标准中体现为观赏游憩使用价值和历史文化科学艺术价值。

因此在实际操作中,应该分析出旅游景区(点)的特色文化背景或主要表达的文化内涵。如山东梁山风景区旅游开发首要解决的问题就是该风景区在文化旅游框架上的定位问题。梁山风景区的旅游开发应该借助当地的"水浒"文化塑造一种态势,即梁山风景区是山东省"水浒"文化的代表,是了解中国"水浒"文化的必游之地。但梁山风景区还必须充分挖掘整理在梁山风景区自然景观和物理空间背后所隐藏的人文内涵和文化意蕴,这样才能真正彰显"水浒"文化旅游的核心价值,带给旅游者良好的感官体验和精神享受。

3. 服务设施与质量分析评估

如果说旅游吸引物产生的是吸引旅游者从客源地到目的地的直接的基本吸引力,以此为基础形成的旅游景区(点)自然是"第一产品",那么旅游地的其他设施及服务虽然不是旅游者访问目的地的主要因素,但作为"第二产品",它们将影响旅游者的整个旅游经历,因此当两地旅游吸引物存在替代关系时,服务质量的优劣、设施完善程度、交通便捷程度将会对旅游者的目的地决策产生重大影响,从而使旅游设施及服务作为辅助吸引力的依托,与旅游吸引物共同构成旅游地整体吸引力的来源,是旅游者选择旅游目的地的重要依据。

旅游服务是旅游产品的一部分,是社会相关服务行业向旅游者提供的主要服务产品的统称。由于旅游需求与一般服务需求所表现出来的差别，旅游服务也具有自己的特点。旅游服务是依托于旅游资源、旅游设施和设备，由旅游经营者向旅游者提供的服务产品，因此，旅游服务质量既受到旅游产品构成中旅游设施设备状况的影响，也受旅游行业员工的技术水平和服务水平的影响，并与企业的管理水平存在很大关系。旅游产品具有综合性、同时性和不稳定性的特性。

因此分析评估旅游服务质量，是评估旅游服务活动所能达到规定效果和满足旅游者需求的能力与程度。旅游服务的最终目的是通过使旅游者的需要在合理的基础上得到最大的满足，从而获得良好的经济效益和社会效益。因此整个服务体系的运转就必须以提高服务质量为中心。在策划中，应该分析旅游服务质量管理及其标准，是否存在为提高旅游行业的服务质量而制定的质量目标，以及实现该目标所采取的各种手段。只有通过有效运行的质量管理体系提高旅游的服务质量，才可以提升本地旅游的声誉和品牌，实现旅游产业的良性发展，增强旅游目的地的综合竞争力。对企业来说，才能提高企业的投资回报率，获得更大的经济效益。

4. 交通与安全性分析评估

旅游交通是制约旅游目的地发展的又一重要因素，从旅游的六要素来看，交通是其中"行"的要素，俗语说"要致富，先修路"，体现了交通对区域经济发展的重要性。通过多年来我国交通不断发展，许多过去难以进入的旅游景区也逐步被世人所知，比如香格里拉的旅游发展完全得益于交通条件的改善。我国山区面积大，许多风景优美的地区地处偏僻之处，由于有了公路、铁路、航空等交通形式的介入，才得以有较好的发展。旅游策划者往往关心的是旅游目的地的"可进入性"，现在也有人提出"可进出性"，关注主要旅游者进入景区的交通方式。同时在评估中不仅要关注大交通的通达，也要注意小交通的通畅，具体来说要分析景点间交通、景点与集散地的通畅、是否有旅游专道，是否有其他干扰运输线的因素等。所以在交通条件的分析中要关注大小交通条件和旅游者进出的方便与快捷。

交通的安全性往往和天气、地形、灾害等休戚相关。比如全国假日旅游部际协调会议办公室发布的2008年春节黄金周第7号旅游信息通报说，2008年春节黄金周已安全平稳度过，但2008年春节黄金周期间，灾害性天气对全国旅游影响较重。黄金周正值中国部分地区发生低温雨雪冰冻灾害天气，全国17个省（区）市的旅游景区、道路、公共服务设施等受到不同程度的损坏，造成受灾严重地区的旅游业暂时停业。因雨雪冰冻造成道路交通阻塞，全国中长途旅游普遍受到影响，旅游退团1.58万个。因此在分析安全性时，需要分析当地的气候条件、地形地貌（是否容易形成山体滑坡、泥石流、洪水等）、灾害天气的可能性等方面。如1998年洪水泛滥导致张家界大量游客滞留，每年夏季南方的梅雨季节、冬季北方的暴风雪都会出现旅游安全事故。

三、社会环境影响分析评估

1. 社会影响分析评估

旅游可以加强人类相互了解,增进地区间人民的友好往来,促进文化交流,推动社会文明发展的进程,促进民族文化的保护和发展,但如果经营不善,产业发展不当,有可能导致旅游目的地的环境破坏、社会矛盾增加、民族传统文化变异、社会道德败坏、犯罪率上升等社会问题出现,所以旅游业的发展对社会的影响既可能产生正面效应也可能产生负面效应。结合国内外的研究可以得出以下结论(见表4-3)。

表4-3 旅游发展的社会文化效应

	效 应	正面效应	负面效应
社会文化效应	社会二元性	跨文化交流、拓展视野	价值观冲突
	示范效应	对提高生活标准的模仿、对不同生活方式的模仿	挫折、挥霍、进口增加、沉沦
	文化成为商品	文化遗产的保护、自豪感	文化丧失本义
	对旅游者的态度	人民变得开朗时尚	闭塞、势利、急功近利
	社会治安	安全措施增加	犯罪、娼妓、赌博等增加
	社会风气与社会环境	社会坏境净化、文明程度提高	社会风气败坏
	基础设施、公共设施	改善与提高	破坏与重复建设多

旅游者到目的地旅游,他们不仅仅带来了购买力、带动了当地经济的发展、带动了便利设施的建设和环境的整治,更重要的是他们的到来,带来了他们的思想、他们的消费观念、消费方式以及行为模式,这些都会潜移默化地对当地社会以及当地居民产生一定的影响,并且这些影响不是一两天就可以看出来的,也不是一两天就可以判断其影响是利还是弊的,这就是旅游对社会影响的复杂性,但旅游又必定会产生社会影响,因为旅游属于一种全方位的社会活动。因此策划者应该对策划地进行实地调研,通过实践数据来反映一些问题并寻求解决问题的办法。

2004年我们分别对来南京、镇江、扬州(简称宁镇扬)旅游的旅游者和宁镇扬当地居民进行调查。在调查中我们发现,82.9%的市民十分欢迎旅游者的到来,

35.7%的市民认为政府在发展旅游业的过程中对当地居民利益考虑得不是十分充分,这说明政府的一些举措的透明度不够或者说宣传不够,同时也说明老百姓还是十分关心旅游事业的发展的。在调查中我们还发现,大多数市民认为目前旅游业对当地尚未造成太大的负面影响。

通过调查我们得出以下结论:

一是旅游业的发展带来的社会影响是利大于弊的。

二是市民非常支持旅游业的发展,十分赞同宁镇扬旅游风光带的建设,旅游者十分喜欢沿江旅游。

三是宁镇扬的社会治安状况良好暂时没有对旅游者造成多大的影响。

四是旅游业的发展改善了当地居民的生活条件,促进了公共设施的建设。

五是旅游的影响是潜在的但不是特别明显的,有些影响近期尚未体现,并且居民普遍没有感受到旅游所带来的负面影响。

六是旅游只是影响社会发展的一小部分因素,社会环境的恶化、社会风气的败坏、社会形象的损坏并不一定直接是旅游造成的,社会负面影响的产生是许多因素共同作用的结果。

策划者在了解相关情况后,在提升旅游积极影响的同时,也要尽力减少可能存在的消极影响,在旅游开发和管理中提出一些策略和措施,使之更加符合旅游发展的规律。

2. 环境影响分析评估

在旅游业发展中,旅游资源处于基础地位,不论是文化旅游资源,还是自然旅游资源,都是建立在良好的生态环境基础之上的。只要在开发中注意保护和管理,其形成的旅游产品几乎可以无限制地重复使用,可以说旅游资源与环境具有高度的同一性。在所有的产业中,旅游产业与环境保护事业的目标最为一致,其矛盾冲突也最小。旅游的健康发展,在促进地区社会经济发展和提高人民物质文化生活水平的同时,也为生态环境保护提供了重要的推动力,促进了生态环境质量的改善和生态环境的保护。但是,并不是说旅游活动对资源与环境没有影响。相反,忽视对旅游活动的管理,不但会导致旅游资源破坏和退化,而且还会引起生态系统失衡和环境质量恶化,危及旅游业的可持续发展。

发展旅游对生态环境的积极影响表现在两个方面:

一是为生态环境保护提供了重要的推动力。通过发展旅游,可以实现对部分自然资源的永续利用,减少资源直接开发造成的生态破坏;可以把人们带进优美的生态环境中,使其充分认识保护自然的重要性和紧迫性,增强人们保护自然的责任感和使命感,提高保护环境的自觉性;旅游业的发展向环境保护提出了更高的要求,加大了旅游景区环境保护和治理的力度;为生态环境的建设提供了必要的资金,增加了地方生态保护的经费。

二是促进了生态环境质量的改善。旅游业的基本特征,决定了发展旅游业可以促进旅游生态环境的改善,人们在旅游期间,渴望能够返璞归真、重返大自然,所以发展旅游业必定要促进环保的发展;大力发展旅游业,努力做到使旅游服务实现优美环境、优良秩序、优质服务、游客满意,在建设生态景区、营造良好的自然环境、提高居民的素质素养等方面有明显的效果。

旅游开发对自然环境的消极影响主要表现在:

随着旅游业的规模化发展,旅游环境的负荷增加,超出了旅游资源容量允许的范围,导致旅游环境的质量下降。主要影响范围有景观和地貌、空气、水、土壤、动物等自然生态环境,造成了视觉污染、大气污染、垃圾增多、噪声、水质恶化、水土流失、生物物种减少等自然生态环境问题。对人文环境的消极影响,旅游开发导致人群数量结构和心理的改变,环境的净化效应减弱,旅游地的环境容量和基础服务设施超负荷、建筑污染、当地传统文化的特色消失、与当地居民隔离,并使居民和游客心理紧张、烦躁,缺乏舒适、轻松和快乐感。

对策划者来说,如何引导其积极影响,降低甚至避免消极影响,应该在生态学理论指导下,根据旅游资源演变规律,策划制定相应的旅游管理制度和措施,不断提高旅游管理方法的科学性,控制和减轻旅游活动对资源与环境的负面影响,增强旅游资源适应干扰和变化的能力,以充分发挥旅游资源的应有潜力,创造更好的旅游经济效益、环境效益和社会效益,实现旅游的可持续发展;规范旅游区的环境建设和保护,加强环境评估制度,通过地方立法建立旅游资源与环境保护制度,实现对旅游活动的规范管理。

综上所述,策划者应始终秉承旅游可持续发展的理念,它是可持续发展理论在旅游业中的具体体现。主要有三层含义:一是满足需要,发展旅游业是通过适度利用环境资源,实现经济创收,满足目的地的基本需要,提高居民生活水平;在此基础上再满足旅游者对更高生活质量的渴望,满足其发展与享乐等高层次需要。二是环境限制,资源满足人类目前和未来需要的能力是有限的,这种有限体现在旅游业中就是旅游环境承载力,即一定时期、一定条件下某地区环境所能承受的人类活动作用的阈值,可持续旅游的首要标志是旅游开发与环境的协调。三是公平性,强调本代人之间、各代人之间应公平分配有限的旅游资源,旅游需要的满足不能以旅游区环境的恶化为代价,当代人不能为满足自己的旅游需求而损害后代公平利用旅游资源的权利。

复习思考题

1. 什么是旅游发展战略？不同层面的旅游发展战略有什么样的特点？
2. 旅游发展战略策划包括哪些内容？
3. 如何评估影响旅游发展战略的因素？
4. 为什么要优先进行旅游发展战略策划？一旦战略有偏差,会给当地旅游发展带来什么影响？

第五章 旅游形象策划

引言

　　许多高校的大学生,临近毕业时都要参加毕业实习,这是大学生走出象牙塔,走向社会的第一步,而且大家也知道毕业实习往往与自己的工作息息相关,马虎不得。阿新是个旅游专业即将参加实习的大学生,正要准备实习单位的面试考核,但他最近却是愁容满面,很是烦恼。一打听原来他觉得自己身高不高,长相平凡,没有什么特别才艺,害怕自己在面试中难以过关。一天在校园路上遇到了系里讲公共关系的王老师,五十多岁的人,每次上课都是西装革履,面容清爽,看上去还不到四十的样子,阿新知道班上有很多同学都很崇拜他,想到自己的烦恼,他就向王老师请教如何解决这个问题。听了阿新的担忧,王老师打量了他一下,反问他一句,知道什么是墨菲定律吗?阿新当然知道啦,"坏的事情总会往最坏的可能性发展"。"那反之呢?"反之?阿新好像有点明白了。"知道你的问题出在哪儿吗?"王老师说,"你需要的是自信和个人形象的包装,大学生应该具有的形象是充满自信、青春、活力和朝气,又具备特有的知识内涵,你的形象要能让面试官在最短时间内感受到眼前一亮,所以你应该……"

　　听了王老师的一席话,阿新感到豁然开朗,他想起来以前学过有关旅游形象的内容,没想到个人形象也需要包装策划,他准备把书上有关旅游形象策划的内容好好看看,说不定能从中悟到一些道理,对自己个人形象的塑造大有好处。聪明的同学们,让我们翻到本章,看看能不能给你们一些有用的启发。

本章学习目标

1. 理解旅游形象及其构成。
2. 学习如何策划旅游形象。

　　不管是个体还是社会组织,其所塑造的形象是否成功,要看其塑造的形象是否获得他人、公众乃至社会的认同,能否促进个体或组织的发展。旅游业的发展也离不开形象的策划,离不开组织理念、组织标志和优质服务等良好形象的树立。

第一节　旅游形象策划概述

一、旅游形象策划的概念

1. 旅游形象的含义

随着旅游业的发展，新的旅游景区景点不断涌现出来，旅游者的选择面越来越广，旅游地之间的竞争越来越激烈，如何能增强旅游区的吸引力，提升自身的竞争力，许多旅游目的地都选择了旅游形象塑造这一途径。

形象是一个人对旅游组织(景点、旅行社、饭店、交通等)产业的信任和意见的总和。国外有学者认为旅游形象是一种品牌功能和人们对旅游活动和旅游吸引物特征的印象总和。人们对旅游形象认识有三种态度：良好、差、无所谓。旅游形象策划的目的是通过建立鲜明、独特、富有感召力的良好形象来吸引游客。

2. 旅游形象的特征

一是具有无形性。这是旅游目的地形象的最大特点，即形象并非以实物形式存在，而是通过服务、传媒、口碑等多种渠道塑造和传播，最终反映于旅游者的心理感知。

二是具有萌变性。这是指形象在发展过程中不断地随着社会变革、经济发展和科技进步而变化，形象的表征形式和内容都会相应地有所拓展。如游客游览某一景点，不仅感受景观享受，而且还感受景点的管理、服务质量，产生宾至如宾的尊重感等，这就是拓展。

三是具有依托性。这是指旅游形象还必须以现实的旅游吸引物为依托，如当地的旅游产品、环境、社会政治经济发展状况等客观条件。社会治安不好、购物欺诈，都会影响旅游目的地在游客心目中的形象。

四是具有整体性。尽管旅游者对旅游组织如旅游目的地的单个属性(如气候、设施、居民的友好态度等)均有感知，但形象是在此基础上的综合印象。

3. 旅游形象的构成

旅游形象实际上是一个系统形象。系统论认为，层次性是系统的一个基本特性，它是指任何系统都有一定的层次结构并可分解为一系列的子系统和要素，同时它又是某个更高级、更复杂的系统的子系统或组成要素。因此旅游形象也是一个系统，即旅游形象系统(TDIS)。它包括三个部分：旅游组织理念识别(MI)系统，这是旅游组织对外界传达的，独有的和一贯的发展目标、价值观和文化精神，体现本地旅游资源精华；旅游组织行为识别(BI)系统，包括对内的组织管理如当地旅游从业人员的行为规范，对外的参与和反馈如举行的各种节庆活动、博览会和交易会等;旅游组织视觉识别(VI)系统,包括旅游标志、公共指示(解说系统)和交通标志等。系统的重点是理念识别。在核心理念指导下,即 MI 核心理念及其统领下的多元化的旅游产品特点,通过 VI 视觉系统、HI 听觉系统和 BI 市场传播推广手段,为旅游者带来全新的体验。

二、旅游形象策划

1. 旅游形象策划概念

旅游形象策划是将策划的思想、理论、要求在旅游形象塑造中具体运用。具体地说,是指策划主体为实现旅游业组织目标,尤其是实现树立良好旅游业组织形象的目的,在充分调查的基础上,对旅游业组织形象战略和具体塑造旅游业组织形象活动进行谋略、计划和设计的运作。

旅游形象策划是由公关策划、广告策划、市场营销策划等演化和综合而来的。

2. 旅游形象策划特征

一是目标性。在进行旅游形象策划时,着重研究旅游业组织应该树立什么样的形象,要考虑在整个策划活动中重点解决什么问题及其解决的先后次序。旅游形象策划所确立的目标,可分为总目标和个别目标。总目标是指旅游业组织形象策划希望达到的最终目标。当然这个目标是希望能树立良好的旅游业组织形象,使它的知名度和美誉度越高越好。在总目标的指导下,确立好各个阶段的个别目标,有侧重、有层次地完成个别目标,保持个别目标的相互推进,从而达到最终目标。

二是整体性。旅游业组织形象策划是旅游业组织整体形象的定位表现。如旅游目的地的形象策划,它不仅是某个风景区、风景点、旅游产品、旅行社、饭店形象的市场定位,而且是购物、交通秩序、治安环境、卫生、饮食等整体形象的定位。当然也不排除对个别精品旅游产品突出打造,但是要在整体的基础上突出个体,做到局部与整体的有机组合。

三是长远性。树立旅游业组织形象并不是为了旅游业组织眼前的利益,而是为了谋求旅游业组织长远的利益,实现旅游业组织的可持续发展。

四是竞争性。随着社会经济的发展,竞争的焦点从产品竞争、质量竞争、价格竞争、技术竞争发展到今天的形象竞争。如今旅游业之间的形象竞争程度日趋激烈,而竞争的成败很大程度取决于形象策划的品位。消费心理学研究表明,旅游消费是人的高层次消费,旅游形象是旅游者旅游消费选择的重要因素。

五是实效性。任何企业的形象策划都讲究实效,没有实效的形象策划无异于"纸上谈兵"。实效性包括两层含义:其一需要与可能的统一。在旅游形象策划过程中,只有将旅游业组织的需要作为达到的策划目标,与具备实现目标的条件成熟,才是一个有效的策划,成功的策划。其二投入小于产出。旅游形象策划需要投入一定的人力、物力、财力,投入后应产生一定的效益,包括旅游业组织知名度和美誉度提升、经济效益与社会效益提升、可见效益与潜在效益提升,只有产出大于投入的策划才是具有实效性的策划。

六是可变性。旅游业组织形象策划不是一成不变的,而是灵活动态的,当旅游业组织所面临的内外部环境发生变化时,形象策划也应该相应地变化,因此弹性是必需的。当然旅游业组织形象一经确定,在没有发生环境重大变化时需要维持稳定,同时,注意弹性和灵活性的有机结合。

3. CI 与形象策划

现代形象研究最早受到学术界和管理决策人员重视的是企业形象研究。CI脱胎于100多年前工业设计运动的企业形象识别系统 CIS(Corporate Identity System),于20世纪五六十年代诞生于商品经济高度发达的美国,对现代企业经营管理思想的变革和发展起到了巨大的推动作用。70年代盛行欧美,80年代传入日本,而后风靡全球,在理论体系上得到不断完善。90年代传入中国,进而形成热潮。

CI(企业形象)是 Corporate Identity 的缩写,可直译为"企业识别"或"企业特征"。CI 战略就是企业有意识地对自身的特征要素进行全面设计和整合,并通过企业实际行为和广告宣传等手段对外做整体传播和渗透,以获得公众理解和好感的一种经营管理战略。企业形象有三大识别系统,一是理念识别系统(MIS),集中反映企业组织的经营信念、企业宗旨、企业精神和价值观念;二是行为识别系统(BIS),集中反映企业组织的内外行为规范和行事方式;三是视觉识别系统(VIS),是对企业形象具体化、视觉化的直观传达形式。

企业的存在,必然被社会认知,并对它产生某种印象。如果主动采取一套形象策略,使一般人对企业产生良好印象,这就是"企业形象战略"。就是以意图性、计划性、战略性行动,塑造一个既迎合顾客和社会大众,又切合企业实体的形象,会发挥极大的经营效力。

由于 CI 理论在企业形象方面的作用越来越重要,所以,发达国家的旅游企业,早就把 CI、ISO 标准、现代营销等最先进的运营模式运用于企业中,以求在日益激烈的市场竞争中赢得消费者。因此,在欧美许多景区、旅行社、酒店、宾馆,都有各自的形象识别系统,甚至有些大品牌的名胜,成为城市的市徽和城市形象的载体。在中国以"广之旅"为开端,"佛山华侨大厦"、"深圳世界之窗"等企业相继导入CIS,取得了不同程度的效果。其中"广之旅"从默默无闻的"广州市旅游公司"一跃成为全国旅行社十强之一,知名度和品牌认知度在广东名列第一。随着20世纪90年代地区经济的发展,企业竞争逐渐向地区竞争延伸。作为市场竞争的利器——CIS 理论得到了进一步运用,如何有效地策划和导入区域形象或称城市 CIS,已成为各级政府重视的问题,被列为区域经济发展和文明建设的重点工作内容。

旅游企业 CI 与一般企业 CI 有相同点,也有不同的地方。相同点包括三个方面:第一都需要理念、行为、视觉三大系统的协调一致;第二都需要培植独特的形象,进而赢得更高的美誉度和认知度;第三都需要社会营销的支持。它们的区别在于旅游业组织的标志一般用景观资源的特征表现,如象鼻山(桂林)、兵马俑(西安临潼)等,而一般企业的标志大都是抽象的标志。

近年来,CIS 已经由小 CIS 发展到大 CIS,即把原来代表企业的小"C"(Corporate)延伸为代表地区或城市的大"C"(County 或 City)。如山东烟台市用"红的"、"绿的"、"蓝的"、"紫的"宣传自己的旅游形象。

4. 宣传大"C"时要注意区域旅游形象定位

区域旅游形象定位,关键要把握好以下几点:

一是深入研究区域文脉,充分体现区域个性。例如广东的梅州,是纯客家分布区,客家文化是最强的文脉,再从个性考虑,它与河源、惠州、赣州等客家地区相比,是近代客家集散中心和最主要聚居地,在世界客家人心中有至高地位,因此可把旅游形象定位为"世界客都"。广东推出"五彩缤纷广东游"的中心形象,又以"改革开放看广东,海滨田园南国风,近代历史名胜地,购物美食乐其中"四句话来充实和展开,使其形象更为饱满。

二是要以"政府主导型"战略来实施和推广这一形象。区域旅游形象(CTI)的营造需要城建、交通、文化、宣传、电信等多个部门的支持参与,仅靠旅游部门是不可能完成的,而且区域旅游形象是区域形象(CI)的重要组成部分,好的旅游形象不仅有利于发展旅游业,也有利于招商引资以及地区间的企业竞争和人才竞争。

三是充分运用公关宣传手段,全方位营造区域旅游形象。抓好标志性旅游景区的建设宣传,使无形的形象有形化;在视觉景观方面应在窗口地段(如机场、车站、主要干线入口、中心广场、商业步行街、中心商务区)以雕塑、广告牌等多种形式突出宣传区域旅游形象的标志或宣传用语;重点抓好旅游节事和社会经营秩序、社会治安;积极与旅游企业合作,共同推进企业与区域 CI 形象互相促进。

三、旅游形象策划的作用

旅游形象策划是在对旅游地和旅游景点的传统意义的认识基础上形成的一种全新的形象识别和营销系统,它标志着"旅游产品"与企业产品具有相统一的市场供求关系和类似的运作规律,是旅游资源的本体素质及其媒体条件(服务环节)在旅游者心目中的综合认知印象。实施 TIS,塑造良好和特色鲜明的旅游区形象,有利于扩大旅游区吸引力,拓展客源市场,激发员工和当地居民的归属感和自豪感,增强向心力和凝聚力,继而获得一系列由形象效应所带来的巨大社会效益与经济效益。

在当今的信息时代,形象成为信息社会的一个突出特征,信息时代实质也是"形象时代"。旅游形象的策划与实施也对旅游者的消费与选择提供了依据,下面以旅游目的地形象策划为例,来看旅游形象策划在旅游发展中的作用。

1. 有助于深入了解目的地的自然与人文环境

通常我们认为形象策划的内容源自文脉。即要求形象的实质内容必须来源于地方独特性,才能避免过于空泛。所谓地方文脉,是指目的地所在地域的地理背景,包括地质、地貌、气候、土壤、水文等自然环境特征,也包括当地的历史、社会、经济、文化等人文地理特征,因而是一种综合性的、地域性的自然地理基础、历史文化传统和社会心理积淀的四维时空组合。因此,要想体现独特个性,唯有充分挖掘和分析区域的文脉,唯有地方差异才能凸显地方特性,才能客观、准确、全面地反映旅游区的主要性质特征。浙江省的旅游主题形象"诗画江南、山水浙江",贵州省的"文化千岛、生态贵州"等,对旅游目的地主要性质特征的概括都比较客观、准确、全面。浙江以山水见长,浩瀚的人文历史画卷,使得如诗如画的江南更是美不胜收。贵州是我国少数民族的聚居区域,民族文化丰富多彩,积淀极其丰富,"文化千岛"非贵州莫属;贵州至今还保留着古朴文化风俗,贵州各少数民族与汉族一起,创造了非常和谐的人文生态环境,这种自然和人文生态高度统一与和谐一致的环境状态,在全国和世界其他地区是很难见到的,因此,"生态贵州"恰如其分。

2. 有助于深入了解游客对旅游目的地的认知

旅游目的地的主题形象是要吸引人前去旅游,因此必须考虑主要目标市场的状况及需求偏好。旅游目的地、旅游区的主题形象及其宣传展示,必须对目标市场的潜在旅游者"投其所好",当然也要符合实际和恰如其分。现在很多地区提出要建设某某地区的后花园和度假休闲基地,如江西确立的建设成为长江三角洲地区的"后花园",就是面对目标市场的主题形象策划。再如通过对江苏省南京市的游客调查,对南京的第一印象是古都遗迹,次之为历史事件或人物,自然风景位列第三,这种选择性是众多游客对南京旅游目的地认知后的评判,说明南京是具有丰富文化历史底蕴的城市。游客对代表南京的标语口号的选择中,虎踞龙盘被选择最多,民国故都、绿色城市、六朝金粉地次之。这和诸葛亮所说"秣陵之地,钟阜龙蟠,石头虎踞,乃帝王之都也",以及毛泽东诗词中"虎踞龙盘今胜昔"有一定的文化影响关系。如表 5-1 和表 5-2 所示。

表 5-1　游客第一印象分布频率

选择项	古都遗迹	自然风景	文学诗句	历史事件或人物	建设成果	土特产品	其他
百分比(%)	41.5	19.9	1.4	32.5	2.3	1.3	1.1

表 5-2　游客对代表南京的标语口号的选择频率

选项	六朝金粉地	虎踞龙盘	民国故都	大明遗迹	桨声灯影夜泊秦淮	绿色城市	踏进江南第一停	其他(自填)
百分比(%)	11.7	35.7	19.7	3.0	8.4	17.8	2.2	1.5

此外，在进行形象策划时，还应该从旅游者心理感应和需求的角度来考虑。例如宁夏旅游形象设计要符合自己的资源特色和历史文脉，又要对市场有吸引力，在对外进行旅游宣传时，应推崇塞外、塞上，淡化江南理念。塞上灌区渠水盈盈、禾苗青青、遍地绿荫的田园风光，与周围地区黄尘蔽空、植被稀少、人烟罕见的半荒景色，形成强烈的对比，这种反差产生一种强烈的视觉冲击感，而构成独具特色的旅游吸引物。使游客慕塞外名而来，享江南景而归，游客不仅观赏到了雄浑的边塞风光，又可欣赏到美如画的江南纤秀水乡景色，既为塞外江南，却又为江南风光所不及，再加上宁夏 40 年来的现代化建设成就，真正感受塞上的巨变，使游客低期望值来，高回报率归，获得最大心理满足，回去自然褒奖有加，既有宣传效应，又可招徕回头客，这是一种营销策略。反之，如果重点推崇塞上江南理念，对丁西北地区的游客来说，尚有吸引力，但对广大的东中部旅游出游率高的地区的游客来说，则缺乏"煽动性"，对于真正地处江南地区的人来说更是如此。

3. 有助于提高旅游目的地的稳定发展，提升竞争力

旅游(地)产品的不可移动性，决定了其要靠形象的传播。在形象时代，"形象"使旅游者产生一种追求感，进而驱动旅游者前往。所以，通过形象及其效应获取价值和利润正呈更加迅猛的发展趋势。因为"形象经济"可以把"传统经济"中的"非生产力因素"转化为"生产力因素"。它可以造就一个组织，造就一个产业，造就一种经营模式，创造出"形象品牌价值"。因此，树立良好有效的形象，会使客源稳定增长，进而推动旅游目的地健康、持续、稳定的发展，提升竞争力。

4. 有助于后期策划工作的开展

旅游产品及其他策划工作的前提是首先确立一个鲜明的目的地旅游形象，使众多的旅游开发项目有一个统一的主题思想；然后才能围绕这个旅游形象进行旅游产品开发；进而才是建立政策、法规、行政管理、人才环境等配套的支持系统。

5. 有助于形成一整套营销和品牌塑造体系

旅游目的地形象策划后的重点工作是向目标市场进行宣传促销,将形象信息传播给受众。这一工作以受众分析与目标确定为开端,而其主要过程则是营销手段、品牌塑造的应用。市场营销手段常用的有五种:传统广告、宣传品、公共关系、展览和网络。目的地在开展形象推广时,可以针对旅游者的消费心理和行为形态,要达到广泛传播、迅速传播的目的,更依赖于强有力的宣传推销活动,如将此旅游形象理念及其内涵和具体的视觉特写镜头通过醒目的广告、电视、图文并茂的旅游指南以及简明生动的标语口号或图案标志等方式进行广泛宣传。通过反复强调,引导有过此种体验的旅游者迅速完成对该旅游地旅游形象的概括提炼,更好地充当义务宣传员,使未曾有过此种体验的公众对其有一个先入为主的旅游特色形象认识。实施各阶段的目的地形象整合营销策略体系,最终达到目的地形象塑造工程的目的。

第二节 旅游形象策划的内容

一、旅游业组织理念识别策划

旅游业组织理念识别(Tour Organization of Mind Identity,缩称 TOMI)指一个旅游业组织在经营管理过程中所形成的共同文化观念、价值准则、精神面貌和发展目标等。它是旅游形象设计的灵魂。它一旦被认知主体接受,既能对内部公众产生巨大的凝聚力,又能对外部公众产生巨大的吸引力,从而集聚区内外的各种力量,保持旅游地的良好形象,实现可持续发展。那么,什么是旅游业组织理念认知(识别)主体?

1. 旅游业组织理念识别主体

旅游业组织理念识别的主体也就是旅游形象感知的主体,通常是指旅游者、当地居民、规划师和设计师以及旅游业组织内部员工四种人。

一是旅游者。感知旅游形象的主体是人,只有人才会产生对外界的认知。任何一个旅游业组织的认知主体都是旅游者,包括潜在的旅游者。

二是当地居民。这是认知旅游业组织的前提。如果当地居民不认知旅游景点的经营理念,对景区的环境保护无所谓或者是反对,这就难以接待游客。所以,首先当地居民要与旅游景点融为一体,使其认同所在景区及相关服务设施的理念,形成一种认同感和地方精神,这样他们就会以积极、热情、友善的态度迎接游客。

三是规划师和设计师。除了旅游者和当地居民以外,出于规划和设计的需要,旅游形象的主体还应包括从事旅游地形象设计、建立和传播、推广等活动的人,这些人可统称为规划师和设计师。规划师和设计师的专业训练和职业技能使他们具备敏锐的对地域客体的感知能力。他们能超越大众的认知水平,通过构想新的旅游地形象,带动旅游地的形象建设过程。当然,规划师和设计师对旅游地形象的构想和设计离不开旅游者和居民的认知基础。因此,策划者要调查研究,提炼升华,提出符合当地居民与游客认同的旅游理念。

四是旅游业组织内部员工。如果组织内部员工不认知组织的理念,就会在工作中对经营理念产生消极或抵触情绪,则组织的价值观、奋斗目标就难以实现。

在实际的策划操作中,非常强调准确的形象定位,对旅游者和居民的感知调查,策划者在此基础上通过概括、提炼、总结、升华,得到中肯的理念识别,否则难以得到大众的认可。比如江苏省连云港市历来以山(花果山)海(黄海之滨)文化闻名,一部《西游记》写尽世间春秋,而作为旅游形象理念给出的是"浪漫之城",就难以得到旅游者和当地居民的认同。

2. 旅游业组织理念识别系统的构成

旅游业组织理念识别系统由旅游业组织使命、经营观念、行为规程和活动领域四个部分组成。

一是旅游业组织使命。旅游业组织使命是指旅游业组织开展经营活动所依托的社会使命。旅游业组织使命反映了社会的要求,也体现了旅游业组织不同的社会价值观,是旅游业组织理念最基本的出发点。比如2008年北京奥运会提出的"同一个世界,同一个梦想"、"绿色奥运、人文奥运、科技奥运"就是一种使命的表达。

二是经营观念。经营观念是指旅游业组织开展经营活动所依据的一定的思想观念,反映旅游业组织管理的价值观和思想水平,它具体表现在最高层管理者的经营方针、服务理念和指导思想上。旅游业组织经营观念的具体内容包括组织精神、质量意识、服务意识、职业道德、组织的凝聚力等。比如郑州金星啤酒厂是国家旅游局批准的首批工业旅游组织,该厂旅游宣传的广告词是:"朋友,请到金星来!"以此宣传"时尚、文明、科技、绿色、服务"的经营理念,提升金星啤酒品牌的美誉度。

三是行为规程。行为规程是在正确的经营观念指导下,对旅游业组织员工的言行提出具体的规定与标准,如员工手册、岗位职责说明书、岗位操作规范、质量标准、劳动纪律等员工行为规范中的原则性要求。

四是活动领域。活动领域是指旅游接待服务活动的设施水平,向游客提供的产品类型和服务标准范围。一个旅游目的地,其提供的服务产品应该是包含旅游行业各要素的产品体系,满足旅游者的需求。比如浙江的千岛湖旅游,经过20余年的发展,其目标定位是打造休闲度假胜地,借助已有的良好产业基础、响亮的品牌声誉,打造观光旅游与休闲、度假、会展四位一体的长三角一流、国内著名、世界知名的休闲度假胜地,塑造湖泊旅游典范。

作为策划者,在策划旅游景区的形象理念时,通常策划的内容有:旅游景区远景目标、经营使命的确认、经营使命的设定、经营思想、经营战略、经营结构以及竞争优势,提出景区的发展目标,还包括旅游景区的理念群,如市场观念、游客观念、竞争观念、创新观念、开发观念、效益观念、经营哲学、目的观、质量观、服务观、人才观、政策观、法律观、纳税观等。

3. 旅游业组织理念策划应注意的问题

一是旅游业组织的使命策划应"以人为本"。使命和宗旨是旅游经营的最高目标。它要解决的是旅游业组织依据何种社会责任进行活动的问题。旅游业组织不仅为社会制造产品和服务,而且对人类进步负有使命,以赢得公众普遍而持久的支持和理解。旅游业组织的活动除经济目的外还有社会和文化的目的,旅游业组织经营宗旨的确定,就是要将旅游业组织从单纯的经济使命提升到社会使命和文化使命的战略层面,从而最大限度地增强旅游业组织理念的认同感和识别力。

旅游业组织一般都以使命书的形式表达自己的使命。使命书的内容主要包括旅游业组织的事业领域、目标和达到目标的必要条件。比如国际著名饭店集团——希尔顿饭店的使命书:"我们的使命是:被确认为世界第一流的饭店组织,持续不断地改进我们的工作,并使为我们宾客、员工、股东利益服务的事业繁荣昌盛。对我们成功至关重要的是'人'、'产品'与'利润'。'人'是我们最重要的资产。参与、齐心协力和承担责任是指导我们工作的价值观。'产品'是指我们提供的活动、服务和设施。它们必须被设计成和经营得具有高品质,能始终满足我们宾客的需要和期望。'利润'是我们成功的最终衡量标准——衡量我们是否能很好地、很有效率地为宾客服务。利润也是为我们的生存和发展所需要的。"

旅游业组织使命和宗旨的设定表达,要尽可能地体现出社会责任感和道德感,语言表达应简练恰当,以增强感染力和认同感。上海新锦江大酒店的宗旨是"讲求效率,重视信誉,游客至上,服务第一",可谓言简意赅。此外,设定的目标要有可行性和操作性,过分夸大目标,难以实现,也不具有实际意义和识别力。

二是经营方针策划要有特点。经营方针也称经营战略,是一切经营活动必须统一遵守的最高准则和战略方针。旅游经营方针的制定和策划,应充分体现旅游业组织自身的特点。例如,美国最大的饭店连锁集团"假日旅馆",以"随时都可以来住宿"的经营战略而闻名,即便顾客没有事先预订房间,而旅馆又刚好客满时,服务人员也会想方设法和距离最近的连锁饭店联络。今日假日集团已拥有自己的专用卫星,客人住在假日饭店里可随时预订世界任何地方的假日饭店,并在几秒钟内得到确认。目前的 Holidex-Ⅱ 每天可以处理 7 万间订房,仅次于美国政府的通信网,并成为世界最大的民用计算机网。

三是旅游价值观策划。价值观是旅游业组织对其经营行为的全部看法和评价标准,是旅游业组织在经营过程中,为使其获得成功而形成的基本信念和行为准则。具体表现为旅游业组织崇尚什么、赞成什么、什么是其所鼓励的、什么是其所反对的等。

旅游业组织价值观的确立,可以从旅游业组织经营的目的、产品和服务、质量及自身所承担的责任和使命等角度,确定旅游业组织的价值观。

二、旅游业组织活动识别策划

旅游业组织活动识别(Tour Organization of Behavior Identity,缩称TOBI)指在旅游业组织理念统率下,旅游组织及全体员工的言行和各项活动所表现出的这个旅游业组织与另一个旅游业组织的区别,是理念识别的具体化、外在化。TOBI是旅游业组织形象策划的动态识别形式,有别于旅游业组织名称、标志等静态识别形式。TOBI是TOMI的具体体现。TOBI就是由旅游业组织及组织成员在内部和外部的生产经营管理及非生产经营性活动中表现出来的员工素质、规章制度、行为规范等因素构成的旅游业组织形象子系统。

TOBI主要表现在政府行为、民众行为和企业行为三个方面。政府行为体现在政府的各种旅游管理与公关活动中;民众行为主要体现为当地居民形象,反映在居民的言谈举止、精神风貌、整体素质及热情好客程度等方面,构成旅游地形象的主体;企业行为以优质的管理服务接纳众多旅游者和潜在旅游者,展示旅游企业的魅力和实力,扩大旅游地的知名度和美誉度,获取企业最大的旅游经济效益。

为旅游业组织策划TOBI时,策划人员应遵循一定的策划原则,严格按照一定的程序,从对内和对外两个角度进行策划。

1. 旅游业组织内部活动识别策划

旅游业组织内部活动识别策划主要包括旅游行业服务识别、内部管理模式和内部活动的策划。

一是旅游行业服务识别策划。旅游服务识别策划包括三个方面的策划:

其一是服务行为规范的基本要求策划,即要达到对待顾客的态度、礼貌用语和仪表仪容等规范化、标准化服务要求。

其二是个性化服务策划,即提供具有强大竞争力和生命力、有特色不雷同的服务产品。个性化服务是规范服务的延伸,是针对客人的个别需求而提供的优质服务,它体现在超常服务、感情服务、灵活服务、细节服务、癖好服务、自选服务等方面,它能提高客人的满意度,有时还能为客人带来惊喜。例如:豪华饭店中的"金钥匙"服务,被客人视为"百事通"、"万能博士"和解决问题的"专家",它代表了饭店委托代办的最高水平,"尽管不是无所不能,却一定要竭尽所能",它是"金钥匙"的服务哲学。中国"金钥匙"的承诺是:为全世界旅游者提供"高效、准确、完善"的服务。"金钥匙"服务已成为饭店优质服务的象征。

其三是服务过失弥补策划。旅游是与顾客关系密切的行业,服务中一旦出现差错,往往会影响旅游业组织的形象。因此,服务过失弥补策划,对达到旅游形象的维护十分重要。许多旅游业组织与企业建立了"危机公关"应急机制,有组织、有秩序地处理突发事件给组织形象带来的不利影响。也提出了弥补旅游服务过失的措施,如为给顾客带来的不便道歉;求得问题的公平解决;让客人觉得组织重视其所提问题;为顾客的不便作出增值赔偿;遵守诺言。

二是内部管理模式策划。旅游业组织通过自己的管理模式向外界传达组织的信息,达到识别组织的目的。管理模式由旅游业组织的规章制度、操作规程、检查反馈等要素构成。不同的旅游业组织有不同的管理模式和特点,因而它是形象识别的重要方面。许多成功的旅游企业,都有自己独特的管理模式。例如,我国第一个进入世界一流酒店组织的广州白天鹅宾馆,它的成功与其独特的管理模式密切相关。该宾馆制定了9章48条较为完善的员工守则,对每位员工的岗位责任制、操作规程、奖惩标准、工作质量标准都有明确规定,员工的行为必须受纪律约束。当执行制度和私人情感发生冲突时,坚决服从制度。宾馆人员自觉遵守纪律已养成习惯,使宾馆管理和服务质量标准化、统一规范化,从而提高了声誉。

三是内部活动策划。TOBI策划还包括围绕组织理念在组织内部开展的一系列活动。例如,香港京华酒店策划的酒店理念不是大多数饭店的"顾客第一",而是"员工第一",认为只有员工开心,才能为顾客提供优质的服务。在这一理念下,酒店对员工非常关心,时时处处都为员工着想。京华酒店会根据某一时期酒店客人的入住情况安排员工假期,每周末在员工公告栏及员工食堂公告栏上公布下一周的每餐菜谱,很少重复。在旅游方面,每月租海边的"度假屋"轮流度假,并组织员工到香港的景点参观。酒店还鼓励员工参加香港各大学和培训机构举办的专业培训。所有这些极大地增进了员工的归属感,员工努力维护酒店的利益,酒店因此而受益。世界最佳饭店曼谷东方饭店,管理人员同普通服务员之间洋溢着一种大家庭的气氛,通过"家庭日"举行社交、娱乐聚会、野外小游、体育比赛和向雇员子女赠送礼品等活动,增进友谊,密切工作关系。

2. 旅游业组织对外活动识别策划

一是形象广告策划。由于旅游产品具有综合性的特点,单靠产品广告不能树立企业的整体形象,必须借助于形象广告,在更高的高度上讲,各类产品统领在一面旗帜下,将旅游业组织的经营理念和企业文化传达给公众。形象广告有表现旅游业组织实力的,也有传达旅游业组织理念的。广告的形式可以是公益性广告、礼仪性广告和事件性广告。如新加坡的宣传广告"夕阳西下,新加坡依然魅力十足"。就展示了"星光下的晚餐如梦如幻,芬芳的美酒香飘河畔,奔放的迪斯科挥舞热情,夜色中的大都市依然生机盎然……这就是新加坡"的形象。

二是 CI 统摄下的旅游公关策划。在 CI 统摄下,旅游公关活动的展开必须贯彻和表现旅游业组织的理念宗旨和经营精神,脱离 CI 的旅游公关活动虽然也可进行,但效果微小,而且费用大,花费时间长。CI 统摄下的旅游公关活动,旨在向社会传递自己的宗旨、经营风格和价值观,即把旅游业组织的信息不断向外界输出,使信息及时被公众了解,达到树立和维护良好形象的目的,而不是为了一次促销或处理一次危机所进行的公关活动。关于公关活动策划详细论述见第六章"旅游公共关系策划"。

三、旅游业组织视觉形象识别策划

在人们对外界信息产生的所有感觉中,视觉占 83%,由视觉器官接收到的信息在人们的记忆里回忆值是最高的。旅游业组织视觉识别(Tour Organization of Visual Identity,缩称 TOVI),是向外界传播旅游业组织形象的一切物质与精神内容,这些内容通过组织固有的统一的视觉形象——视觉符号设计来传达组织的精神与经营理念,有效地推广组织形象和知名度。

1. 旅游形象视觉识别要素

一是旅游视觉形象识别要素系统。旅游地 VI 系统包括两大部分:基本要素系统和应用要素系统。基本要素系统主要包括:旅游目的地标志、名称、标准字、标准色、景物造型和口号等;应用要素系统包括旅游产品系列、旅游办公用品、旅游宣传制品、旅游环境、广告类、指示系统类、旅游装备与交通系统类、服饰用品类、餐饮用品类、客房用品类等。一个旅游业组织区别于其他旅游业组织的 VI 设计,其设计规范不仅要做到标准化、统一化和艺术化,还应该做到全面化和特色化。全面化是指考虑的规范更全面、更细致、更完美;特色化是旅游业组织 VI 的灵魂,它强调的是一种格调,塑造的是一种气氛,奉献给旅游者的是一种浪漫的风情。观念上应重视人性化,形式偏重于艺术化,手法上应该浪漫化。

二是视觉要素设计的核心——旅游标志。在视觉识别要素系统中,核心要素是设计旅游组织标志。旅游组织标志是指任何由文字、图形、字母、数字、颜色或其他组合成的商品和商业服务标记,能传达旅游组织理念,旅游产品特性等信息。比如中国国家旅游标志"马超龙雀",外国游客一见此标志便产生中国旅游的感知。但目前尚少见具有同等影响力的城市旅游标志。城市旅游标志的设计可结合甚至直接引用城市标志性景观。又如,纽约的自由女神像已可完整无误地传播其城市形象。

三是视觉设计的效用在于推广。只有将其广泛用于城市的各个方面,才能形成视觉形象的冲击力和传播力。对于城市而言,要特别关注以下两类关键区位的形象表达:其一,第一印象区。即城市边界出入口,通常就是城市对外交通的火车站、机场、港口、码头、高速公路收费站等,这些地方是游客形成城市第一印象的地方,将会影响其进入城市的旅游感受以及离开城市后的旅游记忆。另外,城市内部及周边重要风景名胜区和旅游景点的门景位置也属第一印象区。其二,光环效应区。"光环效应"为社会学术语,表达人际交往的一种现象。光环效应区能使游客的印象产生放大的作用,因此,旅游形象的设计若能在此得以尽致的表达,将会比在其他地方的表现更容易产生影响和效果。城市的光环效应区包括城市中心商务区,对于有新城、老城之分的城市,还包括历史古迹中心区,有的城市还发展出游憩商务区,例如北京的历史中心区以故宫为中心,中心商务区为正在兴建的金融区,而游憩商务区则在前门、王府井、西单一带。

四是抓住良机展示形象。抓住良机,展现与推广旅游形象往往可取得事半功倍之效果。节庆时刻和夜晚是城市旅游形象表现的最佳时段。旅游形象往往是一种心理感知的抽象事物,而节庆活动、体育盛事、娱乐演出、重大庆典……都可将其变成可视、可听、有形、有声、有色的具象事物。例如,将世界著名建筑景观微缩一园的深圳"世界之窗",若没有夜晚的广场演出则很难传播"世界与您共欢乐"的形象。夜晚是城市之美和城市特色展现的另一时机,有湖、河、海等水滨线的城市更应加强夜晚的形象传播。世界著名的泰国帕塔亚海滨度假旅游区,其旅游形象的重要构成来自生动、丰富、极有特色的夜景和夜生活。

2. 旅游视觉识别要素设计

视觉识别的特征是重视视觉冲击力,强调统一标准符号,追求简约、鲜明。视觉识别设计包括以下几个方面。

一是旅游业组织名称策划。旅游业组织名称与组织形象紧密相连,是CIS设计的前提条件,是采用文字来表现识别要素的方式。旅游业组织名称的确定,必须要反映出组织的经营思想,体现组织理念;要有独特性,发音响亮并且易识易读,注意谐音的含义,以免引起不佳的联想。如旅行社中的中国康辉、上海春秋;饭店中的上海锦江饭店、广州白天鹅宾馆,都是易识易读、简洁明了的名称。旅游目的地往往以地名为名称。为获得高知名度的地名,最简单的方法是抛弃原来默默无闻的地名,使用其他高知名度的名称。而有的旅游区和景点的名称比所在地地名具有更高的对外知名度,使风景旅游区的名称不断地为其所依托的城镇利用。例如,利用黄山的高知名度,安徽的屯溪市改名为黄山市;又如,当张家界成为新兴旅游风景区后,原湖南的大庸市改名为张家界市;云南的中甸县改名为香格里拉县;福建的崇安县改名为武夷山市。地方借助旅游风景区的知名度建立起依托城市与景区一体化的旅游目的地,有利于旅游目的地的地域发展。

取名的方法有多种,如采用最早使用的原名,重新创造一个名字,采用数字名称、神话人物名称、地名、外来词或混合词等。目前旅游目的地通常采用类型名,即以旅游活动的类型名称代表旅游区个体名称,如使用森林、公园、娱乐城、海滨度假区、游乐园、水上乐园、滑雪场等表示旅游目的地名称,这些名称在该项旅游活动刚刚兴起之时被采用,会产生巨大的吸引力,但在进入成熟期后则已无太大吸引力。所以,显然"迪斯尼乐园"要比"游乐园"有吸引力,而"阙里人家"要比"古宅"有吸引力。

二是旅游业组织徽标策划。徽标是组织的知识产权,应及时注册,给予法律保护。徽标是品牌理念的提炼;是应用最广泛、使用频率最高的要素,具有统率所有视觉要素的主导作用。一般来说,旅游目的地徽标的设计图案可考虑采用特征性地理风景,从具象、简象到抽象的处理都会产生不同的形象力。此外,也可采用特征性实物图案,如1983年,国家旅游局将甘肃武威出土的文物铜奔马——"马踏飞燕"造型,作为国家旅游局的标志,并取名为"马超龙雀",寓意为中国旅游业如天马行空,逸兴腾飞,前程似锦。中国旅游标志——"马超龙雀"已被世界认知,具有极高的知名度和震撼力。

旅行社徽标设计,应突出运动特征,寓意游客在不同目的地间的运动。如中国国际旅行社徽标是地球图案加上三个具有飞行动感的箭头;深圳市鹏程假期旅行社有限公司的徽标是红黄蓝三色组成的纵飞轮,似风车的图案,每一个飞轮又像燕子,寓意旅行时如燕子般自由、快乐、心情飞扬,表现了人们对旅游的向往之情。

酒店徽标设计,一般为刚性的硬图案,寓意酒店建筑高大、雄伟、坚固,如北京饭店、昆仑饭店的徽标都是硬线条的图案。

三是旅游业组织标准字体策划。文字符号是旅游业组织视觉形象要素系统中广泛采用的符号,旅游目的地、旅行社、酒店、商业购物的名称,旅游目的地的路标、各种各样的指示牌、导游图和旅游指南等都会用到文字。旅游目的地可利用标准字体传达独特的旅游形象,也可直接采用名人题字。一般来说,在不影响旅游者对文字理解的前提下,尽量使用本地域和本民族的文字,这是建立旅游目的地文字符号形象的基本原则。事实上,与客源地不同的文字符号不仅反映旅游目的地的文化特征,而且本身对于旅游者就有一种吸引力,可增加异域形象。例如,到过新疆、内蒙古、西藏、东北(满族)等地的旅游者,往往会对这些少数民族文字产生兴趣,留下印象。又如,去过云南丽江的游客,一定会记得东巴文化的象形文字。

同时,标准字体的设计,不仅要美观,还要和商品特性有一定的内在联系。不同的字体由于笔形与组合比例不同,给人的知觉感应联想也大不相同,有的浑厚有力,有的柔婉秀丽,有的活泼流畅,有的庄重大方……要充分调度字体的感应元素,唤起游人对旅游产品的联想,如旅行社、交通组织及物品一般采用斜体字;食品、饮料采用柔体字;酒店一般采用刚性字体即等线体、楷体、隶体或名人题字,如上海曼哈顿外滩商务酒店和24K连锁酒店都使用等线体。

四是旅游业组织象征性吉祥物策划,指旅游业组织为了在各种媒体上广泛应用而设计的内涵体现组织精神,引起衬托和强化企业形象作用的图案作品或代事物。国际著名企业和主题公园都有自己的吉祥物,世界性的体育赛事也都会设计吉祥物形象,比如2008年北京奥运会的福娃。吉祥物生动、形象、有趣,容易取得公众喜爱,达到广泛传播的效果。唐老鸭和米老鼠则传达了美国迪斯尼的形象。吉祥物逐渐成为人们认知事物的重要符号之一,对其加以广泛的利用,吉祥物还可以促进旅游目的地的多元化经营,因此设计和传达吉祥物形象的旅游目的地(景点)越来越多。

景区吉祥物的设计,有些来自旅游区特有的物种。如四川卧龙保护区的吉祥物大熊猫,不仅是景区的吉祥物,也是这个地区标志性的视觉载体;四川的自贡市,恐龙是当之无愧的吉祥物;而在黑龙江扎龙自然保护区和江苏盐城的湿地保护区,丹顶鹤就是最具特色的标志。

五是旅游目的地户外广告策划。旅游业组织的户外广告包括招牌、旗帜、标志牌或路牌广告、方向牌、灯柱广告、模型广告、气球广告、气模广告、条幅、导游图等,它们不仅构成旅游目的地形象的一部分,也具有为旅游者提供具体旅游向导和信息解释的功能。显然,一个缺乏足够户外广告解释系统的旅游业组织,不能给游客带来旅行方便和随意,从而影响旅游形象的感知。

六是旅游目的地纪念品策划。旅游目的地的纪念品(包括一些旅游商品)是旅游者从目的地中几乎唯一可购买、带回的一种有形的东西。除了照片和留在记忆中的经历和故事,恐怕就只有这些纪念品还能反映和帮助旅游者记住目的地的形象了。因此旅游纪念品也成为旅游目的地的实地形象传播的符号和向外传播的形象符号。旅游纪念品是目的地形象之体现、延伸和传播的一种很好的载体,发展当地独具特色的旅游纪念品,就是建立和传播当地形象的过程。例如,国外旅游者喜欢购买中国的丝绸服装和中国字画,而丝绸和国画也成为中国旅游目的地形象的一部分。中国少数民族地区有大量的传统服饰和工艺品,通常成为旅游者购买的商品之一。传统的旅游纪念品通常包括纪念章(币)、明信片、导游地图、旅游画册、景点门票、地方手工制品等,这些旅游纪念品的地方性越浓厚、设计越独特,形象传播力也就越大。比如九寨沟、青海湖鸟岛的门票就设计成明信片,具有收藏价值。

七是旅游目的地交通工具策划。有些特殊旅游目的地或者是以交通工具为主要吸引物的目的地,往往因其所提供的独特交通工具给人留下深刻的印象。例如,长江三峡风景区不仅有雄奇险峻的三峡风光,长江游轮也会给首次享用这种特殊交通工具的游客留下难忘的印象;四川峨眉山上的人力交通工具——滑竿几乎成为该风景区独特的形象符号。不论是传统的交通工具,比如江南的乌篷船、四川的滑竿,还是现代主题公园内的观光车、高架缆车,或是广场的大型商场电梯、世界顶级豪华海轮,都可以成为旅游目的地形象开发的一部分。使普通的交通工具地方化,就可以成为形象设计的符号。

八是旅游目的地人的视觉形象策划。当人只是作为被旅游者观察的对象(而不是与之交往的人)时,人也成为与风景一样的可设计的形象元素,人的形象性在某些旅游目的地已得到发展。例如,深圳华侨城主题公园开展了"我是一个景点"的活动,将园内的员工都进行形象设计,与物质景观实体共同反映旅游形象。饭店内不同工种穿着各异的工作服,配合饭店的物质空间,构成了活的风景。除了员工,当地居民也可构成重要的形象成分,特别是在少数民族旅游目的地,旅游者很难将身穿民族服饰的居民排除在外,而去谈论当地的旅游形象。

复习思考题

1. 什么是旅游形象?旅游形象的构成有什么样的特点?
2. 旅游形象策划包括哪些内容?有什么样的作用?
3. 如何进行旅游形象策划?包括哪些程序?
4. 列举你知道的旅游形象口号和视觉符号,谈谈你对它们的评价。

第六章 旅游公共关系策划

引言

　　课间休息时,小明和几个同学议论当前学生就业难问题。王立松说:"我们倒霉,赶上了国际金融危机,旅游业也不景气了,也不招聘人了。"站在小明旁边的高瞻说:"我不同意你的看法,只要你把公关活动搞好,发动你的人际关系,或者把你要去的单位领导请出来在高档饭店招待好,再送些礼品,还是可以找到工作的。"听完高瞻的话,小明马上插话:"照你对公关活动的理解,'公共关系'就是请客送礼、吃吃喝喝的庸俗人际关系啊!"高瞻说:"'公关'就是'攻关','公关'等于美女加金钱,是请客送礼不正之风的代名词。"高瞻说这话时还振振有词。王立松对他们俩说:"你俩的观点不一样,要弄清谁是谁非,听今天老师讲授'旅游公共关系策划',他会把公共关系与旅游公共关系的概念讲清楚,我想课后我们会明白的。"于是三人走进教室听王老师讲"旅游公共关系策划"。

本章学习目标

1. 弄清楚公共关系与旅游公共关系的概念,厘清二者之间的关系。
2. 掌握旅游公共关系策划的程序。
3. 学会旅游公关新闻策划、旅游公关专题活动策划、旅游公关促销策划、旅游危机管理公关策划的方法。

　　"公共关系"一词是由英文"Public Relations"翻译过来的。公共关系是社会组织通过形象塑造、传播管理、利益协调等方法,在公众中提高认知度、美誉度、和谐度,促成社会组织与其相关公众良好合作并和谐发展的科学和艺术。我国实行改革开放政策后,在深圳、珠海等特区的外资企业包括旅游宾馆饭店企业相继导入了母公司的公共关系管理职能,运用公共关系手段沟通协调旅游行业组织与公众的关系,树立组织的良好社会形象,故旅游业也是我国最早引入公共关系管理职能的行业之一。

第一节 旅游业与公共关系

讨论旅游公共关系策划,首先得探讨旅游公共关系的含义、功能及旅游公共关系的活动模式。

一、旅游公共关系的含义

1. 公共关系的含义

公共关系一词,是美国律师、文官制度的倡导者伊顿1882年在耶鲁大学法学院发表题为《公共关系与法律职业的责任》演讲中首次使用的。公共关系作为一种职业、学科以及社会组织的管理手段,在其发展过程中定义不断科学准确,内容不断丰富发展。

现在人们认为公共关系是:社会组织通过形象塑造、传播管理、利益协调等方法,在公众中提高认知度、美誉度、和谐度,促成社会组织与其相关公众良好合作并和谐发展的科学和艺术。这个定义涵盖了以下几层意思:

一是公共关系的主体是组织,客体是公众;

二是公共关系的工作手段是双向信息传播与沟通;

三是公共关系的目标是树立组织良好形象;

四是公共关系的实质是组织与公众之间的利益关系。

2. 旅游公共关系的含义

任何旅游业组织在生存、发展进程中必然要与各类公众形成一定的关系,旅游业组织处理和协调与各类公众关系的行为就是旅游公共关系活动。

旅游公共关系的含义是:旅游业组织主体通过传播沟通、形象塑造等手段,提高旅游业组织的认知度、美誉度、和谐度,建立与旅游业公众客体良好合作并和谐发展的科学和艺术。

要深入理解旅游公共关系概念的含义,还必须把握以下几点。

一是旅游公共关系的主体是旅游业组织。旅游业组织是各类旅游企业组织的总称,包括旅游行业管理部门、旅游企业(旅行社、旅游景区、酒店等),还有与旅游有关的交通运输业、餐饮、购物和休闲娱乐场所等。

二是旅游公共关系的客体是与旅游业组织相关的公众。公共关系中的"公众"概念,指与特定公共关系主体既相互联系又相互作用的个人、群体或组织的总和,是公共关系工作对象的总称。旅游业公共关系公众,指与旅游组织相关的有着共同利益和要求的旅游业组织工作对象。这些工作对象包括:旅游者、旅游经纪人、协作伙伴、宣传媒介、政府有关部门、交通运输、公安交警、气象、社区居民等。

而旅行社、景区、酒店、交通、购物等组织在旅游行为发生过程中互为公众。

三是旅游公共关系的工作手段是双向信息传播。旅游业组织与公众之间通过各种传播媒介向外界提供组织机构的信息,影响公众的思想态度和行为,使外界了解旅行社、景点、饭店、交通运输等组织提供的产品和服务质量,建立对旅游业组织的好感和信赖。而公众的意见、要求也通过信息传播反馈到旅游业组织。如旅游景点、运输行业等通过媒体宣传自己,而游客则是通过媒体了解它们;当游客与旅行社发生矛盾、纠纷时,也是通过信息的沟通来达到相互理解、达成共识,进而使旅游事业顺利发展。

四是旅游公共关系的目标是塑造旅游业组织的良好形象。旅游业组织形象的好坏给组织带来的影响绝非是游客的多少,而是涉及整个组织生存和发展的社会环境问题,只有树立起一个能被广大公众所接受、且得到尊敬的组织形象,资金来源、资源利用、游客态度、政府关系、媒介关注、行业内信任支持、社会地位等问题,才会处在一个和谐稳定的发展状态。所以,塑造旅游业组织良好形象是旅游业公共关系的核心内容。

五是旅游公共关系是旅游业组织的系列公共关系。旅游业公共关系是各旅游组织公共关系的总称,它包括旅行社公共关系、饭店公共关系、交通运输业公共关系、游乐场所经营部门公共关系、景区公共关系、旅游商品专卖店公共关系等。在这些组织的公共关系中,旅行社公共关系是重点,因为旅行社在相关企业中是龙头,游客的参观、吃住、交通、休闲、购物,都是由旅行社安排的,游客对景点、交通、饭店等服务设施与服务质量的意见不会直接对景点、交通与饭店提,而是对旅行社提,因为旅行社收了他们的费用,旅游线路、乘坐的交通工具、饮食是旅行社安排的。

3. 公共关系与旅游公共关系的关系

公共关系属于管理科学范畴,是各类组织经营管理的手段与方法之一。旅游公共关系是旅游经营管理科学范畴,是公共关系理论原理、方法的实际运用,是公共关系理论、方法指导下的旅游业公共关系活动。因此,公共关系与旅游公共关系的关系是一般与个别、共性与特殊性的关系。

旅游公共关系的特殊性主要表现在以下几个方面。

一是服务性特征。旅游业提供的产品不都是有形的物质产品,而是有形产品与服务产品相结合的以服务为主要特征的产品。有形产品与服务产品相结合的,如宾馆既提供无形的宾至如家的优质住宿服务产品,又提供丰富多彩的有形饮食产品以及客房的设施;为游客提供纯粹服务产品的,如旅行社为游客提供产品咨询、旅行线路、景观景点、导游讲解等服务。旅游业的服务特征决定了旅游公关活动也具有服务性,与公众进行沟通、塑造旅游业组织的良好形象、处理旅游业组织的公关危机事件等活动,都是为了给游客提供更好的服务。

二是系列性特征。旅游公共关系是一系列旅游业组织公共关系的总称。在旅游业组织系列公共关系活动中,面对的公关客体都是游客,形成一个公关活动的服务链,其中任何一个环节出问题,不能为游客提供优质服务,都会给整个旅游业带来不良影响,损害旅游业组织的形象。

三是审美性特征。旅游,就是给人美的享受。游客期望美丽的山水景色、深厚的历史文化底蕴、工作人员礼貌大方的形象姿态、周到的服务和动听的导游讲解,如果期望实现了,这就是"美"的欣赏与享受。所以,旅游公关人员要有审美意识,要创造美,要通过美的形象、美的服务、美的景色吸引人们参与旅游。

二、旅游公共关系的职能

旅游公共关系职能,指旅游业组织公关部门所肩负的责任和所发挥的影响。旅游公共关系的职能表现在三个方面。

1. 监测环境,收集信息

经济发展,必须有一个和平稳定的国际环境,一个安定团结的国内环境。良好的国际国内环境,是旅游业赖以生存的基础。2003年,国际上发生了伊拉克战争,国内发生"非典"疫情,国内旅游环境遭受"非典"重创,4~6月份旅游市场全面瘫痪,入境旅游阻断,"五一黄金周"取消,旅行社客源急剧缩水,景点萧条,经济效益急剧下滑,旅游业损失惨重。"非典"期间旅游收入减少了1 500亿元人民币。这说明,要使旅游业健康发展,必须监测旅游环境,监测国际国内旅游市场环境,收集影响旅游发展的信息,为组织决策层决策提供依据。

监测国际旅游市场环境,主要监测旅游目的地社会稳定情况、政权稳定情况、经济发展情况以及自然灾害发生情况。社会不稳定,客源国经济萧条,自然灾害频频发生,都直接影响游客入境旅游的人数与规模。

监测国内旅游市场环境,主要监测政府制定的影响旅游市场的法规、政策的变化情况,国内疫情与自然灾害的发生情况,竞争对手的发展变化,游客流动的变化,还有旅游目的地建设、交通状况(运输工具、道路、过路费)、气象等信息。监测的目的是科学组织旅游,避免盲目接待游客,防止给组织带来负面影响。

2. 传播沟通,参与决策

旅游业公共关系的实质在于搞好旅游业组织与公众的双向传播沟通,一方面要通过各种媒体把组织的经营理念、旅游产品、优惠政策、导游素质、服务质量、组织软硬实力告诉给公众,使公众了解组织、信任组织、形成良好的组织形象,引发公众的旅游行为,达到占领旅游市场的目的;另一方面要不断地听取游客的意见和建议,改善景点、饭店、交通等服务接待环境,开辟新的旅游线路,提高饭店服务质量,消除游客对旅行服务的误解,创造旅游业的良好信誉和形象。

旅游业公共关系的重要职能是参与组织决策,公共关系从业人员掌握着内外部旅游环境信息,是管理层决策的重要依据,是决策层的参谋部、智囊团。参与决策时要提供客观真实的内外部环境信息,科学评价有利与不利组织的信息,设计合理的建设性组织行为方案,供决策层决策。方案确定以后,公关人员在实施过程中,还要把公众对方案执行效果的信息反馈给决策层,以便及时对原方案进行调整。

3. 协调关系,化解危机

旅游业公共关系不仅仅是宣传组织形象,做一些为组织增光添彩的事,还要为组织处理公众投诉及旅游危机事件。

旅游危机事件的发生是客观的、不可避免的。旅游危机事件最主要的表现是旅游安全事故,如旅游车发生车祸、游客跌入山崖造成伤亡、游客被毒蛇野兽咬伤、游客遭遇抢劫、自然灾害对游客的危害等。其次是旅游服务质量不好引发的矛盾与冲突,如游客与旅行社在旅行线路改变、接待档次降低、服务不到位等问题上的纠纷,游客就餐发生食物中毒事件等。为此,旅游业公共关系要制订《旅游危机事件管理预警方案》,必要时组织员工进行演练;对旅游交通司机、导游、游客进行安全预防事故教育;还要协调各方面关系,处理好旅游突发事件。

当危机事件发生后,一定要迅速向组织、当地政府报告,迅速启动旅游危机事件管理预警方案,做好政府、媒体、家属的工作,争取他们的理解与支持,客观报道,消除误解。同时要做好恢复组织形象与信誉的工作。

三、旅游公共关系活动模式

为了达到有效传播、协调关系、树立旅游业组织在公众中的形象,旅游业公共关系应该按照公共关系的一般工作模式要求,结合旅游业组织的实际工作情况,开展旅游业组织的公共关系。

1. 宣传型公共关系

指组织为了营造有利于本组织发展的社会形象和舆论环境,而运用大众传播媒介以及其他传播方式(演出、展览、户外广告等)展示组织产品、服务和自身形象的公关活动。在从事宣传型公关活动策划时,应注意以下三点:

一是具备广泛的可利用的媒体资源。媒体资源的存在是客观的。对于旅游业组织公共关系活动策划来说,是否拥有可利用的媒体资源,是能否搞好宣传型公共关系的关键。旅游业组织从事宣传型公关活动,必须与电视、广播、平面、网络等媒体保持良好的协作关系,这样公关宣传就有宽阔的工作平台,信息的受众面也会更宽,组织的知晓度也就会增强。

二是为媒体提供真实可靠的信息。旅游业组织要充分利用大众传播媒体传播信息速度快、可信度高、影响面宽的特点,为其提供真实、可靠的宣传本组织的信息,达到提升组织知名度的目的。虚假、不可靠的信息影响媒体的权威性、可信度,也影响旅游业组织的形象,有的甚至是致命的打击。

三是结合组织的工作任务和重大活动进行宣传。旅游业组织的发展有不同的阶段,不同的阶段有不同的任务,宣传型公关活动要围绕旅游业组织不同发展阶段的任务、目标进行宣传。比如,在创建阶段,可利用开业庆典,邀请社会名流、新闻媒体、同行嘉宾参加,在社会上扩大影响,制造声势,达到宣传旅游业组织名称、经营理念、图形标志的目的。也可以围绕组织取得的重大成就进行宣传。如1992年成立的凯莱国际饭店管理集团在1998年参加美国旅游界权威杂志《饭店》(*Hotels*)的评选,成为继上海锦江集团之后第二个进入国际饭店三百强的饭店,他们以此为契机,利用各种媒介进行宣传,渲染并奠定了"南有锦江,北有凯莱"的饭店典型格局,使昔日名不见经传的凯莱国际饭店管理集团迅速提升了知名度和美誉度,在公众心目中树立了凯莱国际饭店管理集团的良好形象。

2. 交际型公共关系

交际型公共关系指通过社会交往,构建广泛的组织交际网,达到组织与组织之间相互沟通信息、公平竞争、互利互惠、和谐双赢的目的。要做好交际型公关活动,旅游业组织应注意做好以下四个方面的交际公关工作。

一是纵向组织的交际公关。纵向交际指一个系统内上下组织之间的交往交际。纵向交际公共关系就是既要做好上级领导机关的公关交际,又要做好下属组织的公关工作,上下交往要畅通,无梗塞。作为下级组织要努力工作,完成上级组织交给的工作任务;下级组织有困难,出现公关危机,应及时向上级组织汇报,争取上级组织的支持。作为上级组织,要关心下级组织的工作与发展,科学指导,帮助下级组织健康发展。

二是横向组织的交际公关。横向交际指同行组织之间以及有业务往来组织之间的交往交际。同行之间的关系往往是竞争关系,公关工作把同行之间的关系做好了,会使竞争关系变为协作信赖、互惠互利的共赢关系;同行之间关系处理不好,缺乏交流与沟通,互相猜疑,互设障碍,良性的竞争环境会变为恶意竞争的局面,甚至是互相挤对与"残杀"的局面。所以交际型公共关系一定要做好横向组织之间的交际公关工作。

三是政府组织的交际公关。旅游业中任何一个组织与政府都有千丝万缕的联系,工商、税务、财政、公安、环保、卫生、民政、交通、文化、文物等政府组织无一不在管理和监督着旅游业组织的运转,支持着旅游事业的发展。旅游局是旅游业组织的主管单位,是旅游行业政策法规的制定者、执行监督者,也是景区重点建设经费的主要源头。所以旅游业组织的交际公关应该把政府的公关交际放到重要位置。

四是媒体组织的交际公关。旅游业组织设置公关部的一个重要目的，就是从事媒体公关。媒体在公共关系中的地位非常重要，公共关系的双向传播功能就是依赖媒体传播。媒体是旅游业组织的外部公众，也是与其他公众联系的中介，是旅游业公共关系的传播者、参与者。因此，旅游业组织必须搞好媒体的交际公关。

3. 社会型公共关系

社会型公共关系是指组织通过举办各种社会性、文化性或公益性的活动，体现组织关心社会、关爱民众，具有社会责任感，进而提高组织美誉度和良好形象的公共关系活动。要做好社会型公关活动，旅游业组织应注意做好以下三个方面的公关工作。

一是经营不以损害社会利益为原则。旅游业是目前一个蓬勃发展的朝阳产业，是一个依托自然生态环境和优秀历史文化遗产而生存的产业。旅游业公关的责任，就是在规划或策划旅游景区开发与经营时，必须在保护风景名胜区自然生态环境的前提下进行，任何破坏原有文物名胜、破坏自然生态环境、破坏当地居民正常生活的行为，都是对社会不负责任的表现，都是社会型公共关系所反对的。

二是坚持社会主义精神文明建设。旅游是人们空间活动的迁移，其最大特点就是流动性和与人的接触性。旅游业组织和员工的行为举止，时时刻刻都在传播着有利或阻碍社会主义精神文明建设的信息。如参观革命历史遗址会向游客传递革命英雄主义和爱国主义教育；观光风景名胜会使游客产生热爱自然、保护环境、热爱生活的意识；旅行社的导游，宾馆、娱乐场的员工礼貌待客、文明服务，无不在传播着社会主义精神文明。所以，旅游业组织都应坚持诚实友善、公平公正、热情周到的服务道德风尚，把社会主义精神文明建设贯彻到旅游活动的方方面面。

三是积极参与社会公益活动。旅游业组织在获得经济效益的同时，要承担社会责任，不忘记回报社会，积极参与赞助教育、文化、体育、关心弱势群体等公益活动，为组织所在的社区和社会公益事业做出力所能及的贡献。参加社会公益活动，还可以在公众中树立良好的形象，为旅游业组织创造良好的营销环境，激发公众旅游动机的形成和实现，促进旅游业的持续发展。

4. 征询型公共关系

征询型公共关系指组织通过信息采集、舆论调查、民意测验等方式，了解市场需求，评价组织形象，为组织的管理决策提供客观依据，以不断完善组织形象的公关活动模式。要做好征询型公关活动，旅游业组织公关征询工作一般有三个方面：

一是向公众征询建议。向公众征询意见和建议是组织经常运用的公共关系工作模式。征询性公共关系的作用是"一箭双雕"，既征集到组织想得到的意见、建议、思想，又使公众参与了组织的公共关系活动，了解了组织的产品和形象。

二是旅游市场需求的调查。如不同层次客源对旅游目的地的倾向,旅游目的地游客流量及游客的评价,不同层次的游客对不同目的地交通运输工具、住宿、消费等心理需求情况,不同季节游客的流动方向等。

三是组织形象的征询。组织形象指组织在公众中的知名度和美誉度,影响旅游业组织知名度和美誉度的因素是多方面的,有旅游业组织的管理水平、员工素质、开发的旅游产品和服务质量等,公共关系调查时要全面地对每一个因素在影响组织知名度和美誉度的系统中所占的权重进行量化,以便找出影响组织知名度和美誉度的问题和差距。

旅游业组织要对征询与调查的资料进行分析评价,把握主流公众的意见和建议,分析消极舆论,为组织决策提供科学的咨询意见,使组织准确地进行市场开发和形象定位。

5. 服务型公共关系

服务型公共关系是以提供优质服务为手段的公共关系活动方式。要做好服务型公关活动,旅游业组织应注意做好以下四个方面的公关工作。

一是高尚的服务文化。旅游服务首先取决于旅游业组织营造的服务理念和员工对服务理念的理解和升华,使每一位员工明白"服务让游客满意,就会赢得游客支持"和"方便游客就是方便自己"的道理。员工在自己的工作中实现了高尚的服务理念,组织的良好形象也就树立了。

二是优质的服务行为。有高尚的服务文化理念,还要靠具体的行动来实践。因此服务型公关活动就要培养员工的优质服务意识,端正服务态度,提高技能,培养服务业务素质,在自己的工作岗位上为游客提供满意的服务,以自己的言行彰显旅游业组织的良好形象。

三是规范的服务标准。没有规矩,不成方圆。服务必须有标准,不能各行其是。为了提高旅游业组织的服务质量,旅游业组织要制定完整、切实可行的服务制度、服务公约,制定具体的服务标准,规范全体员工的服务行为。

四是优雅的服务环境。为游客提供优美、独特的软硬件旅游服务环境,是吸引游客的重要途径。如果说员工的服务态度、服务素质、服务技能是服务的软件环境,那么舒适的交通工具与食宿条件,齐全的景点服务设施,就是服务的硬件条件。游客在优雅的服务环境中旅游,欣赏了大自然的美景,感受了人类深厚的历史文化,何乐而不为呢?

第二节 旅游公关策划程序

公共关系是一项系统的公关活动,有一定的工作的程序和规律。为了使旅游业公共关系工作富有成效,旅游业组织也必须遵守公共关系的工作程序。

一、旅游公共关系调查

旅游公关调查策划,是整个公关策划的前提和逻辑起点,也是公关策划成功与否的前提条件。调查的关键是确定好调查的内容,而调查内容必须依据公关活动的目标而定。

比如,产品促销公关调查,就必须调查游客对旅游产品的知晓度、旅游目的地的人气与接待能力、旅游旺季淡季的价格变化、旅游者购买旅游产品的心理与购买动机、竞争对手的压价策略或新增服务项目等。旅游业是一个非常脆弱的产业,受社会环境好坏的制约较大。因此,一定要调查社会政治动态、国家的政策导向、经济金融形势、自然灾害预测、追求时尚的潮流等社会信息,使推出的旅游产品在有利因素和有利时机得到发展。

二、确定旅游公共关系工作目标

经过调查分析,掌握了组织的实际情况后,公共关系人员就应当确定下一步公共关系工作目标。

1. 旅游公共关系目标与旅游业组织目标

旅游公共关系目标是旅游公共关系行为期望达到的成果。例如,树立旅游业组织内外形象是旅游业组织的公共关系目标,要实现这个目标就要搞好组织主体与客体(媒体、政府、社区、股东、游客、员工等)的关系,提高产品和服务项目的质量,加大对外宣传力度等。

旅游业组织目标是组织为了提高竞争力与可持续发展而制定的预期要达到的成果。旅游业组织目标具有全面性、战略性。旅游业组织目标由许多具体目标组成,如开发旅游新产品或服务新项目,提高旅游经济效益;扩大组织基础建设,提升组织竞争实力;塑造内外形象,创建良好的发展环境,等等。

旅游业组织公共关系目标是旅游业组织目标的组成部分,实现旅游业组织的公共关系目标,有助于组织目标的实现。因此,旅游业组织公共关系目标与旅游业组织目标的关系,是包含与服务的关系,组织目标包含公共关系目标,公共关系目标是为组织目标服务的。

2. 旅游公共关系目标的设定

设定旅游公共关系目标应围绕实现旅游业组织目标而设定。旅游公共关系目标按工作范围设定,有以下几种情况:

以传播组织信息为目标。就是通过信息传播的方式,让公众知晓组织的名称、产品商标、经营理念、发展目标、经营实力等真实情况。这是旅游业组织公共关系活动中最基本的目标。

以旅游新产品促销为目标。如开发新产品、新服务项目过程中,如何让公众知道;开发出来后,在推销新产品、新服务项目过程中如何提高产品的信誉、知名度。

以联络组织与公众感情为目标。通过组织公益活动、优惠活动、联谊活动,获得公众对组织的好感、信任。感情联络是旅游业组织一项长期的感情投资公关工作,公众对组织信任,有好感,组织的发展就会有人脉,有公众基础。

以重塑组织形象为目标。旅游业组织在发展运行过程中,难免会出现一些服务不周到、产品质量有问题的事件,从而引起公众的投诉、媒体的曝光,给组织形象带来一定程度的损害,这时的公关活动目标就是重塑组织形象,消除消极不利的影响,改变公众对组织的态度。

以引起公众行为为目标。引起公众行为,是一切公关活动的最终目的。旅行社、景点、饭店做广告,进行信息传播、感情联络、重塑形象,都是为了引起公众的行为变化,走出家门,成为实际旅行者。

以参加公益活动为目标。积极参加政府、社区组织的重大活动;参加赞助贫困地区、弱势群体、教育、体育、文艺等社会公益活动,并以适当方式向公众进行宣传,增加公众对组织的了解和好感。

3. 旅游公共关系目标设定的要求

公关活动的目标制定要现实、客观,留有余地;要明确、具体、合理,符合社会道德准则,符合社会行为规范;要可行、可控、易操作。不要好高骛远,目标定得过高,在规定的时间段里难以完成,会损害组织的良好形象;但也不能过低,过低给人有哗众取宠之感,没有意义。

三、确定旅游公关主题策划

旅游公共关系活动主题是旅游业组织公共关系活动的主旋律,是吸引公众、抓住人心的标志物。策划公共关系主题时应注意以下几点。

1. 必须与目标一致,并能充分表现目标

公关活动主题是服务目标的,如果提炼的公关活动主题偏离目标,会给公众造成错觉,误导公众。胥城大厦利用第28届世界遗产委员会大会在苏州召开的契机,策划了"情满胥城迎'世遗'"的主题公关活动,把苏州的旅游资源充分体现在"以情迎'世遗'"的主题上。以"小桥、流水、人家"的独特风土人情,体现连接、沟通、欢迎的功能;以乡情、人情、亲情、柔情、热情和激情,体现多情流露,"情满"胥城。

2. 与组织的服务、产品要紧密关联

也就是说主题宣传与自己的服务、产品质量相符合,突出自己资源的特点和唯一性,提升竞争力度。

3. 公关活动在风格上应保持统一

主题一旦确定,一切公关活动都应以主题为指导而开展活动,不要中途改变主题或从事与主题无关的活动。2004年国家旅游局提出"红色旅游年"活动主题后,全国各地举办了形式多样的以"红色旅游"为主题的旅游公关活动,如湖南省人民政府联合国家旅游局、团中央在韶山组织了声势浩大的"中国红色之旅、百万青少年湘潭韶山行"大型主题活动;江西省组织了"新世纪、新长征、新旅游——2004中国红色之旅万里行"主题活动。

4. 公关活动主题要有绝对吸引力

1999年12月31日是千年之交,一些旅游组织在策划旅游公关活动主题时,抓住"千年"主题,很有吸引力。如成都某旅行社策划了海南"千年爱一回"为主题的新婚旅行团。北京策划了"倾听千僖钟声,迎接新千年的第一缕阳光"旅游公关主题活动;山东策划了"泰山点千年圣火"旅游公关主题活动;浙江策划了"钱塘观千年大潮"旅游公关主题活动等。

四、选择公关活动时机的策划

公关活动的目标、主题确定之后,什么时候实施效果最佳,这就是机会。所谓"机不可失,时不再来",就是说明机会的重要性。机会,关系着组织活动的成败。作为旅游业组织,公关活动的机会有以下几种可供参考。

1. 组织创办开业之时

旅游组织开业之初,公关活动在于让公众知晓组织的存在,知晓组织的经营理念,知晓组织的规模与实力,知晓组织的产品与服务项目等。河北省千松坝原始森林公园借助被亚太旅游联合会、中国旅游品牌协会、《世界旅游杂志》等8家单位联合评为"中国魅力景区"的东风,打出了"这里是水的源头、云的故乡、花的世界、林的海洋、动植物的天堂,中国魅力景区——千松坝原始森林公园欢迎全国各界宾朋前来参观、考察、休闲、避暑"的公关活动。

2. 民族传统节日与各地特色节日

中国是一个多民族国家,各民族、各地区都有自己的节日,如民族传统节日有:春节、端午节、重阳节、腊八节,还有少数民族的雪顿节、望果节、开斋节、古尔邦节、圣纪节等;带有当地民俗文化的节日有:火把节、龙舟节、泼水节等;反映当地的特色文化、特色产品而形成的节日有:樱花节、石榴节、牡丹节、葡萄节、红叶节、杏花节、国际陶瓷节、面食节、焰火烟花节、风筝节、啤酒节等;还有专门的旅游节。这些节日都是旅游业组织从事公关活动的重要时机,2006年重阳节,湖南山竹海风景区充分利用重阳节时机,举办"岁月流金,执子之手,真爱不变"主题旅游公关活动,对老年人在重阳节旅游实行半价优惠。

3. 社会举办重大活动

如"奥运会"、"亚运会"、"全国运动会"、"足球世界杯"、"电影节"、国际重要会议、国内重要贸易交易会等,这些都是策划旅游公关活动的大好时机。2008年奥运会在我国北京举行,2004年北京市利用雅典奥运会游客云集的有利时机,在雅典启动了"北京奥运旅游宣传活动",北京市市长王岐山、飞人刘翔出席了宣传启动仪式。国内每年举办的糖烟酒会对举办地的旅游业组织(酒店、餐饮、购物、景区、旅行社、交通)具有极大的刺激性,当2007年3月全国糖烟酒会在重庆举办时,各旅行社推出了一系列旅游公关活动,如"夜游两江"、"山水都市一日游"等旅游公关活动。

4. 出现难得一见的自然奇观

如火山爆发、日全食、潮汐大潮、流星雨、北极光等,都是难得一见的自然奇观,一些学者和具有好奇心理的人不会错过这个难得的时机,这也正是旅游公关活动的最佳时机。美国《商业周刊》2007年3月26日发表《天文观光》文章,认为"天文旅游日益红火"。美国的"Travel Quest"旅游公司与《天空与望远镜》杂志合作,共同推出天文奇观旅游产品,为游客提供天文奇观信息,组织游客在最佳观察点观看天文事件,并为游客讲解天文现象。游客不仅圆了旅游梦,而且观察了奇特的天文现象,增长了知识。

5. 组织发生危机事件

当组织发生危机事件时,公关人员应该立即启动危机处理预警机制,迅速展开公关活动,开展危机救治达到恢复旅游经营环境、恢复旅游消费信心的目的,降低危机事件给组织造成的损失。

上面列举的旅游业组织开展公关活动的时机,对任何旅游业组织来说机会都是均等的,关键是看公关策划者能否灵活地运用这些时机,能否敏锐地捕捉到发生在我们生活环境中的事件并加以利用。谁抓住机会,抢占先机,谁就能在竞争中获得成功。

五、旅游公关活动策划预算

经费预算是公共关系活动策划目标得以实现的重要保障,没有经费的支持,公关活动策划再完美,也是空中楼阁。经费预算的项目主要包括:

1. 项目策划费预算

如果让公关公司进行公关项目策划,那是要付费的。因为,公关公司要维持正常运转,水电、保险、取暖、电话、办公消耗、交通、差旅等费用,以及公关策划人员的薪金、奖金、加班费等正常的办公费用都是必不可少的。项目策划评估外聘专家、顾问及技术人员报酬也要列入预算之中。

2. 策划项目实施经费预算

如举行大型的展销会,展览场地费、音响灯光租赁费、调研咨询费、媒体宣传广告费、设计费、资料印刷费、模特或演员表演费、礼仪小姐费、纪念品等也要做出预算。

六、旅游公关策划评估

旅游公共关系评估,就是根据特定的标准,对公共关系策划和实施效果进行衡量、检查,以判断其优劣的过程。公共关系评估是旅游公共关系工作的重要程序,对公共关系策划、实施的成败有着重要意义。

1. 公关策划评估程序

第一,制订评估方案。方案包括评估的目标、评估的标准、评估的内容、外请专家名单、评估的时间安排等。

第二,收集评估有关资料。旅游公共关系策划评估资料的收集,应根据评估目标确定。资料要齐全、翔实,要提供必要的数据和佐证材料,如公关活动策划书、公关活动目标的必要性与可行性材料、公关活动公众的参与程度、预期效果、媒体关注程度、同行对活动的反映、经费保障等。评估材料齐全,才能为评估专家提供客观的评估依据,才能给公关活动一个客观准确的评价。

第三,接待评估专家。按照《评估方案》中拟定的外请评估专家名单,安排好评估专家的食宿,在其居住的宾馆房间放置评估资料、水果等。安排专人到机场或车站迎接专家,被评估的旅游业组织领导应在宾馆迎接专家,并与专家进行简短的交谈。

第四,开展评估工作。评估工作要安排一定的时间看公关活动资料;向专家汇报开展公关活动的基本情况;然后,专家依据公关活动的目标,对公关活动开展的必要性、可行性、效益性进行评判,给予公关活动一个恰当的评价。

第五,向旅游业组织领导反馈评估结果。专家向策划方案制订者反馈评估结果,反馈意见包括肯定与建议。

2. 旅游公共关系策划评估内容

公共关系策划评估内容包括总体效果评估和公共关系活动实施过程评估两个方面。总体效果评估指的是旅游公共关系活动的绩效,包括经济效益、社会效益、组织形象、公众的认可程度、媒介的选用等;实施过程评估,包括目标公众对组织的态度、活动所需的经费是否充足、内部员工对活动的热情度、媒体对活动信息的采用程度等。

第三节　旅游公关活动策划

一、旅游公关新闻策划

新闻是传播信息的重要内容,一条重要的对企业发展有利的新闻,会使企业名声大振,效益倍增。因此,旅游公共关系必须重视新闻的传播作用,策划好有利于旅游业组织发展的新闻,增强旅游业组织的知名度、美誉度。

1. 旅游公关新闻策划的含义

旅游公关新闻与一般新闻不同,一般新闻只是报道组织发生的事件,使公众知晓。公关新闻不仅要报道组织发生的事件,而且肩负着新闻报道后的公众意见的反映与反馈,及时与公众沟通,以纠正公众心目中对组织不利的、虚假的和片面的信息,形成有利的、真实全面的组织形象。

旅游公关新闻策划,指对旅游业组织公共关系目标有影响的新闻进行选择、加工、编辑、传播、反馈的决策谋划过程。

2. 新闻媒体的策划

新闻媒体策划是指对新闻媒体的决策和谋划,是选择最能实现旅游公关目标的新闻报道媒体的过程。新闻媒介选择得当,可以使组织具有新闻意义的活动或事件价值得到最大限度的利用,收到事半功倍的效果。所以,从事旅游公关的人员要熟悉旅游公共关系新闻传播媒介类型,了解不同媒介在传播中的优势与不足,选择适合宣传旅游业组织的传播媒介,这是做好旅游业公关活动的基本手段。

新闻传播媒介一般包括印刷类传播媒介——图书、杂志、报纸、印刷宣传广告等;电子类传播媒介——广播、电视、网络、电子宣传品。不同媒体对实现旅游公关目标的作用是不同的,要根据其信息传播的覆盖面、接受传播信息的群体、发布新闻的成本等有的放矢地选择。比如,网络具有报纸、电视、电台等优点,但受设备的限制,阅读面相对较窄。因此,旅游公关人员在选择媒体时应注意以下几点。

一是根据公众对象选择媒体。不同的旅游公关目标,其公众对象是不同的。也就是说,公关人员要分析自己发布信息的受众面是儿童、青年、老年,还是农民、工人、知识分子,不同的受众,他们对媒体接受的习惯是不同的,若选择不太受其喜爱的媒体,新闻的传播效果就会受影响。公众对媒体的选择是有规律可循的,如知识分子喜欢看报纸,文化程度较低的人喜欢看电视,出租车司机与农民喜欢听广播电台新闻。所以,公关新闻要达到预期的传播效果,就必须重视公关目标公众所习惯关注的媒体。

二是根据公关目标选择媒体。不同的旅游公关目标,可借助于不同的新闻媒体达到,这是因为不同的媒体有不同的效果。如果是宣传新发现的山水景点新闻,公关活动的目标是引起人们对新景点产生旅游情感触动,进而将情感触动变为旅游行动。为此,在媒体选择上应选择视觉(如电视)媒体进行报道,因为电视媒体在宣传山水景点时集图像、动作、色彩、声音于一体,生动形象,真实感强,极具感染力,容易引起共鸣。这是报纸、广播媒体所不具备的优点。如果是人文景点历史渊源考证方面有新的发现,而公关新闻宣传活动的目标是揭示旅游景点深厚的历史文化底蕴,让广大公众进一步了解景点,此类宣传一般采用报纸媒体进行,因为考证新闻往往要引经据典,而报纸是比较适合的媒体。

三是根据传播内容选择媒体。旅游公关传播的内容十分广泛,采取的传播媒体也多种多样。例如,如果公关内容是传播饭店开业典礼,则视觉媒体报道不仅能展示开业典礼的气氛和宏大场面,而且把饭店的外观、内部装饰与设施展现给公众;如果是旅行社发布旅游新产品信息,则选择报纸媒体,既经济又能够把信息传播给公众;如果是旅行社进行旅游质量调查活动,可采用问卷、电话采访媒介。

四是根据经济条件选择媒体。旅游业组织实力比较强,可选择中央电视台黄金时间宣传。实力稍弱的组织也要宣传组织,使公众认识组织,可在报纸上传播,如果付不起一个整版费用,可选择报纸缝。公关人员在从事公关活动策划时,必须考虑组织的实力,一般情况下,公关活动的经费是组织总收入的3%左右,因此选择媒体应在有限的经费内进行。

3. 制造"新闻事件"

旅游公关人员常常会有意识、有目的地策划、组织、举办有新闻价值的专门活动,制造"新闻事件",吸引新闻媒体加以报道,使公众接受举办者的信息,达到宣传的目的。这种新闻不是自发的、偶然产生的,而是旅游公关人员精心策划的新闻事件。

一是选择好题材。所谓选择好题材,就是选择某段时间内公众最为关心的话题。比如,前面提到的2000年新年是"千年之交",许多旅游公关策划人员抓住"千年"做文章策划了一系列以千年为主题的旅游公关活动。2003年10月15日,我国"神舟五号"首次载人航天飞船发射,作为中华民族历史上极具纪念意义的一天,全世界都在关注中国的这一天,天津市黄土地旅行社策划出"珍藏瞬间,见证中国航天历史——相约中国神舟五号载人航天飞船首次发射现场"主题旅游活动,组织者没有花费更多的费用,便引来众多媒体关注,跟踪报道,使该旅行社名声大振。

二是独特的构思。制造新闻事件必须体现新、奇、特,必须别出心裁,否则不会有新闻价值。张家界黄龙公司利用1999年世界特技飞行大奖赛在张家界荷花机场举行之机,策划7架国外飞机穿越张家界天门洞的公关活动,活动名称取名为"穿越天门,飞向21世纪"。这是个新、奇、特的新闻事件,吸引了国内外200多家媒体、500多名记者现场采访,中央电视台、多家网络媒体全程直播。张家界黄龙公司制造的这一新闻事件其价值在于,不仅实现了人类飞行史上第一次驾机穿越自然山洞的伟大创举,而且让全世界了解了张家界的美丽自然风光,进一步促进了湖南张家界旅游事业的发展。

三是真实的事件。制造新闻事件必须是真实的事件,虚假的新闻事件尽管吸引了公众眼球,起到了轰动效应,达到了宣传目的,但最终对组织的发展不利。19世纪中叶美国一个马戏团老板——巴纳姆炒作自己的马戏团有"华盛顿奶娘——海丝"演出的莫须有事件。此消息一出就引起了报界的注意,在公众中引起极大的轰动,票房收入提高。当海丝逝世后,经医学鉴定她最多不超过80岁,绝不是如巴纳姆说的160岁的高寿,巴纳姆被后人称之为"愚弄公众"的高手。

4. 旅游公关新闻报道活动策划

公关新闻报道活动有:举行记者招待会、新闻发布会和接受新闻记者采访等。

一是旅游记者招待会策划。旅游记者招待会策划是对开办记者招待会的目的、程序以及其他有关事项的谋划。主要是确定何时需要召开记者招待会,对招待会的主题、时间、地点、参加者、议程等事宜精心安排,保证达到预期的目的。记者招待会能否开好,其关键是确定会议主持人和发言人。主持人要选择修养好、威信高、应变能力强的人,一般由专业水平的公关人员担任。发言人是与招待会主题有关的人员,有时主持人和发言人可以是同一人,当主持人对某一专业内容太强的事情不熟悉时,这时可由了解情况的发言人来回答记者的提问。对于记者提出的刁钻难题,主持人要以良好的心理素质和精神修养应对,不能急躁,不能情绪化,更不能在记者面前失态或出言不逊。

二是旅游新闻发布会策划。旅游新闻发布会指旅游业组织向公众宣布某项特殊消息而举办的会议。新闻发布会除主办单位主动发布信息外,也可以通过新闻记者的提问和发言人的回答,向公众传播信息。新闻发布会与记者招待会的程序略同,只是新闻发布会比记者招待会宽松、灵活。新闻发布会的发言人可以是具有法人代表资格的旅游企业的最高领导人,也可以是企业专职的新闻发言人。

三是旅游新闻采访策划。旅游新闻采访有主动与被动之分。主动采访是旅游业组织主动邀请新闻记者采访,被动采访往往是旅游业组织发生了重大事件,组织没有发布信息的计划安排,而新闻记者找上门要求采访。若是旅游业组织主动邀请新闻记者采访,策划采访时要确定好信息透漏的主题,事先告知采访时间与地点,提前邀请新闻媒体的记者,准备好相关材料和记者参观的设施设备,为记者提供休息的场所等。如果是被动采访旅游业组织发生的重大事件,旅游业组织在信息的透漏上要统一口径,在信息口径范围内有礼貌地回答记者的采访。如果事件的原因还不清楚,不便回答记者的采访,可以婉言谢绝,无可奉告。

5. 旅游公关新闻稿件策划

旅游公关新闻稿件策划,是指旅游业组织从新闻信息中筛选出有助于旅游公关目标的内容,对其进行加工润色,编辑成新闻稿,发送给新闻媒体的过程。新闻稿件分文字与视听两类。

一是文字类新闻稿件策划。文字类新闻稿件指发布在报纸、网络、杂志上的稿件。文字类新闻稿件策划包括标题、导语、新闻主体与结尾几个环节。

标题。它概括和提示了旅游公关新闻的基本内容,因此策划新闻标题时应准确反映公关活动内容,鲜明生动吸引人。标题可采用单标题,如《中国旅游报》1999年5月28日报道世界园艺博览会在昆明召开之际的新闻报道:《世博会,去不去云南?》该标题鲜明、简短,既揭示了世界园艺博览会在云南举行,又激发了人们去云南旅游的欲望,达到了旅游公关新闻报道的目的。标题也可以采用复合标题,如《中国旅游报》1999年6月5日的新闻报道:《世界旅游组织秘书长弗朗加利考察海南之后说——"我没想到海南这样美丽"》,复合标题虽然长,但这个标题由于引用权威人士的话做标题说服力强,容易达到公关新闻宣传的目的。

导语。导语通常是新闻报道的第一自然段或第一句话,目的是以简要的文字介绍消息的内容,揭示新闻主题,引起读者的注意。导语在写法上一般是开门见山,直入主题。但为了吸引读者,也可以提问题,然后在新闻主体中解答;也可以制造悬念,吸引读者欲读下文。

新闻主体。主要是对导语中提到的新闻要素做进一步的解释和叙述。可根据事实的前后顺序叙述,也可根据事物的内在联系和提问题的逻辑层次叙述。

结尾。是对报道内容的总结,但不是每则新闻都要结尾。如果在主体内容中交代清楚了,可不要结尾。如果要写结尾,根据内容可以是启发式,即启发人们深思;也可以是号召式,引起公众响应,旅游公关新闻结尾大多数是号召式,激发公众参与。

二是视听类新闻稿件。指在电视台播放的摄像画面与语言文字相结合的新闻稿件。电视新闻具有集图像、动作、色彩、声音于一体,生动形象,真实感强,不受公众文化程度的限制,公众喜闻乐见等特点。特别是直播新闻信息,迅速实效,稍纵即逝,复杂多变,故在直播前更应该精心策划,如选择好摄像的角度,人物的主次,场面的烘托,推拉镜头的搭配,解说词的设计与临场发挥等,使电视新闻接受者观看新闻有如同在现场的感觉与效果,引起共鸣。

不同类型的旅游公关活动,视听新闻策划角度应不同。例如,酒店开业,重点是开业大典场面,参加人员及设施设备的先进性等;如果是旅游业组织的新闻发布会,则重点是新闻发言人的讲话内容,记者的提问与发言人的回答;如果是景点介绍,则重点是特色美景、深邃的历史文化背景等,加上优美的解说词和动听的解说。

视听类新闻稿件质量的好坏重在特色,避免雷同与抄袭。

二、旅游公关专题活动策划

旅游公关专题活动指旅游业组织有目的、有计划地组织主题鲜明的公关活动。

1. 社会公益型专题旅游公关活动策划

社会公益型旅游公关活动包括:参加社区组织的各项活动,为社区公共设施建设投资,向学校赠送教学器材,资助贫困学生,向受灾群众赠送衣物等。参加社会公益活动,还可以在公众中树立良好的形象,为旅游业组织创造良好的营销环境,激发公众旅游动机的形成和实现,促进旅游业的持续发展。

社会公益型旅游公关活动的策划要点。

一是确定公益公关活动对象。公益活动的对象很多,如参与赞助教育、文化和体育等活动,关心弱势群体,支持旅游业组织所在社区建设等。公关活动对象可以是组织,也可以是单人或群体。

二是确定公益公关活动主题。旅游业组织的公益活动主题很多,公益活动主题的确定依据是活动对象,比如中国自古有重阳登高望远,而重阳节又是中国的老人节,因此栖霞山管理处与《南京晨报》推出了主题为"九九重阳、老人免费赏枫"公益游活动。

三是确定公益公关活动方案。公益公关活动方案不可能是千篇一律的,不同的公益公关活动对象决定了活动方案的不同。比如为希望工程捐款和参加社区植树活动其方案是不一样的。当然,公益公关活动方案也有一些共同点是我们在确定活动方案时必须考虑的:

赞助数额与品种,即赞助金额与赞助实物数,赞助何种物品等;

活动方式,即以广告的方式还是出人力物力,或者是为公众提供某种优惠或免费服务等;

时间地点,即选择好活动的最佳时间与地点;

参加人员,既然是公益公关活动,活动的目的在于通过活动在公众中提高组织的知名度,在公众中形成良好的形象,因此,需邀请赞助方与受助方领导参加,必要时邀请政府官员、新闻记者、企业代言人、社会名流参加,使活动的影响力加大。

四是制订报道计划。不管何种主题公益公关活动,都应事先与新闻媒体沟通,争取它们参加,使它们在媒体上予以报道,起到扩大旅游业组织在公众中影响的作用。

2. 庆典型旅游公关活动策划

旅游企业可以通过庆典活动展现企业的形象和实力。常见的庆典活动有:会议开幕典礼、(酒店、旅行社、餐馆)开业典礼、建设落成典礼、周年纪念典礼等。

公关人员策划庆典活动应注意：

一是拟定出席庆典活动宾客名单。不管是酒店、旅行社、餐饮店开业典礼，还是某个旅游景点、景区建成庆祝，一般要邀请当地政府官员、社会名流、新闻媒体、协作单位、重要客户参加，因此公关人员在策划庆典活动时，首先要考虑的是哪些人参加，参加人的档次能反映庆典活动组织者的实力和形象。其次要确定被邀请的人能够参加，如果邀请的宾客不能参加，典礼做好了一切准备，被邀请的人没有来，会使典礼举办者尴尬，起不到举办典礼提升旅游业组织形象的作用，可能还会起副作用。再次是送请柬要提前，一般是提前2~3天送到被邀请人手中。当被邀请人接到请柬后，送请柬者一定要讨个"能否参加庆典活动"的表态，以便庆典活动安排。

二是拟定庆典活动议程。庆典活动开始前的工作有：庆典单位主要负责人提前到活动会场迎接来宾；服务人员引导宾客签到。庆典活动议程：主持人宣布活动开始；介绍来宾单位及姓名职务；宣读上级主管部门和协作单位贺词；主要负责人讲话(如果是酒店开业典礼，讲话内容包括酒店规模，现代化程度，经营理念，对建设单位、协作单位来宾表示感谢等)；剪彩；参观。

三是拟定庆典活动喜庆节目与宣传。为了烘托庆典活动热烈喜庆的气氛，在庆典活动开始前组织锣鼓队、舞狮、鸣放礼花等，渲染气氛。邀请媒体进行拍照、摄像，真实而形象地报道庆典活动，在公众中造势，并留下深刻的印象。

三、旅游公关促销策划

1. 旅游公关促销策划的含义

旅游公关促销是围绕销售展开的一系列公关活动。旅游公关促销策划不同于传统的促销只重视产品本身，而是要注重服务形象和组织形象，力争获得公众对组织的好感。

旅游公关促销策划，是运用公关手段进行旅游促销的谋划，包括旅游促销客体的确定，促销环境分析，公关促销活动组织和促销宣传技巧等。

2. 旅游公关促销的要素

旅游公关促销的要素包括：

一是旅游公关促销客体。指被推销的旅游产品和服务。包括旅游饭店推出的服务项目、旅行社设计或组合的路线、旅游风景区及旅游度假地新推出的旅游活动项目等。促进旅游产品和服务销售是旅游公关促销工作的主要内容。

二是旅游公关促销对象。指旅游产品和服务的购买者。包括正在消费的旅游者和潜在的旅游者。

三是旅游公关促销人员。指利用公共关系把促销客体向促销对象推销的促销主体。旅游公关促销人员不仅仅限于销售人员,而是旅游业组织的全员推销。旅游公关促销要求组织全体人员,通过优质服务、良好形象等打动消费者的心理,赢得顾客,实现产品与服务的销售。

3. 旅游公关促销环境分析

旅游公关促销不能盲目,应审时度势,对促销环境进行认真仔细地分析。

一是分析影响旅游促销的经济环境。如国际国内经济发展是否平稳,是否出现经济萧条情况,居民的收入与消费的结构等。如果经济环境出现了萧条、通货膨胀、居民消费乏力,就会影响旅游的销售。所以公关促销人员一定要搞清楚经济环境,分析其对旅游促销活动的有利与不利因素。

二是分析影响旅游促销的社会环境。社会环境包括的内容较多,如民俗民风、政治稳定状况、社会秩序、人们的消费心理、流行性疾病等。2003年上半年我国流行"非典"疫情,对出入境旅游造成很大的打击,在这个时期旅游公关促销使尽浑身解数,也无济于事。

三是分析影响旅游促销的地理气候环境。地理气候环境对旅游公关促销影响较大。夏天大连、青岛、东北三省搞旅游公关促销一定会效果明显,到了冬季促销的声势再大,优惠条件再充足,也不如海口、三亚热带旅游目的地的公关促销效果明显。所以,旅游公关促销在促销活动以前一定要先分析地理气候环境因素,然后再进行。

四是分析影响旅游公关促销的竞争对手的公关策略。主要分析旅游业中具有互补和互代关系的旅游组织的公关促销手段、促销策略,以便扬长避短,制定出有自己特色的旅游公关措施。

五是分析影响旅游促销的法律政策环境。旅游业的发展与政府的政策法规密切相关,当政府的政策鼓励旅游业发展,或把旅游业作为当地经济发展的支柱产业,旅游公关促销就会有得天独厚的条件,就能达到促销的目的。如果当地政府对旅游不重视,或以"保护生态环境"等加以限制,不允许旅游业开发旅游资源,或因某种政治原因限制旅游,那么旅游公关促销就很难达到目的。

4. 旅游公关促销活动组织

目前,使用最为普遍的旅游公关促销方法有:博览会、交易会、展览会、代理商座谈会等。下面介绍旅游展销会的策划。

旅游展销会一般由专门的单位主办,会议的时间、地点、安排、场地的分配、展销会的主题都是由主办单位确定。在接到会议主办单位发出参加展销会的通知或邀请信后,迅速将文件呈报旅行社决策者,决定是否参加。如果参加,公关部应根据参加会议的通知要求,向大会主办者报名,并提出参展展台面积大小的要求。同时将报名费、场地费寄予会议主办单位。旅游展销公关策划应注意以下几个方面。

一是主题突出个性,唯我独有。如突出民族传统文化遗产价值,像丽江展现古城遗风,周庄古镇展现小桥、流水、人家的江南水乡风光,少林寺展现古刹武林文化等。2007年德国国际旅游交易会中国的"青藏铁路观光旅游"项目,世界独一无二,最引人注目。

二是展台设计新颖有创意。旅游展销公关活动策划,关键的环节是展销创意,而展销创意主要表现是展台设计新颖。2006中国国际旅游交易会暨第8届中国国际旅游交易会在上海新国际博览中心举办。这届国际旅游交易会场馆设展台2 306个,其中特装展台2 095个,占展台总数的91%,为历届最高。这次交易会最大的特点就是展台设计更加新颖、展台搭建更具特色、各参展商注重突出自身特质。西北五省区旅游局打破过去独家办展台的做法,首次联袂出击,共同租用展位,搭建展台,使西北展台形成一体,旅游产品推介以"丝绸之路—2000年的辉煌与梦想"为主题,配以《神奇大西北》Flash演示光盘,在会场内外刮起了一股强劲的"西北风"。

三是布置展台,宣传造势。布置展台一定要在会议开幕之前就绪。参加展销会不能只设展台而没有宣传造势,开幕后公关人员讲解宣传,分发资料,同时配以音响、电视片、广告片播放,会收到更好的宣传效果。

四是活动安排有创意。借展销会之"势"开展各种公关活动,而活动的安排要有创意。现在参加旅游交易会、展销会的商家,都借助大型展销会庞大的气势,组织一些富有创意的活动,引起公众的关注,收获提高知名度的效果。台湾观光协会组团参加2006年中国国际旅游交易会,除设展台70个外,还举办了"海峡两岸旅游之夜"旅游公关宣传活动。

四、旅游危机管理公关策划

1. 旅游业危机管理公关策划

什么是旅游业危机事件?世界旅游组织(WTO)把旅游危机阐述为:影响旅行者对一个目的地的信心并扰乱继续正常经营的非预期性事件。国内学者普遍认为:是指突发的、严重损害旅游业组织形象、影响旅游者对一个目的地的信心和扰乱继续正常经营,给组织带来严重经济损失、危及组织生存的非预期性事件或事故。旅游业的脆弱性、易敏感性特点,使得旅游业发展受战争、瘟疫、恐怖活动、政治动乱、自然灾害、管理不善等因素影响,也容易受车祸、沉船、行李丢失、食物中毒等事件的影响。旅游业危机事件具有不可预测的突发性、形象的危害性特点。

旅游业危机管理公关策划,是指为避免和减轻危机事件给旅游业所带来的严重威胁,通过研究危机、危机预警和危机救治达到恢复旅游经营环境、恢复旅游消费信心的目的而进行的非程序化的谋划过程。

2. 旅游业危机事件成因分析

根据旅游危机发生的原因可分为以下类型。

一是自然灾害原因引起的危机事件。如地震、风灾、洪涝灾害、雪灾、雹灾、海啸等自然灾害造成的危害。自然灾害造成的危机事件大部分不可预见，难以控制，造成的损失是有形的、普遍的。旅游业和当地的居民都是直接的受害者。如2008年5月12日四川汶川大地震，旅游业直接损失近600亿元人民币。这种危害容易得到政府、社会各界的同情、理解、支持与援助。

二是社会政治原因引起的危机事件。如恐怖袭击、战争、经济动荡、政局混乱、人为破坏等因素造成的危机事件。2005年7月7日，英国伦敦3列地铁和4辆公共汽车遭到自杀式恐怖爆炸袭击事件，共造成56人死亡，700多人受伤。伦敦市5条地铁线路随即被关闭。爆炸发生后，使英国整个旅游业损失3亿英镑的收入。

三是管理失误引发的危机事件。由于旅游业组织管理失误、行为不当、与公众疏于沟通等人为原因造成服务和产品质量的信誉危机，给公众利益造成损害并危及旅游组织形象和存亡的事件。如旅行社擅自改变旅游线路、住宿环境恶劣、发生游客被盗或伤亡事件等。因管理失误引起的危机事件，旅游业组织与公众都是受害者。

四是恶意竞争引起的危机事件。指旅游业组织受到外部其他组织和个人的不正当竞争引发组织的危机事件。如价格上恶意竞争，有的旅行社在竞争中恶意压低价格，推出所谓的"零团费"、"负价格"旅游项目招揽游客，致使一些按照市场经济规律运行的旅行社为了客源不流失，不得不赔本经营，给旅行社带来难以维持生计的危机局面。

3. 旅游业危机管理公关策划的作用

由于旅游业是一个对产业环境十分敏感的产业，一旦发生危机事件必然对旅游业产生显著的负面影响，扰乱旅游市场正常秩序，导致游客数量的萎缩，经济收入锐减，危害旅游业组织形象，加大社会的失业率，对社会的不稳定性增加许多未知因素。如巴厘岛向来以旅游为生，当发生了爆炸事件后，巴厘岛的经济陷于瘫痪。因此，策划旅游业公共关系危机管理的意义有：

一是预防危机发生。"有预则立，不预则废"。建立危机预防管理机制，当危机处在萌芽状态时就及时消灭，使其危害降低到最小甚至消除危机。

二是减少危机造成的损失。当危机突然来临时，由于有所准备，应对得法、临危不乱，可以使危机给组织造成的损失降到最低，甚至能够变坏事为好事。

三是使危机处理工作有序。在组织决策层领导下成立危机管理小组，当危机出现时由危机管理小组协调各部门之间的关系，各司其职，使危机事件处理工作有序开展；积极与媒体沟通，向公众传递危机事件真实信息，公开事实真相，答复媒介和公众的质疑、询问,消除误解、猜测、回驳恶意造谣。

四是重塑组织良好形象。危机事件都会在公众的心目中对组织的形象、声誉造成不良影响。通过危机事件处理,可以控制事态进一步发展,使危害得到控制,必要时抓住时机,塑造出比以前更好的形象。

4. 旅游业危机公关管理策划

一是旅游业危机事件分级及相应措施。例如国家旅游局在《中国公民出境旅游突发事件应急预案》中根据事发地点、性质、规模和影响,中国公民出境旅游突发事件分为四个级别,并提出相应的处置权限。

特别重大(Ⅰ级)国务院成立涉外突发事件应急总指挥部处置。重大(Ⅱ级)根据需要启动部际联席会议或由外交部和国家旅游局成立应急领导小组,负责统一组织、协调、指挥应急处置工作。较大(Ⅲ级)参照Ⅱ级响应,一般(Ⅳ级)启动国家旅游局《旅游突发公共事件应急预案》处置。

国内旅游危机事件一般指旅游过程中发生的旅游安全事故,分级有分为三级也有分为四级。例如《云南省旅游安全事故应急预案》中把旅游安全事故分为三级。

重大旅游安全事故——在旅游活动过程中发生一次死亡3~9人的旅游安全事故,或直接经济损失50万~100万元(不含100万元)的旅游安全事故,或其他因重伤过多、影响较大和涉外及涉港、澳、台游客的旅游事故。

特大旅游安全事故——在旅游活动过程中发生一次死亡10~29人的旅游安全事故,或直接经济损失100万元(含100万元)以上的旅游安全事故,或一次造成游客60人以上的急性中毒事故及其他性质特别严重、可能产生重大影响的事故。

特别重大旅游安全事故——在旅游活动过程中发生一次死亡30人以上的旅游安全事故,或直接经济损失500万元以上的旅游安全事故,或一次造成游客100人以上的急性中毒事故及其他性质特别严重、可能产生特别重大影响的旅游安全事故。

二是建立危机管理小组。危机一旦发生,旅游业组织设立"危机管理小组"的目的,就是使危机事件处理在有效的管理之下,防患于未然,遏制已发生的危机,降低其对旅游组织形象的损害程度。"危机管理小组"应由组织内职位相对较高的管理者、专业人员及公关人员组成,必要时可聘请外部专家、律师、新闻记者参加。"危机管理小组"的职责与任务是平时预测和分析本组织可能发生的各种类型的危机,并对其性质、规模、影响范围等做出恰当的估计,制定相应的防范策略与措施;当危机发生时,负责指挥危机事件的处理工作,积极与外部公众沟通协调,由"危机领导小组"确定的新闻发言人代表组织向外部公众介绍事实真相以及组织所采取的应对措施;危机事件处理完毕后,负责制订恢复和发展计划,消除危机给组织带来的负面影响。

三是旅游业危机管理的沟通对象。危机管理的核心是有效的危机沟通,确保对信息流通的控制权。沟通的对象包括与员工沟通、受害者的沟通、公众的沟通、媒体沟通、政府沟通、股东和债权人的沟通、供应商和经销商的沟通、竞争对手的沟通。

四是旅游业危机处理的步骤。旅游业危机事件处理步骤分为三个阶段:第一是快速反应阶段,当危机发生后,根据危机发生的实际情况,立即启动危机处理预警机制,迅速开展危机救助工作。危机处理领导小组立刻集中办公或现场办公,分析形势,研究对策。第二是积极处理阶段,积极处理的原则是采取措施,控制危机事态,积极与政府、媒体、危机事件的受害者进行沟通,争取公众的理解与支持,进而化解危机风险。第三是重塑形象阶段,向公众公布组织在危机事件发生后,如何吸取教训,在管理与防范上有哪些措施,如何改进服务质量,恢复公众对组织的信心,重塑组织的良好形象。

复习思考题

1. 公共关系与旅游公共关系的关系是什么?
2. 旅游公共关系的活动模式及职能是什么?
3. 旅游公共关系活动策划的目标是什么?
4. 制造旅游新闻事件应注意什么问题?
5. 策划旅游公共关系主题时应注意哪几点?
6. 旅游公关促销活动策划应分析哪些环境因素?
7. 旅游危机事件公共关系管理策划的作用有哪些?

第七章 旅游广告策划

引言

小明发现现在广告铺天盖地,电视、广播、户外等广告随时会映入自己的眼帘。特别是最近中央电视台不断播放旅游广告,如"魅力乡村,梦里老家——婺源"、"峡谷奇观——云台山"、"拜水都江堰,问道青城山"、"感受黄山,天下无山"等,小明知道这些优美吸引人的广告在媒体上播放是要花费巨资的,但他不知道旅游业组织为什么要花钱做广告。他还发现旅游广告所传达的信息有宣传介绍型、公益型,也有说服型,这些不同类型的广告所要达到的目标是什么?旅游广告有画面、有文字,特别是反映旅游景区的吸引人的广告词,他们是如何策划出来的?策划广告时有哪些技巧?应该注意什么?小明都不太清楚。本章就是介绍旅游广告的作用、类型;介绍旅游广告策划的程序与广告的创意构思和表现手法。

本章学习目标

1. 熟悉旅游广告的类型。
2. 了解旅游广告策划的程序。
3. 学会旅游广告的创意构思与表现手法。

在市场经济条件下,旅游业组织要在竞争中立于不败之地,必须重视旅游广告的信息传递作用,使广大公众对旅游业组织有所了解和认识,激发公众的旅游兴趣,并使之成为旅游行动。

第一节 旅游广告策划的特征和结构

一、旅游广告的含义与类型

1. 旅游广告的含义

广告,是社会组织和个人通过支付一定的费用,在大众媒体上发布产品信息树立自身形象以达到特定效果的一种传播方式。广告有三种形式,一是商品服务广告,以推销商品、促进购买、获得利润为直接目的;二是公共关系广告,以通报组织经营情况、发展规划、社会关注的基本情况,建立组织与公众之间相互信任的关系为目的;三是社会公益广告,如倡导人们节能减排的环保广告,关心弱势群体的赞助广告等。

旅游公共关系广告,是旅游业组织向社会推销组织产品性能、服务质量、社会评价等,让公众了解旅游业组织的机构、资源及经营状况,在公众中建立旅游业组织的良好形象而采取的宣传形式。

2. 旅游广告的类型

旅游业组织通过脍炙人口的广告语,深深地打动消费者,让公众过目不忘,让它的产品与服务在剧烈的市场竞争中,占有一席之地。

一是宣传类广告。以宣传企业文化为主,包括企业的价值观念、经营理念等。这类公关宣传广告一般是一句凝结企业文化的口号。如:郑州金星啤酒厂是国家旅游局批准的工业旅游组织,他们的宣传广告词是:"朋友,请到金星来!"以此宣传"时尚、文明、科技、绿色、服务"的经营理念,提升品牌的美誉度。广州中国大饭店的"中外通商之途,殷勤款客之道"广告词,体现了热情款待中外商务客人的经营理念。平顶山华辰旅行社"华辰旅行,一路真情"。也有宣传当地旅游资源的广告,如2006年1月19日,山东省省委副书记、省长韩寓群面对摄像机镜头,向全世界推介山东旅游:"欢迎海内外朋友来山东旅游观光,亲自体会孔子的智慧、泰山的精神、大海的胸怀、黄河的文化,还有我们山东人的热情好客!"

二是介绍类广告。以介绍旅游业组织员工素质、特色服务、新推出的旅游产品及旅游景区的美好感受等。其目的是要在公众中建立旅游信心,吸引公众积极参与旅游,营造旅游业良好的人际氛围。介绍类广告有四种类型。

第一介绍景区山水秀丽的广告:"桂林山水甲天下,阳朔山水甲桂林"(阳朔);"彩云之南,万绿之宗"(云南);"湖光山色,烟波佳境,梦萦水乡"(江苏);"人间天堂,东方水乡,苏州欢迎您"(苏州);"碧海连天远,琼崖尽是春"(海南)。

第二介绍景区悠久历史文化内涵的广告:"吴越汉风,锦绣江南"(江苏);"唐明皇与杨玉环爱情罗曼史的发生地"(西安华清池);"千年古刹少林寺"(嵩山少林寺);"历史的金库"(埃及);"露天博物馆"(意大利);"冒险与史诗"(西班牙)。

第三介绍旅游业新产品信息的广告:"中国第一水乡"(周庄);"世界第八大奇观"(秦始皇陵兵马俑);"包饺子贴窗花,欢乐在农家"(北京农家游);"到巢湖击水,把心情染绿"(安徽巢湖);"人在水上漂,如在画中游"(广西漓江)。

第四介绍旅游服务信息的广告:Aruba(阿鲁巴)"our only business is you(我们唯一的事情就是为您服务)";"到深圳,住新兴,驾车来,免费停,真实惠"(深圳新兴大饭店)。

三是说服公众类广告。就是通过简短的广告语宣传,使公众接受广告宣传的内容,进而变为实际的旅游行动。如:瑞士某旅游公司的广告"还不快到阿尔卑斯山玩玩,六千年以后这山就没了";荷兰一家旅游公司以幽默风趣的广告语说服人们到北极旅游,"请飞往北极度蜜月吧!当地夜长24小时";全聚德烤鸭店对来北京的人发出了"不到长城非好汉,不吃烤鸭真遗憾"的说服广告。

四是征询类广告。以征求企业名称、广告语、商标图案、企业歌曲以及各种建议等方式,激发公众的参与意识,吸引公众对企业的注意力,达到提高企业知名度的目的。旅游业组织的征询类广告一般以征询广告词为主。征询可以在报纸、网络上发布征集信息,也可以在手机上以短信形式进行征集。征集广告词的形式可以收到一箭双雕的效果,一方面举办单位征集到了提高组织形象的"妙语佳句"广告词;另一方面,调动了广大公众参与,这种参与本身就是广告宣传。在广告词还没有出笼时,就达到了"广而告之"的目的,提高了组织的知名度。下面是济南市和温州市在报纸和网上为提高城市形象及旅游知名度而征集到的广告词佳句。

济南市征集的"妙语佳句"有:"荷花、柳树、泉城";"山泉湖河之都——济南";"泉魂、泉韵、泉城";"山水泉城,尽显齐鲁风采";"湖映山色,泉涌人文"。

温州市征集的"妙语佳句"有:"诗话江南,魅力温州";"温馨之都,活力山水";"山水神韵,动感温州";"新温州,新旅游,新感觉";"时尚之都,山水温州"。

五是倡议类广告。以企业的名义,向社会倡导某种有意义的新观念及新价值,发起某种有意义的主题活动,如植树造林、赞助教育与体育、参与社会公益事业活动等,宣传企业关心社会的新形象,进一步提高企业的知名度和美誉度。

六是提醒类广告。知名品牌做广告,其目的就是提醒公众,告诉公众本企业和产品的存在。国内知名旅游品牌如黄山在中央电视台《朝闻天下》节目里做广告:"感受黄山,天下无山";颐和园的广告语:"皇家园林——颐和园";北京故宫的广告语:"皇家风范,雍容之城"。他们之所以依旧做广告,其目的也是为了提醒公众。素有"上有天堂,下有苏杭"美誉的苏州市在国内旅游品牌是知名的,苏州市政府与市旅游局于2006年3月6日至4月6日联合举办"塑苏州旅游城市新形象"为主题的手机短信征集城市旅游广告词活动。这些知名旅游品牌做广告的目的就是告诉公众不要遗忘这些老品牌,这些老的旅游品牌又有新的旅游产品推出供游客欣赏、休闲。

3. 旅游广告的作用

不管是在电视、报纸、广播、杂志、网络做广告,还是在广场、建筑物、街道、车站、码头竖立该地区的知名景区广告画,都是要付费才能通过广告达到促销的目的。旅游业组织花钱做广告有何作用呢?

一是向公众传递旅游产品和服务的信息。

二是维护和改进旅游业产品和服务的形象。

三是促进旅游产品和服务销售。

一个设计精美的广告画面和具有震撼、魅力的广告词,会激发公众的旅游愿望,进而购买旅游产品。

二、旅游广告策划的概念与特征

1. 什么是旅游广告策划

旅游广告策划的含义是:旅游业组织为了使广告达到传递信息、树立形象、促进销售的目的,对广告进行谋划、筹划、决策,制订出一个与市场情况、产品情况、公众消费心理相适应的广告计划方案。

2. 旅游广告策划的特征

一是事前行为特征。广告策划在先,广告制作在后。

二是全面性特征。即策划时不仅要考虑广告传播主题、画面与广告词的创意设计、传播的时机,还要考虑公众的接受心理、传播的效果。

三是文化性特征。人文历史景点广告策划要突出其深邃的历史、厚重的文化底蕴;山水风景景点广告策划要把山水的意境、人们最希望接受的能给人心灵以震撼的画面展现出来,使人们在广告中感受美。酒店餐饮广告策划也要把餐饮文化,如地域餐饮文化、服务文化、食谱文化、装饰文化等显现出来。

3. 旅游广告策划的要素

旅游广告策划是由下列要素构成的一个有机体系。

一是旅游广告策划者,即旅游广告策划的人或组织。广告策划者有内部策划者和外部策划者之分,内部策划者指旅游业组织内部营销人员或公共关系人员对广告进行策划,外部策划者指广告公司、广告代理商,旅游业组织内部没有广告策划人员,广告策划业务一般交给广告公司策划。

二是旅游广告策划依据,指旅游业组织整体的营销环境,即旅游客源市场的现状、影响旅游需求的因素及其变化趋势、本组织在同行业中的竞争地位、产品特色、组织形象、社会环境、政治法律的允许范围等。广告策划之前广告策划者一定要对其全面调查了解,为策划出符合组织发展目标需求的广告提供基础。

三是旅游广告对象,是指通过广告活动吸引的公众,这些公众则是旅游产品潜在的购买者或购买群体。广告对象与旅游业组织推出的产品与服务有关,有的产品与服务是面向大众,如旅游景点,普通的饭店等;有的则是面向某个特定阶层,如五星级饭店提供的服务广告,对普通大众来说消费太高,只能是商务旅游、会议接待、入境的外国游客等。

四是旅游广告策划手段,即广告策划中所要运用的战略、策略、创作方法、制作技术等。

五是旅游广告策划效果测定。在对策划依据调查了解的基础上,通过策划手段制订出旅游广告策划方案,对其方案进行论证、征求意见。

第二节 旅游广告策划程序

任何一个旅游广告策划都有一个广告问题的提出到广告策划方案制成的过程,这个过程在每一个广告的策划中不尽相同,但一般来说,要经过确定策划者、进行市场调研、广告定位、对象与目标的确定、广告创意构思、广告策略选择、媒体选择、检验效果、完成策划书几个环节。

一、确定旅游广告策划者

当旅游业组织提出通过广告宣传组织的产品和服务时,首先遇到的问题是谁来策划这个广告。广告策划对旅游业组织来说,无非是两个方面的人才:

1. 旅游业组织内部的广告策划者

对旅游业组织来说,像大的旅行社集团、大的五星级酒店集团一般有自己专门的营销和公关人员,营销人员对市场的销售情况比较了解,公关人员对组织在公众中的形象最为清楚,加上大的旅游业组织公关部有专门的公关策划人员、市场调查人员、宣传品制作人员、广泛媒体资源等资源条件,因此,在采用广告形式宣传本组织产品与服务时,广告的策划往往由内部工作人员承担。

旅游业组织内部人员策划广告的优点:

一是策划定位准确。由于组织内部的广告策划者熟悉本组织的企业文化、经营理念、促销重点、营销策略等,广告策划符合本组织实际,个性突出,定位准确。

二是策划费用低。由于内部广告策划人员策划广告,省去了外出调研、外部公关、公司利润、税收等费用,因此策划成本大大降低。

不足之处在于业务量小,策划创意经验不足。

2. 旅游业组织外部的广告策划者

当旅游业组织内部没有广告策划能力时,而旅游业组织又想借助广告形式宣传组织的产品与服务,就得委托组织之外的广告经销商对广告进行策划和制作。旅游业组织外部的广告策划者,指的是经营广告业务的公司,如广告公司、公共关系公司、大众传播媒体广告部等。这些公司与部门由于专门经营广告业务,因此技术实力强,装备先进,策划、设计、制作、美工等人员结构合理,与媒体联系紧密,因此,策划广告有得天独厚的条件。

旅游业组织外部人员策划广告的优点：技术力量雄厚，广告策划经验丰富，能够根据用户需求策划出有创意的广告。

不足之处表现在：

一是不了解旅游业组织产品、经营销售、企业文化、组织形象、在同行业中的竞争等情况，策划广告前要对这些情况进行调查了解，在时间上比本组织人员策划要费时。

二是费用比本组织人员要高。由于广告公司是营利单位，要维持公司的生存与发展，要付工作人员的工资，要给国家纳税，在策划广告费用上必然要比本组织人员策划要高。

二、广告策划前的基础工作——调查研究

没有调查就没有发言权。同样，旅游广告策划没有周密的市场调查和分析就去策划，只能是纸上谈兵，空中楼阁，无的放矢。广告策划前的基础工作就是调查与广告活动有关的市场营销因素和环境因素，包括环境调查、旅游消费调查、旅游产品调查、竞争者情况调查、媒体调查、同类旅游广告调查等。

1. 旅游广告主体基本情况调查

广告主体和客体是一对矛盾体，旅游广告主体指广告的宣传者，旅游广告客体指广告宣传的对象。旅游广告主体有：旅游企业广告（旅行社、酒店等）、旅游产品与服务广告（旅游线路、旅游活动项目等）、旅游目的地广告（云南："彩云之南，万绿之宗"；海南："碧海连天远，琼崖尽是春"；埃及："历史的金库"；意大利："露天博物馆"）、旅游景区广告（新疆喀纳斯湖："人类最后一片净土"）。

既然旅游广告主体有不同的类别，调查的内容也不尽相同。

一是旅游企业基本情况调查。调查企业的历史与现状，经营理念和目标，企业形象，管理水平，营销情况等。调查这些内容的目的是要在广告策划中实现企业观念的诉求。

二是旅游目的地基本情况调查。调查旅游目的地的区位、规模、接待能力与条件、吸引潜力、经营特色、发展前景、民风民俗、治安环境等。调查这些内容的目的是为了准确定位，找准广告的宣传亮点。

三是旅游景区基本情况调查。旅游景区的类型有风景型（山岳、湖泊、河川、海滨、森林、矿泉、瀑布）、历史文化古迹型（寺庙、古墓、古城、古建筑、古战场等）、休闲观光型（农家乐、渔家乐、度假村、主题公园、海洋馆等）、革命传统教育型（井冈山、瑞金、遵义、会宁、延安、西柏坡等）、活动事件型（大型体育比赛后的活动场所、特殊事件发生场所）等，由于旅游景区主体类型不同，广告策划的诉求是不同的，宣传的方式也会有所不同。就是同一类型的山水景区，如张家界、华山、黄山、三峡、九寨沟等也各有特点,因此做旅游景区广告策划就要将景区类型与特点了解清楚。

四是旅游产品基本情况调查。旅游产品一般表现为旅游线路和旅游服务项目等。调查时要了解旅游线路的受欢迎程度、价格、交通便利程度、食宿情况、导游素质、旅游产品的生命周期等。

2. 公众的旅游消费行为调研

旅游既然有产品,必然要有人消费。旅游广告是为了旅游产品促销,有更多的人购买,因此旅游广告策划必须调查公众对旅游的消费情况。

一是公众的旅游需求调研。调查公众对旅游的消费,首先要了解旅游广告主题面对的现有和潜在的消费者结构情况,如探险项目面对的是年轻人,重阳登高项目面对的是老年人,红色革命纪念地面对的是机关学校等。其次要对旅游广告主题宣传的产品购买情况进行预测,包括购买量、购买动机等。

二是公众的旅游购买能力调研。公众包括单个的人、群体和单位,所以公众的旅游购买能力调查,不仅要调查旅游者个人的收入水平、消费水平、消费结构等情况,还要调查企事业单位组织员工旅游的情况,哪些单位会组织员工旅游?一般在什么时间组织旅游?企业的效益与旅游的线路变化情况等。

三是公众的旅游购买动机。对旅游者个人来说旅游的动机有休闲观光、有强身健体、有探险猎奇、有增长历史文化知识等;单位组织旅游有商务旅游、会议旅游、员工福利旅游、红色教育旅游等。旅游购买动机决定着对旅游产品类型的选择,所以旅游广告策划要调查公众的旅游动机。

3. 旅游环境调研

我们在前章"旅游公关促销环境分析"中谈到了要分析影响旅游促销的"经济环境"、"社会环境"、"地理气候环境"、"竞争对手公关策略"、"政策法律环境"等,在旅游广告策划旅游环境调研中上面提到的几个方面的"环境"也是调研的对象。

一是区位环境,主要指地理位置、气候、资源等自然条件和交通运输状况。

二是社会环境,指民俗民风、政治稳定状况、社会秩序、人们的消费心理、文化水平、流行性疾病等。

三是政策法律环境,指国家制定的各种方针、政策、规章、制度和法令等。比如从2008年我国对公民节日休假制度作了必要的调整,把"五一"七天假期调整为三天,这对旅行社"五一"组织长线旅游影响较大。

四是经济发展环境,指GDP的增长情况、金融形势、收入水平与消费结构等。如全球金融危机,导致游客捂紧钱袋,闭门在家,香港旅游业收入损失30%~40%。

旅游广告策划者在广告策划前,对旅游环境要进行周密细致的调研与分析,充分认识旅游环境对广告策划成败的影响作用。当政局稳定、经济发达时期,重大体育赛事或民俗庆典会诱发人们前往观光的欲望,加上旅游广告的宣传诱导作用,会导致旅游者急剧增长,会使旅游业出现欣欣向荣、蓬勃发展的景象。如果政局不稳、民族矛盾突出、经济萧条、流行性疾病蔓延、洪涝、飓风、地震等自然灾害频频发生,旅游广告策划再好,旅游消费者都会放弃这种风险性大的消费,回归到安全常态的常规生活,游客骤减会使旅游业的经营效益下滑。旅游广告策划者一定要了解社会政治动态、经济金融形势、自然灾害预测、追求时尚的潮流等信息,使旅游业充分利用旅游环境中的有利因素和有利时机发展自己,规避不利因素和不利时机减少损失。

4. 旅游市场与竞争环境调查

一是市场信息调查。旅游市场是千变万化的,旅游广告必须了解市场,把握市场变化的脉搏,制定适应市场变化的促销广告。市场信息内容有:国家旅游导向(如国家制定的年度旅游观光主题——红色旅游年、乡村旅游年、城市工业旅游年、和谐城乡旅游年)、旅客流向与休闲观光心理、旅游目的地的人气与接待能力、旅游旺季淡季的价格变化、饭店设施的增加信息、运输工具的更新与价格变化等。

二是竞争环境调查。主要调查竞争者的数目、地位、性质、市场占有率、价格、销售渠道、压价策略或新增服务项目促销策略等以及本企业在市场竞争中的地位、市场占有率、优势、卖点等。

5. 旅游广告媒体调查

主要调查旅游广告通过什么样的物质和技术手段传播信息。广告可以通过电视、广播、杂志、报纸、网络、户外建筑墙体、大型广告牌、路边灯光广告橱窗等媒体进行传播。广告策划调查媒体主要了解公众喜欢接触的媒体是什么,不同媒体广告登载量如何,不同媒体广告宣传的费用是多少,竞争对手在媒体上的广告策划与经费投入如何。把媒体情况搞清楚后,然后才能选择最适合广告促销主题的媒体传播信息。

三、旅游广告定位

旅游广告定位就是确定旅游广告的主题。通过对旅游产品、旅游目的和旅游业组织形象的个性挖掘,提炼出既符合宣传主体要求又符合广大公众消费心理的广告主题,广告策划也就成功了一半,因此,有人把主题定位称为广告策划的灵魂。

从广告定位的内容来看,广告定位主要表现在两个方面:

1. 确定广告主体的个性内涵

广告主体不同,衡量个性的标准也不同。例如旅游目的地有不同的个性,就山水来说,黄山美松云涛,华山绝壁天险,黄果树瀑布高大宏伟,钱塘江潮涌壮观,虎跳峡江水咆哮,坝上草原辽阔旷远,吐鲁番葡萄树下阴凉,香山红叶层林尽染,九寨沟山水原始幽静,漓江山水诗情画意,黄土高原的沟壑、羊群、民歌、江南小桥、流水、人家,长城是凝固的历史,大运河是流动的文化等,都有自己独特的个性内涵。酒店虽然都提供住宿、饮食服务,但在内部设施、服务类型与质量上是不同的,可以突出自己的优势、独特之处,如在菜肴供应上南京丁山宾馆,以餐饮为龙头,以餐饮质量带动宾馆全面发展,形成了"食在丁山"的形象定位。

2. 确定主要的吸引对象和销售对象

由于旅游产品呈多样化发展趋势,一个旅游目的地或旅游产品一般很难满足所有不同类型的旅游者的偏好。广告定位应根据本旅游地或旅游产品适合的旅游对象而定。吸引对象不准,就无法获得良好的广告效应,造成广告费用的浪费。例如饭店行业,有的饭店广告宣传定位为"商务客人之家"、"举办会议的理想场所"、"超值休闲娱乐之家",等等。郑州市兴华街有一家8层楼的饭店——"生茂饭店"。虽然该饭店在背街,也没有"鹤立鸡群"的一二十层高楼,但它的周围有三所大学、省电力局、省图书馆和市政府,在半径1.5公里内有嵩山饭店、龙源大酒店、嵩阳饭店、黄河饭店等大的酒店。在这样的环境里,生茂饭店在广告宣传上定位为"学者及商务人员交流的理想之家"。同时与周围一些大单位签订协议,凡是协议单位介绍入住的客人一律实行特价优惠待遇。从2000年开始,这些单位的客人召开学术或商务小型会议,基本上都安排在生茂饭店,客房入住率一直很高。

四、旅游广告策划对象与目标的确定

向谁传达广告信息,传达什么信息,是旅游广告策划要解决的重要问题。

1. 旅游广告的对象

广告宣传一定要考虑对象,一定要对公众的购买行为产生绝对影响。一则好的广告不可能对所有的旅行者产生影响,但一定会对特定的对象产生影响,为此旅游广告策划者要对旅游者进行合理的分类。

一是根据旅游需求分类。如红色传统教育、休闲观光、探险猎奇、历史文化考察等。

二是根据旅游组织的形式分类。如散客旅游、商务旅游、会议旅游、员工福利旅游、红色教育旅游等。

三是根据旅游的地域范围分类。如出境旅游、国内旅游、周末城郊休闲旅游等。

四是根据旅游者年龄分类。如暑假学生夏令旅游、九九重阳老年登山游等。

对旅游者进行合适的分类,其目的是为了使旅游广告对象更具有针对性。

2. 旅游广告目标

旅游广告目标是指通过旅游广告活动所要达到的目标。在广告策划中要确定旅游广告目标,而广告目标是在分析广告委托人提出的广告活动的基础上确定的。旅

游业的类型不同,提出的广告活动的目的也不同。旅游广告中带有普遍性的目的有:

一是提高声望,增加知名度。例如安徽省黄山市的旅游风景区比较多,但人们知道的大多是黄山风景区,对于休宁县齐云山国家AAAA级旅游风景区人们知之甚少,他们在报纸上做广告,"国家AAAA级旅游区·国家重点风景名胜区·中国四大道教名山——齐云山",这样的广告语就是为了提高休宁县齐云山的声望以及知名度。

二是巩固已有的良好形象。国内知名旅游品牌不断地做广告,就是为了巩固已有的良好形象。如杭州千岛湖景区"度假之都,杭州千岛湖"。

三是宣传旅游新产品、新增服务项目。四川小草坝:"畅游小草坝,享受大自然。"广州中国大饭店的"中外通商之途,殷勤款客之道"广告词,体现了热情款待中外商务客人的经营服务理念。

四是利用节日促销,吸引客源。广州"南湖国旅·西部假期"为了弥补2007年年末雪灾给旅行社带来的亏损影响,春节黄金周刚过,旅行社立即把目光瞄准节后旅游市场,他们以传统的元宵节为契机,推出了以情侣为主的盘龙峡温矿泉、百万葵园、宝桑园等省内富有浪漫色彩的一天游线路系列"情侣套餐"、"合家团圆套餐"等应节产品。由于春节以后的8个月均没有长假,各旅行社看中了"三八国际妇女劳动节"的商机,出现了大量"三月女人特价团"、"单位包团"、"年假特别团"、"长者团"等特色团。

五是改变危机事件造成的不良影响,树立新形象。旅游业组织遇到的危机,不管是安全危机,还是信誉危机,都会影响旅游业组织的形象。对于发生的危机事件,应该与政府合作,把事件的不良影响控制在最小范围,积极做好受害者的工作,争取理解、谅解。同时积极谋求与媒体的合作,利用媒体对事件的处理进行积极的正面报道,使被动变主动,使危机变成重塑良好形象的契机。

六是季节性促销。到了冬季,北方与南方在自然景观上是有差距的,但北方可以突出南方没有的景观,如以冰雪为主题的旅游促销宣传,吸引南方游客游览。如长白山在中央电视台第一套节目中做广告:"天地有大美,雪域长白山";秋季有红叶满山、层林尽染,可开展以"赏红叶美景"为主题的广告宣传。

策划旅游广告目标时,要注意以下两个方面的要求。

一是要与企业发展目标与经营目标相一致。旅游广告主体提出的广告目的不一定是广告的目标,旅游广告策划者还要将广告主提出的广告目的放到广告主体企业发展目标与经营目标中进行综合分析,提出既符合广告主体目的,又符合广告主体企业发展目标与经营目标的具体广告目标。

二是目标突出,不能诉求太多。例如,同样是宣传北京故宫的广告,一则广告语是:"皇家风范,雍容之城";另一则广告语是:"要数富贵我是第一,要数房子我是最多,以前进来提心吊胆,现在欢迎大家参观。"前者揭示了故宫是皇家宫殿与宏伟建筑的内涵;后者广告不仅太长,而且目标不突出,诉求太多,没有揭示故宫的悠久历史和宏伟的建筑艺术风格。

五、旅游广告创意构思

创意是表达广告主题的一种创造性思维活动,即确定广告的主题、内容和表现形式的构思过程。广告创意构思要求新、奇、特,真实有理,紧扣主题。广告创意常用的思维方法有实证法、比喻法和题解法等。这些内容将在后面第三节"旅游广告创意"中详细论述。

六、旅游广告策略选择

旅游广告策划经过创意阶段后,广告的主题、内容和表现形式基本确定了,下面的工作就是对广告的媒体、如何表现、发布时间和何处传播进行谋划,以达到最理想的广告效果。

1. 广告媒体的选择

旅游广告传播的媒体很多,社会上常用常见的媒介分为三类。

一是印刷类传播媒介。这是一个既古老而又富有新生命力的传播媒介。印刷类传播媒介有图书、杂志、报纸、宣传广告等。

二是电子类传播媒介。电子类传播媒介有广播、电视、网络、电子宣传品等。

三是户外类传播媒介。户外类传播媒介主要是街道、路旁、墙体上制作的广告宣传画和广告语。

在媒体选择中要考虑以下几个因素:

一是媒体的收费标准。选择的媒介收费要在组织能承受的经费范围之内。

二是媒体的影响层及范围。不同的媒介,其影响范围是有差异的。报纸影响的大多是知识阶层和政府工作人员;网络大多是白领阶层和年轻人。就是同一媒介,不同的栏目,影响层也不一样,在新闻节目中插播广告,影响的是关心新闻的人,在娱乐栏目中插播,影响的是喜欢文艺、休闲消遣的人。

三是发布的时间和频率。发布时间也会影响广告的效果。媒体各有所长,也各有不足(见表7-1)。在广告策划过程中,策划者应充分了解不同媒介的优缺点,针对自己广告的主题,选择合适的媒体。当然,旅游广告并不是局限在某一种媒体,有时一则广告可以多种媒体同时传播。

2. 旅游广告的表现形式

当媒体选择好后,广告策划者就要策划旅游广告的表现形式。旅游广告的表现形式有两种理解。

一是广告主体在某一媒介上通过什么方式宣传。以景区广告宣传为例,如电视媒体为某个景点做广告,可以采取广告词加动态画面式广告介绍,也可以通过专题电视广告片、专题访问形式宣传,还可以通过报道景点在当地经济建设中或对社会公益事业的贡献,宣传景点,提高景点知名度和形象。再如报纸媒体,可以刊登景区照片、景区介绍、景区建设(新增旅游产品)与发展展望等,来介绍宣传景区。按经费情况可设专版介绍,也可在报眼、报缝介绍。

二是广告内容如何表现。如户外广告牌,是静止的平面广告,画面如何设计,色彩如何搭配,文字内容放在何处,采用什么字体,这些都属于广告的表现形式。

表7-1　各媒介优缺点

分类	媒体名称	优点	缺点
印刷类	图书	图书媒介具有信息容量大、论述详细、权威性、装帧质量有保证、便于保存等优点。	出版周期长,受众面有限。
	杂志	杂志信息量大,声誉与可信度高,图文并茂,广告表现力强,易被传阅。	出版周期长,受众面小,受特定的读者对象限制。
	报纸	报纸可设专版介绍旅游业组织或景点的广告,信息量大,便于储存,与图书、杂志比较传播周期短,速度快。	信息的感染力比广播、电视弱。
电子类	广播	受众面广泛,不受文化程度的影响;传播速度快,覆盖面广,不受环境的限制,家里、田间、运动的车辆上均可以收听;传播方式灵活,收听状态无独占性,不受时间地点限制,不限制听众的行动;节目制作成本低廉,是大众传播媒介中最为经济的一种。	信息保存性差,无法展现景观图像,不便查询。
	电视	集图像、动作、色彩、声音于一体,生动形象,真实感强,不受公众文化程度的限制,公众喜闻乐见;传播信息非常迅速,实效性强,现场采访或直播使信息的真实性和权威性增强,极具感染力,容易引起共鸣。	信息稍纵即逝,难以反复观赏,制作要求高,广告播放费用难以承受。
	网络	既具有报纸媒介刊登图片、广告的优点,又具有电视的图像、声音、动作、色彩等优点,信息传输具有实时性,反馈更新快,查询迅速;特别是旅游者把自己拍摄到的景观照片及对景点、旅行社、饭店的服务质量的感受发布在自己的网络"博客"上,为大众传播提供了阵地,信息传播者大于任何媒介,而且信息搜索查询方便。	受众在接收信息时受设备、地点等条件限制;信息好坏、真假难辨。

续表

分类	媒体名称	优　点	缺　点
户外类	墙体喷涂、广告牌、交通工具、霓虹灯	展示时间长,受众面大;广告幅面大,醒目;制作成本与传播成本比电视、报纸、杂志等要低。	不能针对特定游客对象。
其他	台历、挂历、贺卡、茶壶、水杯、屏风	由于景区风光、酒店、旅行社广告本身就是这些产品的构成要素,因此在出售这些产品的同时也为旅业组织做了广告,故宣传成本低;可图文并茂,真实感强;欣赏时间长,茶壶、屏风则与其寿命同等。	不能针对特定的对象。

3. 旅游广告时间选择

由于旅游活动具有非常明显的季节性,因此旅游广告特别强调及时性,时间上及时就能取得良好的广告效果。特别是以植物为主体的景观,如洛阳、菏泽的"牡丹花卉节",北京香山、南京栖霞山、本溪的"红(枫)叶节",还有"樱花节"、"梅花节"、"桃花节"等,景色期限一般为两个星期左右,错过了时节,广告就没有什么意义了。

4. 旅游广告发布与效果检验

旅游广告发布,就是在策划确定媒体上明确广告发布的时间,重复发布的次数。旅游广告策划者及广告主体要对媒体刊播广告的质量、日期及次数进行监督,以保证广告的投入给企业带来期望的良好广告效果。

七、旅游广告策划报告书

广告策划书是广告策划的文字成果,是在广告调查分析的基础上,制定出广告目标和策略后,将广告策划所决定的战略、策略、方法、部署、步骤以书面的形式体现出来,是广告的目标、对象、创意、媒体、发布、评估等一系列决策的总结,是广告实施的依据。

广告策划书一般由以下几个方面的内容组成。

1. 前言(也可称广告策划背景)

由于前言也叫广告策划背景,因此,要说明制定本策划书的缘由、任务和目标,广告主体(旅游景点、旅行社、酒店等)的基本状况,阐明通过广告策划要解决的问题,达到什么目的。使广告制作者在制作前对广告有个概括了解。

2. 旅游市场分析

旅游市场分析包括三部分内容。

一是市场现状分析。要分析经营情况,表明广告策划的必要性;分析旅游产品的特性、游客欢迎程度、销售中遇到的主要障碍;分析客源市场的构成、规模,为广告策划提供策划对象;分析竞争对手的产品特点、知名度和形象、销售情况,主要客源、广告策略,为旅游业广告主体在市场中找准位置。

二是市场前景分析。经过广告宣传、挖掘潜力、开发新的旅游产品、提高企业形象等措施,对旅游产品前景效益、客源吸引力、在竞争对手中的优势进行分析,其目的是为广告策划确定切实可行的目标。

三是市场障碍分析。在分析市场现状和前景后,要找出影响市场经营效益的主要障碍,是企业形象还是产品知名度,是竞争对手太强还是产品与服务的质量有问题。市场分析光看到积极的一面,看不到影响旅游企业发展消极的一面,广告策划就很难达到目标要求。

3. 旅游广告主体目标

说明旅游目的地或旅游企业的具体目标,如扩大市场容量,还是增加知名度,或者寻求新的细分市场,以便为广告策略和进行广告评估提供依据。

4. 广告障碍分析

障碍是指为达到广告目标还存在什么难点与困难,以便再制定适当的广告策略来排除障碍。

5. 旅游广告战略

这部分内容要写用什么策略、方法和步骤达到广告的目标,包括竞争者广告分析、广告定位、对象确定、广告创意、广告发布等。

竞争者广告分析要说明广告的诉求点、广告表现形式、广告口号、广告的效果等。

广告对象的描述要写清楚选择谁做广告宣传的对象,其理由是什么,以及诉求对象的基本情况、旅游消费习惯、分布地区、购买方式等。

广告创意主要说明创意构思及表现形式。

广告发布主要说明发布时间,广告传播的地区范围,选择这些地区传播的原因。

6. 旅游广告媒体战略

根据广告对象和地区,选择媒体和媒体组合,包括:

一是媒体选择与组合。选择了什么样的媒体,广播还是电视或报纸,选择一种还是几种组合,是哪几种组合,是哪一家的。比如旅行社推出的新旅游产品一般选择休闲娱乐的晚报、快报、早报做广告,而很少选择党报。在中央电视台做广告宣传要有经济实力,大多是能够吸引国内游客值得一游的知名景区,如黄山、千岛湖、云台山、香格里拉等。在省、市电视台做广告宣传的是省内景点、旅行社与酒店。如果印制宣传画册、旅游指南、景点介绍往往要选择图书媒体。

二是刊播时间和频率。在什么时间刊播,刊播多少次,若是广播或电视媒体,每次多长时间。

三是媒体的位置,广播、电视,选择什么栏目播出,报纸选在什么日期和版面,版面的大小。户外广告广告牌在什么位置,是否醒目。

7. 旅游广告预算分配

列出广告从调研费、策划费、制作费、媒体支付费、管理费、机动费预算表。

8. 旅游广告预测

说明广告实施后能在多大程度上达到广告目标,列出广告效果反馈检测办法。

第三节 旅游广告创意

在旅游竞争日益激烈的今天,要使旅游产品保持长久的影响力,吸引游客,除了塑造品牌,培育精品外,有创意的旅游广告宣传也是促进旅游事业发展的重要因素。

一、旅游广告创意的概念与要求

1. 旅游广告创意

"创意",在今天已经成为非常时髦的流行词汇。在许多需要智慧和创见的行业,诸如公关界、广告界、营销界、服装界、新闻界、传播界、信息咨询界,都已广泛地使用。一方面是使用频率之高,已超过"好点子"、"好主意"用词;另一方面是赋予了"神奇"的含义,如"创意是公关活动的中心"、"创意是信息传播的关键"、"创意是广告的生命和灵魂"等。

那么,什么是旅游广告创意?

旅游广告创意是指对未来旅游广告的主题、内容和表现形式进行的创造性的思维活动。

旅游广告创意有广义和狭义之分。广义的旅游广告创意,指整个旅游广告活动的所有创造性思维,包括旅游广告策划过程、广告主题提炼、广告文稿的撰写、画面及广告词的表现形式等。狭义的广告创意,指把旅游广告的主题用艺术化的形式表现出来。

2. 旅游广告创意的构思要求

缺乏创意的广告很难取得理想的广告宣传效果,有价值、有创意的广告必须遵循以下几点要求。

一是新奇独特不雷同。雷同是广告创意的大忌。旅游广告创意要体现旅游目的地或旅游产品的独特个性,激发人们的好奇心,在潜在游客心目中产生不同凡响、难以忘怀的效果。如美国纽约斯戴拉饭店的广告语"除了人情味,这里没有丝毫旧的东西",服务风格呼之欲出。相反,没有个性与特色,雷同老套的广告,没有吸引力,如"历史名城××"、"山水如画××"、"魅力××"的广告,人云亦云,缺乏创意,无吸引力。

二是真实有据不虚假。旅游广告要客观真实地反映广告主体的本质,不能自吹自擂,更不能低俗虚假。真实性就是广告画面真实,数据真实,广告语朴实。景点广告画面要真实拍照,不要在计算机上移花接木式拼接,广告上美妙绝伦,实地景点却差异极大,游客有上当受骗的感觉,其广告就会失去生命力。提供的溢美之词要有数据证明,如"××温泉,罕见的理疗健身之地"。在真实性上除了说明水温外,更重要的是证明"理疗健身"医用矿物质含量;广告语要求朴实,就是要实事求是,不弄虚作假,不沽名钓誉,更不要使用不实的"超值享受"、"豪华快巴"等广告语。

三是紧扣主题不分散。创意是为表现主题服务的,离开广告主题的创意是达不到广告宣传目的的。酒店都是吃与住,但由于广告策划主题不同,广告词就不同。如恺撒饭店的广告:"把噪声和空气污染留给城市,到恺撒享受几天的清净!把单调和枯燥留给工作,到恺撒再加点色彩!"突出了清雅环保的酒店宣传主题。香格里拉饭店集团名称取自于英国詹姆斯·希尔顿的小说《消失的地平线》中描述的宁静美丽和人民殷勤待客的中国云南香格里拉,宣传广告词是"世外桃源,梦幻成真",充分体现了温馨服务、休闲轻松的饭店广告宣传主题。旅游景点的广告要紧扣自己的自然景观特点或历史文化底蕴。如河南省焦作市云台山是以自然景观为主的景区,他们在中央电视台《朝闻天下》栏目做的广告突出了峡谷主题,"云台山,峡谷奇观——河南云台山"。而山东是孔子、孟子的故乡,著名的孔庙建在泰山脚下的曲阜,山东旅游在中央电视台《朝闻天下》栏目做的广告是:"文化圣地,旅游天堂——中国山东欢迎您!"陕西乾陵是唐代李治和武则天两朝皇帝的合葬墓,是盛唐文化艺术的宝库,其广告词是"乾陵——世界唯一两朝皇帝、一对夫妻合葬墓",突出了"两朝皇帝""一对夫妻"世界唯一的景观主题。所谓分散,就是主题不突出,诉求太多,在广告对象心中难以留下深刻的印象。

四是语言动情不低俗。语言优美,能引起人们美好的联想。如济南市旅游广告语"湖映山色,泉涌人文",语言对仗,富有诗意,会使人联想起济南市的大明湖、趵突泉,领略古城老街"家家泉水,户户垂杨",饱览千佛山、灵岩寺千年古迹,感受齐鲁大地悠久的历史文化遗产。再如广西漓江"人在水上漂,如在画中游"的广告语,会使人联想到一叶扁舟,漂流在清澈的江面上,亿万年形成的喀斯特山峰倒映在江水中、山在水中走、人在山上行,稻花飘香、鱼鹰探水、牧童歌唱、渔火与晚霞、江水与山峰交相辉映,难道这不是一幅优美富有诗情画意的风景画面吗?动情就是要以情打动人,如华山风景区的"慢慢走,风景这边独好"的广告语就具有人情味。广告语要以情动人,但不是低级趣味。大连旅游代表团在日本举行宣传推介活动,个别俱乐部的广告是衣着半裸的女郎,广告词格调低下。如某俱乐部广告词:"请大家挑选温柔、可爱的女孩,她们会热诚地招待你。""想和漂亮、可爱的美女度过难忘的圣诞之夜吗?恭候你的光临。"以这种低俗的广告拉客源,不仅损害中国在日本的形象,也伤害了旅居日本华侨的感情,同时也是给中国旅游业形象抹黑。

二、旅游广告创意的表现手法

旅游广告创意完成之后还只是理念性的东西,要使旅游消费者接受,还必须通过一定的形式表现出来。旅游广告的表现手法很多,主要有实证法、比喻法、题解法等。

1. 实证法

实证法指用事实说话,这种手法是旅游广告常用的一种表现形式。实证法的表现形式有:

一是用录像、照片的形式显现旅游主体的真实面貌。旅游景点既然是景,在电视中往往采用实景录像的广告方式来表现,真实形象,最能吸引人的目光。"浪漫之都,时尚大连"的广告语,在背景音乐中,电视画面把大连的海滨、高楼、立交桥、街道灯光和霓虹灯等展现给观众。户外广告中一般采用大幅照片把景区代表性景点显现给人们,配以文字说明,吸引人们的目光。酒店可以把自己气势磅礴的建筑外观、设施设备、先进的内部装饰通过录像或照片展示给观众。

二是用文字表现旅游主体的形象与产品。文字可以是广告词,也可以是在报纸、杂志上发表的景点介绍、旅游散文、旅游评论、旅游经历介绍等,这都是实证表现手法,对旅游主体来说都起广告的作用。但在旅游广告中,文字的作用更多地表现为广告词。目前,我国酒店和旅行社大都采用文字实证法做广告。如介绍酒店位置、环境、客房、餐饮、会议室、停车场等,还介绍酒店的经营宗旨、企业文化等。

三是用数字说明旅游主体的形象与产品。例如杭州旅游形象定位"浪漫风雅的东方休闲之都",文中介绍城市交通与风貌和生态环境时全是用数字说明。"一是城市交通与风貌。杭州新世纪城市建设规划提出了'东动西静南新北秀中兴'的城市新格局;33条路、9座桥、2个隧道、9个入城口,总投资110亿元、总长193公里的'33929'工程编织的'两纵两横'市区路;2006年地铁建成使用。将成就火车东站、武林、湖滨、钱江、滨江、萧山和临平七大商业圈。七大特色商圈的建成,'十里银湖墅'的运河繁华盛景和西湖的秀美将伴随旅游西进的步伐不断延伸,山环水绕、绿树掩映,公园、博物馆、雕塑、园林小区把这座现代化城市的闲适风貌展现得淋漓尽致。二是生态环境。杭州市森林覆盖率为62.8%,野生动物610余种,自然保护区29个,地表水质为Ⅰ-Ⅱ类,区域环境等效声级平均值为56.6分贝,主城区空气污染指数年日均值86。杭州荣获新世纪第一批国家环境保护模范城市称号和联合国'人居奖',是一座蓝天碧水、清净绿色、生态环境优良的省会城市。"

四是以图文并茂的方式展现旅游产品。这种实证方式就是把形象化的图片、照片与文字说明叠加,用文字说明景观内涵,用图片形象展现旅游景观。广告画面在信息的传播上快捷,易于被文化层次低的公众接受。在视觉上要有创意,图文呼应,以文案主题为依据,充分弥补广告文案的不足。

2. 比喻法

这种表现形式是用适当的比喻引出旅游产品。比喻法既可以拟人,也可以拟物,关键是要找出比喻者与被比喻者之间的内在联系。

一是旅游产品之间比喻。即以人们熟悉的此景比不熟悉的彼景,达到使彼景提高知名度的目的。例如:威尼斯是世界上著名的水城,而苏州河流纵横交错,水网发达,以"东方的威尼斯"做比喻,可以使人们认识苏州水城的旅游价值。类似这样的广告有阳朔:"桂林山水甲天下,阳朔山水甲桂林";深圳小梅沙:"东方夏威夷";海南三亚:"不是夏威夷,胜似夏威夷。"

二是旅游服务比喻。即以人们熟悉的此服务比不熟悉的彼服务,达到使彼服务被人们知晓的目的。如"住××饭店,家的感觉"。

三是揭示旅游产品本质特性的比喻。如河南"宝天曼"自然风景区的广告是"宝天曼,天然氧吧",揭示了"宝天曼"风景区植被覆盖率高,氧气丰富,负离子多等特点。山东在中央电视台一套《朝闻天下》节目做的广告"文化圣地,度假天堂",用"天堂"比喻山东美景。

3. 题解法

这种形式是先提出问题,然后让广告对象知道只有本产品才是解决问题的唯一答案。例如,北京燕翔饭店在《中国旅游报》海外版上刊登一则广告:"您想去钓鱼吗?请来烟雨楼餐馆旁的池塘碰碰运气,我们向您提供钓鱼竿和烧鱼的地方……"上海七重天宾馆广告:"人间天堂何处在?路人遥指七重天";粤侨国旅的广告语:"谁说在九寨沟无三星级宾馆?谁说去九寨沟旅游是艰苦的旅程?只要你参加我们的旅游团,我们就敢承诺。"

三、旅游广告文稿

广告文稿是广告作品中用以表达广告主题和创意的所有文字和语言的总和。无论采取哪一种媒介传播信息,都离不开广告文稿。有调查表明:广告效果的 50%~75% 来自广告文稿。一篇好的广告文稿能拉近商品与顾客的距离,扩大商品的知名度,刺激顾客的购买欲。相反,差的广告文稿,不仅不能达到好的广告宣传效果,有时甚至还会引起顾客的反感。广告文稿一般包括标题(标语)、正文和随文三部分。

1. 标题(标语)

标题是揭示旅游广告文稿主题的简短词句,是对广告主题的凝结和提炼。作用是引起注意,诱导阅读正文。因此,标题一般以突出的字体、色彩排在最引人注目的位置上,引发读者的阅读兴趣。标题与正文不同,一定是主题思想的凝结与提炼,使人们一看广告标题,就能够获得广告中的信息。

标题可以是设问式、悬念式、新闻式等,可以是一句话,也可以是对仗的词句。

广告标语往往直接充当广告标题,起着画龙点睛的作用。是否提炼出了好的广告标语,往往是决定一则广告文稿成功的关键。

广告标题(标语)的要求:

一是要亲切易记。如华山风景区的"慢慢走,风景这边独好"的广告语就具有人情味,亲切易记。

二是要突出广告主题。1999 年 12 月成都某旅行社计划在 12 月 31 日夜这个千年之交,策划旅游公关活动,主题是海南"千年爱一回"新婚旅行团。在千年钟声敲响时,通过在"海南三亚天涯海角互许终身"的活动,寓意"爱你到天涯海角"的心意,而广告的标题就是"爱你到天涯海角"。苏州市借助上海 2010 年举办"世博会"的机遇,打出"相约世博会,结伴姑苏行",把在上海举办的"世博会"与苏州旅游联系起来了。

三是要适应对象的兴趣或心理需求。旅游业包括景区、宾馆、餐饮、购物、交通、娱乐等,做广告时其广告标题要考虑游客的消费兴趣和心理需求,就是宾馆也有星级之分,也要考虑游客的消费兴趣和心理需求。游客的消费兴趣和心理需求有:健身强体的、休闲娱乐的、感受大自然美景的、探究人文历史的、高级环境享受低消费的等,如南京一家酒店广告:"五星级环境,三星级标准,一星级消费。"广告标题如果不注意游客的消费兴趣和心理需求,做了广告,花费了金钱,很可能收效甚微。

2. 正文

正文是广告文稿的中心部分,是对广告标题的解释和说明。正文里要进一步提供标题中所列内容的事实材料,阐明购买的原因,促使潜在旅游者做出购买旅游产品或服务的决策,最终付诸行动。正文不能长篇大论,要事实准确,重点突出,简明扼要。正文的写作方式有:

一是描写式。描写式广告指对广告的特征进行具体而形象的描述。例如,广州白云宾馆在《广东旅游》1998年第4期封底刊登广告,以白云宾馆主体建筑的照片为主,配以两幅宾馆园林小区的小照片,广告语为"接一片蓝天白云,收一眼花城美景",并有文字表达白云宾馆的特色:"下榻白云宾馆您能够享受大自然的景色——美丽的宾馆前花园。绿树鲜花供您怡情,莲池凉茶为您解乏。这优美的宾馆园林,是您住的好邻,行的好伴。"整个广告没有呆板地介绍饭店的设施和功能,而是根据消费者回归自然、享受自然的心理需求,表达白云宾馆能给予客人的满足。

二是证明式。通过列举一些事实或以证人的亲身经历来说明广告主体的优点,激发潜在的犹豫不决的游客做出选择。

三是公告式。公告式广告往往是新开发的旅游产品、新开业的宾馆、新成立的旅行社等在营业之前,做广告告知公众新的旅游产品信息、新开业宾馆的设施与功能情况等信息,以便吸引公众,做出新选择,体验新感受。例如广东省江门××温泉广告,标题是"广东省最雍容华贵的温泉",文字介绍把温泉位置、交通、内部设施、服务项目等介绍给大家,并配以温泉、内部设施、休闲场所的照片,吸引游客来体验沐浴温泉的感受。

四是诗歌散文式。以诗歌或散文的文体做广告,宣传旅游产品。

案例:

新加坡航空公司有关空姐服务广告

"她将一缕温馨的柔情带给全世界,
和蔼的空中服务员,
身穿一袭纱笼裙,
当她和你相逢,
一绽迷人的笑容,
一缕温馨的柔情。
晴空万里,
朵朵白云,
你们的相逢在舒适的
747B、707或737波音机群上,
她将以最殷勤的方式招待您。
我们的女郎,

是新加坡航空公司的灵魂。"

以散文文体做广告,如江南古镇周庄在《旅游》杂志上刊登的广告:

"周庄是镶嵌在淀山湖畔的一块大碧玉;周庄是'小桥、流水、人家'诗境的再现;周庄是定了格的明清历史;周庄是现代都市人心灵的归宿。"

五是对话式。即以对话的方式表达旅游项目的内容和购买办法。对话方式的广告文稿一般是为广播媒体撰写的,要求语言通俗、风趣、信息完整。

案例:

明都宾馆对话广告语(粤语)

A:明都宾馆"鹿鹿顺火锅"隆重上市!

B:老板,什么叫作"鹿鹿顺火锅"啊?

A:"鹿鹿顺火锅"就是将鹿茸、鹿血、鹿肉放在鹿骨汤里面"鹿"一"鹿"! ——哗!好滋味!好滋补!

B:哗!全部都是名贵药材,滋补极品来的哦,贵不贵架?

A:简直就是平、靓、正!鹿骨滋补汤底才30元!现在促销期间吃100还送50!包你吃到舔舔舌啊!——喂,我未讲完架,你走那么快干吗呢?

B:(远远地)即时去卜位啊!

合:昔日皇家御用品,如今百姓家常菜!

美味滋补尽在明都宾馆"鹿鹿顺火锅"城!

地址:民主南路332号　订座电话:3882888

这个对话式广告推出的新产品是"鹿鹿顺火锅",将配料、功能、价格言简意赅地表达给公众,最后俩人合说"昔日皇家御用品,如今百姓家常菜",从更高层次上把"鹿鹿顺火锅"介绍给公众。

六是电影、电视脚本式。现在很多广告都在中央和地方电视台播放,因此,广告文稿撰写一般要写成电影、电视脚本式。电影、电视广告文稿的内容除了广告主题、广告构思、拍摄要求、音乐要求、演员要求等表达形式外,还要对画面进行详细描述。画面的详细描述,实际上是一种分镜头脚本,它把拍摄的内容、形式更具体化了。

案例:

电视广告文稿

广告名称:东方航空公司

广告客户:东方航空公司

广告长度:30秒

设计说明:

△东方航空公司在前一年的广告中着重强调该公司的实力,广告诉求点是安

全感。经过一年的宣传,东方航空公司得到了大众的信赖,人们普遍树立起这种观念:乘坐东方航空公司的班机,安全,可靠。

△经过大量的调查,该公司发现同行业的其他各家航空公司也在做诉求点相同的广告,而本公司的安全感已树立,因而确定了今年广告的另一个诉求重点:服务一流!

△本广告设计就是通过一般的小故事来说明东方航空公司一流的服务态度,让大众体味到一种亲切、温馨的气氛。乘我们公司的飞机,就好像在自己家里一样舒适,会受到无微不至的关怀。

△表达形式:故事版。

△演员要求很严,要求专业演员。一位有风度的中年男士、妻子及女儿;一位空姐;主角是男士。

△画面主角色彩:蓝、白。(天空和飞机)

△拍摄地点:机场。

△画面配乐:开始、结尾均用飞机起飞的实况,有力、有气势。中间镜头,可用轻松、温馨的钢琴小曲。

△本片着重画面人物的演技,通过这个故事,反映东方航空公司的服务周到。本片的目的是创造一个舒适、温馨的气氛。

画面说明:

镜头一:机场全景。东方航空公司的一架飞机正慢慢着陆,镜头慢慢推近机身。要求在阳光灿烂的晴天里,上午9点左右。

镜头二:特写:飞机在镜头前横穿过,东方航空公司的字样、标志出现,从右到左。(切)

镜头三:接着追拍飞机着陆,在飞机的右前方拍。

镜头四:中景。机舱内,旅客们陆续站起来,离开机舱。一位中年男士站起来,伸了一下腰,面带微笑地走向镜头。(切)

镜头五:机舱内旅客移动缓慢,男士低头看机舱外的人,在寻找接机的亲人。

镜头六:镜头透过机窗,推近出口处,一位年轻的女士带着一个小女孩在等人。

镜头七:男士手提旅行箱,兴奋地走向妻子、女儿(拥抱),把女儿举起来,放下女儿,在口袋里找东西——送女儿的礼物。

镜头八:男士面部特写:找不到礼物后的沮丧、烦躁的表情。他把小礼物丢在机舱里了!

镜头九:这时一位空姐手拿着男士落在机舱里的礼物走过来,送还给男士(空姐的出现有点神不知鬼不觉的)。

镜头十:男士惊喜的表情;女儿高兴的小脸,抬头看父亲;妻子喜悦的心情;空姐微笑地转回身……

镜头十一：飞机起飞，从左到右，出现"东方航空公司"字样（特写）。画外音（男声，中音，充满激情）："东方服务，无微不至！"

3. 结尾

结尾部分主要由旅游业组织名称、地址、电话号码、电报挂号、开户银行账号、购销方法等组成。

复习思考题

1. 旅游广告类型有哪几种？
2. 旅游广告策划的程序是什么？为什么要特别重视旅游广告策划对象与目标的确定？
3. 策划旅游广告时创意构思的要求有哪些？
4. 旅游广告创意构思的表现手法有哪些？

第八章 旅游产品策划

引言

　　作为旅游专业的学生,旅游产品的概念和体系是必须要掌握的基础知识,综合性、不可储存性、不可转移性、同时性等都是旅游产品的特性,可以说旅游产品就是旅游业发展的基础。小路是大二才转系进来的同学,才接触旅游学科,看到产品两个字就想到了实实在在的物品,总感觉自己抓不住那些虚无缥缈的东西。这不,老师布置了一个作业,让他们调查某一景区的旅游产品的构成和开发情况,小路这下有些犯难了。幸好班上的同学都很帮助她,班长把同学分成了几个调查小组,还把小路编到自己组里。到了景区班长一直带着小路,一路上班长像导游一样给她讲解,告诉她这是观光旅游产品,那是休闲旅游产品,还有文化、购物、度假旅游产品等。小路认真地做着笔记,心想自己以前来只知道游来玩去,哪晓得还有这么多学问,自己也真正感受到了产品的不同。中午在餐厅用餐,吃到当地的土特产,小路开心极了,班长笑着说:"你知道吗?这也是旅游产品,美食产品。"小路很兴奋,嚷嚷着以后工作要成为旅游产品的设计者。班长对她说:"旅游产品设计是一个整体设计,更重要的是要能体现创造力和创新性。"

　　本章内容就是讲解如何策划旅游产品,通过你们的学习,能帮助小路实现她的理想吗?

本章学习目标

1. 理解旅游产品体系策划。
2. 学习如何策划旅游产品和进行旅游产品创新。

　　进入21世纪以来,根据专家预计,未来的国内市场将出现以下发展态势:国内市场大幅度崛起,消费群体进一步扩大;以环境保护为取向的生态旅游、文化旅游、主题性旅游将成为今后的发展方向;对旅游产品和旅游服务的品质有更高的要求;旅游者的活动模式、行为规律和兴趣点将发生变化——出游次数增多,由团体旅游向个体散客旅游转变,家庭出游和伙伴出游成为主要方式,旅游者对自然及其保护的关切和兴趣增强,希望有亲身经历,旅游将从被动转为主动参与;对多样化的创新性旅游产品的需求不断增强,个性化旅游需求推动区域旅游走向主题多样化,以游客为中心将成为旅游发展的主流观念。

根据市场需求的变化,要求旅游策划者和规划者,在策划和规划过程中,针对新的旅游需求进行旅游产品的重新设计和策划,甚至是深度发展策划,以提供符合旅游者需求的旅游产品和项目。

第一节 旅游产品策划概述

旅游产品是为满足旅游者旅游活动需求而提供的旅游服务的总称,旅游产品和旅游活动安排实际上体现了策划者的创意及构思意图。旅游产品通常指的是旅游资源及其附属的设施服务的整体,其核心理念应该是向旅游者提供一种印象深刻、身心愉悦的旅行经历。

一、旅游产品策划的概念

旅游策划中的产品策划,目前还没有统一的定义,从旅游产品策划中包含的内容看,主要有产品设计、产品组合与整合、产品体系构成、精品设计、产品赢利模式设计、游憩方式设计、核心吸引力打造、投入产出分析、营销模式设计等。所以,旅游产品策划是针对产品的目标市场,因地制宜地设计出有特色、有新意的旅游产品。

比如我们在常州滆湖绿色水乡风情园策划中,旅游产品的设计突出让旅游者探访一种异质文化,体验另类生活的情趣,产品设计扬长避短,在充分利用丰富"水资源"的基础上,大力发掘和利用常州地区的地方民俗文化,以临水、亲水游憩活动为基点,以传统民俗文化和现代文化为支撑,顺应旅游导向潮流,以主题性特色旅游产品吸引旅游者。

作为旅游产品策划者,在产品设计时必定会考虑目的地的资源禀赋条件,过去强调资源开发的理念,现在人们更突出资源的产品转化过程,策划过程就是把没有的资源做成有的,把有的资源做成更好的,"有中生好",进一步"好中生优",其关键在于如何利用。比如常州恐龙园是以恐龙化石展览为中心的主题乐园,而常州本身并没有出土恐龙化石,完全是创造出来的,同时配上青少年游乐活动项目,获得市场认可,成为常州市的旅游精品。北京四合院是大家公认的好的旅游资源,但多年以来产品的开发没有跟上,后来有人通过摄影等活动引起了社会的关注,组织了一个北京胡同游文化旅游公司,买了100辆三轮车,请了200个外地民工,搞起了"胡同游",现在"胡同游"已经做成了北京的名牌旅游产品,2001年仅外国旅游者就接待了10万人左右,很多人指名要参加这个活动。

在策划中还需要进行准确的产品定位。旅游产品的定位是指旅游业组织为在目标顾客心目中寻求和确定最佳位置而设计和提供相应旅游产品的活动。旅游产品定位的目的是为了创造性地塑造出能够为目标顾客高度注意、认同和乐意接受的个性鲜明的独特产品形象,以便在目标顾客心目中拉大与竞争者的差距,形成差别优势,赢得市场竞争的主动权。应开发适销对路的产品,以适当的产品形式,适当的价格,适当的途径和适当的沟通方式在适当的时间和场合将产品快速有效地提供给消费者,满足其需求,这样才能更好地实现目的地的发展目标。比如地点比较相近的旅游景区,可以通过不同的主题形象与产品形式,避免出现替代性的竞争。安徽的黄山和九华山的地质背景同属花岗岩类,两者相距很近,但九华山的自然风光远远不如黄山,它的旅游主题以其博大精深的佛教文化为特色,开发佛教文化观光旅游产品,避免了与对方的同质性,得到旅游者的喜爱。江西的龙虎山和三清山也是相距较近,同为道教圣地,彼此竞争就相当激烈。旅游产品的推出时机往往和目的地的旅游季节相适应,比如草原风情类的旅游产品就适合在夏季向南方旅游对象推销。

二、旅游产品策划的体系

旅游产品的类型是复杂多样的。即使是同一个旅游景区,也可以形成不同类型的旅游产品。除了类型以外,产品的规模、价格以及档次等也是应该考虑的问题。目的地产品体系建设最重要的一点是根据目的地的目标和主题,结合市场定位,确定主导产品。因此从单项旅游产品、组合旅游产品、旅游服务产品和新产品四个方面进行论证。

1. 单项旅游产品策划

单项旅游产品,主要指的是某一种类型旅游产品的策划,例如观光旅游产品、休闲旅游产品、度假旅游产品、娱乐旅游产品等。在策划中,需要提出产品地位的定位、发展方向、策划项目、方法、竞争优势等方面的内容,单项旅游产品的策划突出某一类型产品的地位,但在具体方案中可吸收其他类型产品的组合。

例如,南京市鼓楼区内旅游资源丰富,自然风光秀丽,人文古迹荟萃,在不大的区域内包含了文物保护单位46处,其中国家级7处,省级23处,市级8处,区级8处。我们在南京市鼓楼区石城风光带旅游策划项目中,首先对鼓楼区与南京市其他城区资源分布与旅游产品构成进行对比分析,从对比分析中提出发展旅游的主要产品(表8-1)。

表 8-1　南京市各城区旅游竞争情况对比分析

区名	旅游资源	主要旅游产品类型
鼓楼区	鼓楼公园 民国建筑遗址 宝船遗址 古林公园 电视塔	商贸旅游 文化旅游
	科学宫 石头城 国防园 清凉山公园 乌龙潭公园	休闲旅游
玄武区	钟山风景区 玄武湖 鸡鸣寺 台城 博物院 总统府 梅园 明故宫遗址	观光旅游 休闲度假旅游 名人文化旅游
白下区	新街口商业区 朝天宫	商贸购物旅游 会议旅游
建邺区	莫愁湖公园 大屠杀纪念馆 江心洲旅游度假区 江东门纪念馆	农业旅游 观光度假 文化旅游
秦淮区	瞻园 中华门城堡 夫子庙秦淮风光带 白鹭洲公园	文化旅游 观光游览 娱乐 休闲旅游
下关区	静海寺 绣球公园 狮子山公园阅江楼 大桥公园	观光休闲旅游 文化旅游
雨花台区	雨花台烈士陵园 将军山 牛首山南唐二陵 郑和墓 大石湖生态旅游度假区	观光游览 休闲度假 生态旅游
栖霞区	二桥公园 栖霞山公园 燕子矶 八卦洲 龙潭公园 幕府山 乌龙山公园	农业生态旅游 休闲旅游

通过分析,我们在产品策划中提出了石城风光带旅游项目必须以自然生态、文化、休闲为主要开发方向,重点开发休闲观光产品、文化旅游产品、爱国主义教育旅游产品、名人旅游产品。在单项旅游产品设计中,提出了以下方案。

一是休闲观光产品。拟利用南京已打出品牌的"精品"景点,推出鼓楼区特色景点,配合串联,发挥综合效益。刘伯温一句"钟山龙蟠,石头虎踞,真乃帝王之宅也"的赞叹,使石头城名扬天下。石头城的悠久历史和在南京城建史上显赫的地位以及它极高的知名度,使其成为能与钟山风景区并驾齐驱的景点。钟山以其自然风光、石头城以其历史文化,两者在南京一东一西形成"东有钟山,西有石城"的格局,这是石头城旅游发展的优势条件。但多年来石头城的旅游发展并没有能与钟山风景区并驾齐驱。因此,要将石城风光带打造成旅游精品,要确立石头城在风光带中的龙头地位。必须以石头城为核心,整合周边国防园、清凉山公园、乌龙潭公园等景点,利用整治秦淮河的有利时机,设计沿河景观,形成沿河景观走廊,并开发水上旅游产品和水上游线,与北侧的古林公园和电视塔建立有机联系,形成以休闲观光游石城风光带为主打的旅游产品。

二是文化旅游产品。石头城风光带以人文旅游资源为主,具有丰厚的历史文化积淀。石头城、明城墙、郑和宝船遗址,清凉山的"驻马坡"、"南唐古井"、"清凉寺"、"崇正书院"及"扫叶楼"等,乌龙潭公园,颜真卿的书法文化,魏源故居、方苞祠等展现的名人文化,这些旅游资源是开展文化旅游的基础。

三是爱国主义教育旅游产品。石城风光带及周边地区具有丰富的爱国主义教育资源,国防园是由国防教育馆、军兵种馆、英模馆、国防科技馆、重兵器场、模拟演练场和军体娱乐园等组成,所以国防教育和爱国主义教育以国防园为中心,以郑和宝船遗址、静海寺、渡江胜利纪念碑、挹江门城楼(渡江胜利历史陈列)、江东门侵华日军南京大屠杀遇难同胞纪念馆等为南京爱国主义教育旅游的主线,使旅游产品发挥它的教育功能,树立"弱国无外交,落后要挨打"的观念,增强富民强国的爱国主义意识。

四是名人文化旅游产品。名人文化是石城风光带的重要资源,郑和宝船遗址有国际名人——郑和,在乌龙潭周边地区和清凉山公园集中有颜鲁公祠、魏源故居、方苞祠、龚贤扫叶楼等,将这些名人旅游资源整体开发,并增加名人纪念馆、特色纪念馆等,形成规模,成为展示名人文化的重要景区,与颐和路、西康路的民国名人故居、民国使馆区相呼应。

2. 组合旅游产品策划

大多数的旅游产品都应该是组合产品。所谓组合产品,就是将两个或两个以上的产品和服务项目进行组合,以综合包价等形式销售给顾客。在旅游饭店行业中,通常把这种产品称为包价产品。比如饭店常见的组合产品有:公务客人组合产品,会议客人组合产品,家庭住宿组合产品,蜜月度假组合产品,婚礼组合产品,周末组合产品,淡季度假组合产品等。在旅游组合产品中,通常指的是旅游产品具备了两种或两种以上的功能,同时能开展两种或两种以上的旅游活动和产品,吸引不同需求的旅游者。

山西太原的绵山风景区拥有"峻险奇绝、清幽灵秀"的自然风光,又是"古老神奇、众教相融"的文化名山。利用民营资本开发旅游已取得较大的成功,形成了较高的市场知名度。策划中提出在加强景区资源、环境保护的基础上,进一步完善绵山传统的观光和宗教旅游产品,挖掘和提升绵山的宗教文化和"忠、孝"文化。逐步转变景区功能,向后山延伸开发度假旅游产品,形成多种产品的组合。其具体思路为:突出"山地度假,宗教文化"的开发主题,在积极发展观光旅游的同时,延伸开发度假旅游产品,形成"前山宗教观光,后山休闲度假"的总体格局。丰富山水观光、宗教朝觐和旅游节事活动,同时可新建一个音像馆,用视听手段向游客介绍绵山的自然、文化景观和历史故事,完善旅游解说系统。绵山后山植被茂密、水源丰富,气候优越,可重点发展成休闲度假区,建议突出山地度假特色,改建和新增休闲度假设施,开发建设主题度假村、运动休闲园(包括高尔夫球场或练习场、山地攀岩、滑雪滑草、山地赛车等体育健身娱乐项目)、夜间娱乐(欢乐夜绵山工程)等旅游项目,整合景区进山公路入口处的现有休闲度假设施,打造大众休闲度假产品。进而形成多产品综合发展、促进共赢的局面。

3. 旅游服务产品策划

服务是种感受,一种享受,一种满足感和愉悦感。一直以来,服务就是经营者的主要手段,无论多大的企业,离开优质的服务都发展不起来。旅游业是一个特殊的行业,经营的主要产品就是服务。随着人们生活水平不断改善和文明程度不断提高,游客对服务质量的要求也越来越高。因此,旅游目的地在发展过程中,不仅要有好的生态环境,而且要有好的服务环境,才能增强对游客的吸引力。要营造好的服务环境,策划中不仅要策划好服务设施,还要在旅游服务上策划好的服务态度,好的服务水平。以人为本,游客至上,是旅游服务从业人员的宗旨。搞好营销服务、交通服务、食宿服务、通信服务、导游服务、娱乐服务和购物服务等服务设施与产品。

一是服务设施的策划。以旅游景区为例,景区内服务设施规模的大小主要取决于景区空间范围、环境容量大小以及景区功能特点等。景区服务设施主要有住宿设施,包括各种宾馆饭店、疗养院、野营地、度假村、民宿等设施;还有商业服务设施,包括饮食服务设施和旅游商品服务设施;还包括景点的解说系统。

对景区服务设施的规划首先要调查景区的市场状况和服务设施目前的现状;其次要预测分析市场的发展情况及可能利用服务设施的人数比例;第三要通过定量计算得出服务设施的数量规模;最后还要根据现状提出具体的操作策略。

住宿设施的定量预测,主要是预测可能需要的床位数。通常采用下述方法进行预测,即根据市场预测估计的全年住宿人数、游客平均停留天数、景区每年可游览天数等相关情况进行预测,一般计算方法为:

$$C = \frac{R \times N}{T \times K}$$

式中:C——住宿游客床位需要数;

R——全年住宿游客总数;

N——游客平均住宿天数;

T——全年可游览天数;

K——床位平均利用率。

饮食服务设施的定量策划采用下列方法:

$$c = \frac{n \times p}{t}$$

式中:c——餐位数;
n——日游客量;
p——就餐率;
t——周转率。

商品服务设施策划,主要根据旅游区所在地的地方特色和物产,提出开发旅游商品的种类和销售生产的策略性提纲。如常州市金坛华罗庚公园旅游商品开发目录(表8-2):

表8-2 华罗庚公园旅游商品开发目录

旅游商品种类	可开发旅游商品目录
纪念品与工艺品	金坛剪纸、华罗庚书签、世纪钟明信片、常州梳篦、乱针绣、留青竹刻、根雕、木制小纪念品、华罗庚纪念币、华罗庚纪念徽章等
旅游食品	茅山茶、封缸酒、金坛地方风味小吃等
旅游文化用品	华罗庚公园明信片、风光图片、华罗庚纪念邮票、书刊、字画、音像资料、华罗庚纪念馆的一些文物复制品等
服饰与日用品	灯芯绒、服装、家具用品、旅行箱包等
其他制品	其他金坛及常州地产工业小商品与农副产品

娱乐及体育设施策划,受旅游区性质、目标市场特征及当地供给能力的影响。如南京鼓楼石城文化风光带旅游策划中,考虑到观光休闲是游客来此的主要目的,可配备诸如游泳、划船、垂钓、帆船、滑水等体育活动设施和少量娱乐设施。

景点解说系统是运用某种媒体和表达方式,将特定信息传播给信息接收者。景区解说系统策划一般从软件部分(导游员、解说员、咨询服务等具有能动性的解说)和硬件部分(导游图、导游画册、牌示、录像带、幻灯片、语音解说、资料展示栏等多种表现形式)两方面进行,设计时注意形象的一致性、行为的统一性和功能特点的表达。比如香港许多景点的牌示更突出生态保护教育的功能。

景区服务设施策划还要提出具有可操作性的开发管理策略,通常根据当地旅游业的发展情况、政策导向、景区开发程度、管理水平、商品化状况等方面通盘考虑。此外在预测中应有弹性,满足远期市场特点和"黄金周"可能出现的高峰情况。

二是优质服务产品策划。提高服务水平和服务质量,通过品质优良的旅游服务,打造旅游目的地高效、优质的服务形象。优质服务产品可通过培训员工,激励旅游服务人员的上进心,使旅游服务人情化、个性化、差异化、特殊化,鼓励超值服务、惊喜服务、延伸服务、售后服务和跟踪服务。不断满足旅游者对旅游产品的需求，整顿旅游价格秩序，提高游客的食、住、行、游质量。积极开展争创优质旅游示范企业的活动，通过参与评定"旅游优质服务单位"，提高旅游企业的美誉度。建立质量评估体系，增强旅游企业对旅游产品和服务的自我调节和控制能力。推行旅游企业优质服务运转程序、接待程序、服务程序、考核程序。广泛引进国内外先进旅游企业管理经验，树立企业品牌。

4. 旅游新产品开发策划

旅游新产品开发是指开发一种全新的、前所未有的新产品（全新产品）或对现有产品进行深层次的开发和质量的提升（改进产品）或对老产品进行全方位的改造（换代产品）或完善。如健康旅游产品、业务旅游产品、享受旅游产品、刺激旅游产品、可持续性旅游产品等。

旅游新产品开发策划一般经过五个阶段：产品概念构想、产品效益评价、开发产品、试营销、商品化。

一是产品概念构想。即对旅游产品开发与经营现状进行全面细致的分析，了解其存在的问题。问题的确定意味着创新的发展方向，确认将来最有发展前途的产品及项目。如哈尔滨市根据凉爽宜人的夏季气候条件和山地、森林、水体、草原、湿地等先天优越的旅游资源自然条件，他们提出了"避暑旅游"新产品概念，寄希望形成一个如同冬季冰雪黄金季的夏季避暑黄金季，从而带动哈尔滨的避暑经济发展。

二是产品效益评价。效益是新产品策划活动的评价基本标准。一个优秀的产品策划其效益一定很大，旅游新产品构想的效益可以从经济效益、社会效益和生态效益三大方面进行衡量，只有具备经济效益，产品才能获得融资，项目才能得到实施，因此经济效益成为衡量旅游景区项目策划的重要指标。但是，旅游产品成败不能仅仅只考虑经济效益，由于旅游活动的社会性和其对生态环境的敏感性，产品策划也必须同时兼顾生态效益和社会效益。生态和社会环境也会对旅游景区长远的经济收益产生影响。进行效益评价时应注意以下几点：在使用量上不能以满足现代人的最大需求量而设计；应本着不超过环境承载力的原则从事策划；注重自然优先、设计融于自然的原则；表现"天地人和"的最高境界，实现共生、共享、共美。

三是开发产品。根据所筛选出的方案，对新产品进行开发。其中，特别要注意为主要产品及项目提供辅助性设施和服务等的配套建设以及细枝末节的精致管理，将方案的实施落实到位。比如每年6～8月，来哈尔滨的游客大都是看中哈尔滨的凉爽天气。旅游是以避暑为目的。实际上哈尔滨还有许多避暑旅游资源，如市区内有松花江哈尔滨江段、太阳岛、长岭湖、植物园等，郊县还有不少，但大都缺少主题定位和形象意识。哈尔滨曾以"白雪公主"大篷车作为形象代言到全国各地推荐冰雪世界的美景,把冰雪旅游作为一张名片推荐给国人,现在哈尔滨需要做的是在冰雪旅游城市名片上再加上避暑旅游城市的"头衔"。发展避暑旅游应充满"哈尔滨特色",可重点渲染建筑特色、文化底蕴、生活方式、节庆活动等,如中央大街、欧陆风情、啤酒节、哈夏音乐会等。

四是试营销。如果设计方案可行,可在更大的范围内对旅游产品进行实验,包括促销实验、市场预测、试验性营销,以确定它是否具有市场潜力,是否对旅游者具有吸引力。若实验的结论是积极的,就可将这种产品推向市场;若实验的结论是消极的,再进行评价与修正。比如哈尔滨要在众多打气候牌吸引游客的城市中脱颖而出,就必须发挥出自己的欧陆风情时尚特色。作为消夏品牌之一哈尔滨现在正努力地打造"哈尔滨国际啤酒节"。哈尔滨的啤酒销量全国第一、世界第三,啤酒文化又与哈尔滨的城市文化同步、同龄。而且"喝啤酒"更有消夏的意味在内。哈尔滨的目标是把它打造成与冬季"哈尔滨国际冰雪节"相呼应的又一个集旅游、文化、经贸、美食、民俗等各类活动为一体的国际盛会。

五是商品化。方案成功后,旅游新产品就可以完全推向市场,实现商品化。推出之后,还需要售后跟踪,不断地从旅游产品的实际提供者(一线人员)和使用者(旅游者和旅游商)两方面了解其对产品的反映,不断地将信息反馈回来,及时发现问题,尽快加以解决,并努力使产品日趋完善,客人常见常新。比如哈尔滨如果依托资源优势打造避暑旅游主品牌,就可能再形成一个如同冬季冰雪黄金季的夏季避暑黄金季,从而带动哈尔滨的避暑经济发展,哈尔滨冬、夏并肩同行,旅游经济将迈上一个新台阶。根据有关规划,提出了"哈尔滨——'酷爽'之城"、"哈尔滨——不只是冰雪热土"、"松花江、太阳岛,避暑天堂哈尔滨"作为避暑旅游城市的宣传口号,确定哈尔滨市避暑旅游产品总的名称为"哈夏之旅"。

三、旅游产品策划的原则

不同的旅游景区,拥有的资源和所处的环境是不同的,其产品策划自然千差万别。但是总的来说,还是有一些基本原则是旅游产品策划应该遵循的。

1. 创新性原则

创新是事物得以发展的动力,是人类赖以生存和发展的主要手段。产品策划能否有新的突破,是其成败的关键,创新能吸引人们的兴趣,吸引人们参与其中,从而使策划力挫群雄,实现其自身的价值。真正的策划应有创新性,"鹦鹉学舌"、"照葫芦画瓢",照搬、模仿、抄袭别人已有的模式都不是真正的策划。策划需要创新性的思维,应随着具体情况而发生改变,不能抱残守缺,因循守旧,要想不断地取胜,必须不断地创造新的方法。即使是成功的模式,也不能生搬硬套,要善于依据客观变化的条件来努力创新,只有这样,策划才能别具一格,与众不同,吸引人,打动人，才能取得成效。

一是知识积累是创造性思维的基础。知识积累是创造性思维的一个基础，只有具备渊博的知识，如天文、地理、历史及社会学、伦理学、心理学、管理学、营销学等知识，才能形成策划人策划的文化沉淀，并在这种文化沉淀中培养创新的思维。所谓创新性的思维方式，是一种高级的人脑活动过程，需要有广泛、敏锐、深刻的觉察力，丰富巧妙的想象力，活跃、丰富的灵感，渊博的知识底蕴，这样，才能把知识转化成智慧，使之成为策划活动的智慧能源。创新性的思维，是产品策划活动创新性的基础，是策划生命力的体现，没有创新性的思维，产品策划的创新性就无从谈起。

二是标新立异是创新思维的关键。产品策划的关键在于标新立异，只有不断推出新的旅游产品才能有效提升目的地的吸引力。首先是旅游产品要"新"，如深圳欢乐谷里面的雪山飞龙项目是国内第一个悬挂式座椅的过山车，游客们一改往日乘坐过山车时蜷缩于车厢内惊叫的方式，将自己完全悬挂在传送带上，随着传送带的飞速运动而上下旋转。由于没有了车厢的保护，雪山飞龙的惊险性和挑战性也更强，同时其吸引力也更强了。其次是旅游产品不可复制性，如海南的博鳌论坛与旅游的结合，形成了一个新的旅游产品组合，复制这种模式的旅游产品是比较困难的，因此它的生命力是经久不衰的。当一个新的旅游产品可以被复制时，第一个会取得预期的目的，而纷至沓来的复制品则难逃失败的命运。如深圳第一个锦绣中华微缩景观建成时，引起了世人的关注，旅游者纷至沓来，取得了很好的收益。但是当微缩景观遍地开花时，它成了粗制滥造的代名词，不要说赢利，连投资都难以收回。

2. 市场需求原则

旅游产品的设计开发离不开旅游资源，但市场因素随着旅游业的发展，游客需求趋于越来越理智，以前设计、开发旅游产品主要依靠旅游资源的"资源导向观"，已经逐步让位于"市场导向观"。"市场导向观"型旅游产品以市场调查和分析作为产品开发的第一依据，重视竞争因素的调查和分析，最后建立起差异化的产品竞争优势。两种产品策划观念的主要差别在于前者重视资源，强调我们有什么，并在此基础上进行详细的环境分析；后者强调市场需要什么，所以我们提供什么。

旅游产品策划应遵循的市场需求原则。

一是注意旅游产品开发的层次性。旅游产品分为核心层、支持层、附加层、扩展层。核心层即满足旅游者需求的核心利益产品。就度假性旅游产品来说，娱乐设施是核心产品；对观光型旅游产品来说，景观是核心产品。支持层是为了实现核心产品必不可少的部分，如交通工具和住宿等基础设施。附加层是增加额外利益的部分，可以增加旅游产品的附加值，也可以通过降低游客获得旅游产品的成本来获得价值优势。而扩展层是所有层次的综合，包括游客如何进入，游客如何互动，这个层次上考察的是整个旅游地产品氛围的营造和提供的体验质量。旅游产品的层次性是站在消费者的角度来划分的,认识到旅游产品的层次性,有助于策划者更好地认识产品的现状和发展趋势,动态地把握旅游者的需求变化,才能在产品创新上有所作为,延长产品的生命周期。

二是旅游产品开发要渗透人本主义思想。"以人为本",以满足游客的精神和文化需求为目标,注重人的生命质量的提高,即为旅游者提供精神价值、知识价值、道德价值、愉悦价值、文化价值、审美价值、健康价值,并通过有效的策划,使游人在亲近自然、欣赏山水、接触社会、感受人文、阅读历史、体验风情、享受休闲、美食购物的旅游过程与服务过程中体验到身心愉悦。对于旅游产品策划,就是要为游客着想,满足游客的需求。如老年旅游产品策划的人本主义,要充分考虑到老年人的生理、心理特点,在线路安排上,要"少走多看";游览节拍上,要"缓行安全";饮食习惯上,要"清淡酥软";价格定位上,要"实在价廉";在服务态度上,要"敬老爱老";在活动组织上,则要注重与老年人之间的沟通与交流,使老年旅游真正成为一种休闲娱乐、健身养性的有益活动。

3. 个性化原则

旅游的本质是追求与自己原来的生活环境、生活习俗不同的感受和观感。因此,旅游产品必须创造与多数旅游者不同的生活环境以及生活习俗。

旅游目的地由于地理环境、历史发展、生产基础、资源人口、民族等的构成条件不同,必然存在显著的地区差异,有着显著的个性化特征。即使是同一资源,在不同的旅游景区中也会呈现出不同的特征。因此,旅游产品的创意设计,离不开旅游资源条件的支持,在充分研究了解目的地各种资源条件的基础上,因地制宜,开发设计出具有鲜明地域特色的旅游产品,个性化原则始终贯穿于旅游产品的策划中。

旅游产品是旅游者出游一次所获得的全部体验。在以市场为导向的理念指导下,旅游产品的设计要有效地组织各种资源为旅游者创造某种特殊的、个性化的体验。如山西五台山和湖南衡山的一些寺院推出"当一天和尚撞一天钟"的旅游活动。"带发修行"的游客们身披袈裟,手执棒槌敲击木鱼,在孤灯静影、晨钟暮鼓中对着经书唱和,世间凡事两耳不闻,心态平静如水,这对于那些在快节奏中生活的人们不失为一种净化心灵、宁静致远的享受和体验。例如深圳国旅主办的"深圳情旅",推出"旅游 + 交友"全新模式。在游览秀美风光的轻松氛围中,通过"问候语"、"看家厨艺大赛"、"竹筏山歌对唱"、"榕树下面抛绣球"等让人兴致盎然的一连串活动,给游客们创造交往契机。整个活动气氛热烈,取得了良好的新闻效应与社会效应。"深圳情旅"的品牌形象随着"像神仙一样谈恋爱"的宣传口号进入千家万户。深圳国旅也通过这一准确定位,成功开发出单身族旅游市场的新天地。

4. 延伸性原则

延伸性又可以称为延展性,在产品策划过程中,对老产品重新包装、组合其他产品、新设施的建设、形成产品体系是延伸性的一种体现。在同样的资源与市场要素的条件下,产品策划还可以产生多种多样可能的结果,资源转化为产品,有巨大的可能性空间,可以以资源为对象,进行产品设计,比如独特的自然资源,它本身就是观赏对象,也可以以资源为背景,进行产品设计,比如度假村、高尔夫球场。还可以完全"无中生有",比如主题公园。这些都是产品策划的延展性原则的运用,而且有一两个条件或措施的改变,就引起了产品大的变化。

一是对原有旅游资源进行深度开发,展延旅游产品的游览时间与空间。比如美国的尼亚加拉瀑布观赏主要是白天,为了延长游客游览瀑布的时间,他们对瀑布资源重新包装,每当夜幕降临,围绕着瀑布周围的巨型探灯齐放七色彩光,使已渐渐灰暗的瀑布又恢复了动人的光彩,随着灯光颜色的转换,瀑布七彩缤纷,气象万千,瀑布的夜晚是美妙的光之庆典,下午参观瀑布的壮观,晚上又欣赏迷人的灯火聚会,在五光十色的灯光下美丽的瀑布如梦如幻,使夜间观赏瀑布独具特色。用这种策略景区将游览时间由白天延伸到了夜晚,深化了旅游者对大瀑布的认识。

二是以原有旅游资源为背景,进行产品功能或主题延伸。1989年,一座以弘扬中国五千年历史文化,浓缩神州大地风景名胜的锦绣中华·民俗村微缩景区正式开业。一夜之间人山人海,"锦绣中华现象"连同人造景观建设浪潮迅速在全国蔓延。今天,面对香港迪士尼、广州、东莞、珠海及华侨城周边旅游景区的重重包围,锦绣中华·民俗村将用3~5年的时间,投资5亿元,改进旅游新项目,谋求老景区"变身"发展。2006年"五一"黄金周期间,《同一首歌》走进民俗村——相约"功夫之星"大型歌舞晚会连演7场,场场爆满,锦绣中华·民俗村"五一"共接待海内外游客11.64万人次,与2005年相比,游客量增幅高达61.62%,位居深圳各大收费景区之首,并创下近6年来景区游客黄金周增长幅度的最高点。从2006年年初的大变身第一幕"印象中国年",到"五一"黄金周的大变身第二幕"中国功夫",锦绣中华·民俗村不但探索出中国电视文化产业与主题公园联袂发展的新模式,也掀起了"大变身"的第一个高潮。2006年暑期,锦绣中华·民俗村以"大手笔、新创意",继续全新推出第三幕"中国风",五大娱乐新项目喷薄出世。完成了产品延伸、价值延续的过程。

5. 季节性原则

旅游产品来源于旅游资源,由于受到环境气候变化的影响,资源的游览时间就具有季节性,旺季、淡季也随之出现。比如我国中纬度的海滨旅游区,只有在夏季是旅游旺季,其他时间不太适宜;江南水乡人文荟萃,景色秀丽,但到了梅雨季节,则不是游览好时机;四川黄龙景区每年冬天因为山体封冻,都要封闭几个月时间。正是存在着旅游季节性的特点,策划时需要研究季节利用的最大化,尽量消除淡季的不利影响,使淡季不淡或微淡。

河北旅游近年来做起了冬季的文章,张家口崇礼国际滑雪节、山海关老龙头的冰雪长城、白洋淀破冰捕鱼、涿州花灯节、赏雪、玩雪、溜冰……现在的冬季旅游比往年更精彩。山海关乐岛、南戴河国际俱乐部应用高分子纤维材料建造的人造冰雪、草地,让人们一年四季都有冬天滑雪的乐趣。

大连的冬季既没有海南温暖明媚的南国风情,又没有黑龙江冰天雪地的北国风光,在这样的条件下,如何设计大连冬季旅游新产品呢?为打破冬季旅游的瓶颈,进一步激活大连的冬季旅游,从2004年开始以"3S"(温泉 Spring、运动 Sport、购物 Shopping)概念将冬季各旅游产品包装组合,并确立了"冬游大连,体验新浪漫"的主题。大连地区温泉资源丰富,有500余年历史的瓦房店龙门汤温泉洗浴,清朝咸丰年间就已闻名的普兰店安波温泉,以及旅顺老铁山温泉、庄河步云山温泉、开发区凯伦国际温泉俱乐部等,为游人享受温泉提供了更加完备的设施与更加周到细致的服务。运动既有传统的滑雪、冬泳,又有马术、网球、高尔夫球、徒步、登山、狩猎等活动,投身其中,可充分享受冬日里的乐趣。购物以"冬季购物到大连"为主题的活动,不仅在国内有吸引力,而且还在俄罗斯树立起了"远东购物天堂——中国大连"的城市形象,形成了冬季客源市场新的增长点。

第二节 旅游产品分类策划

旅游产品分类由于划分的标准不同,分类也会不同。如果按照旅游产品功能划分,可分为历史文化类、考察教育类、休闲娱乐类和生态旅游类四种类型。

一、历史文化类旅游产品策划

历史文化类旅游产品文化价值高,观赏性强,但部分产品物化有一定困难,市场吸引力有限,因此在策划中必须提高文化因素的活化、物化,打造消费者喜闻乐见的产品形式,以获得较好的市场认同度和美誉度。

1. 博物馆旅游产品

博物馆是城市或国家的历史缩影,而不同的历史孕育的不同文化则让博物馆聚集了独特的精神气质。博物馆的历史可以追溯到公元前5世纪的希腊,那时它还只是一座战利品的宝库。直到18世纪,西欧才有博物馆开放。而中国首个博物馆——"南通博物苑"则诞生于100多年前的江苏南通。如今,中国有许多博物馆达到世界级水平,比如秦始皇陵兵马俑博物馆、故宫博物院、陕西省博物馆、上海博物馆等,博物馆已经成为旅游业的文化类旅游资源,只要好好地规划,完全可以成为当地旅游的闪光点和增长点。

在南通旅游策划中,提出以"南通博物苑"为龙头,发扬光大文博事业,带动纺织、给水、建筑、蓝印花布等一系列专业博物馆的建设,应充实、完善现有的馆所,对一些规模小的博物馆要改扩建,着手新建南通风筝艺术馆和南通"近代第一城"博物馆,形成具有浓郁江海风情的博物馆群,使文博旅游成为南通著名的旅游产品。可利用作为古、近代纺织工艺展示的作坊,开辟一些自己织土布、自助设计绘制印染图案、自助丝绸印染和蜡染等游客参与性的项目,让游客购买自己动手参与制作并且贴(印)有"南通纺博"商标的纺织工艺品,从而提高旅游的趣味性并增强旅游产品促销效果。

2. 古墓葬旅游产品

古墓葬是历史遗留下来的珍贵文物,科研价值高,策划过程应突出其历史文化价值,强调环境与物品的保护,以物品展示为主,辅以活动项目参与,展现旅游教育、观光欣赏功能。我国有名的古墓葬很多,陕西黄陵的"黄帝陵"、临潼的"秦始皇陵"、咸阳西北的汉武帝陵——"茂陵"、唐高宗李治与中国历史上唯一的女皇帝武则天的合葬之地——"乾陵"、江苏盱眙的"明祖陵"、北京明代的"十三陵"和清代的"清东陵",等等。古墓葬以其独特的历史文化内涵,成为中国旅游的重要资源。

秦始皇陵以其规模宏大、埋藏丰富著称于世。1961年被中华人民共和国国务院公布为第一批重点文物保护单位,1987年联合国教育、科学文化组织把秦始皇陵列入世界文化遗产保护目录,成为全人类共同的财富。秦始皇陵位于西安市临潼县东约5公里,南依骊山,层峦叠嶂,山林葱郁;北临渭水,逶迤曲转,银蛇横卧。高大的封冢在巍巍峰峦环抱之中与骊山浑然一体,景色优美。陵园仿照秦国都城咸阳建造,大体呈回字形,陵墓周围筑有内外两重城垣,陵区内目前探明的大型地面建筑为寝殿、便殿、园寺、吏舍等遗址。秦始皇陵地下宫殿是陵墓建筑的核心部分,位于封土堆之下。陵园以封土堆为中心,四周陪葬分布众多,内涵丰富、规模空前,除闻名遐迩的兵马俑陪葬坑、铜车马坑之外,又新发现了大型石质铠甲坑、百戏俑坑、文官俑坑以及陪葬墓等600余处。旅游业组织策划秦始皇陵墓旅游景点时,首先让游客感受秦始皇陵墓的高大威严,制作出秦始皇陵陵区、陵园、地宫沙盘模型,再现2000多年前神秘陵园的壮观场景。其次让游客身临其境地感受王者的尊荣、王者的威仪,从而策划出在秦始皇陵上演大型的"重现的仪仗队——秦始皇守陵部队换岗仪式"表演。再就是在陵园里设立有多处文物展台,展示了秦始皇陵近20多年来出土的考古文物,生动直观地揭示秦始皇陵的奥秘,展示其丰富的秦文化内涵。

乾陵是唐高宗李治与中国历史上女皇帝武则天的合葬墓,是全国乃至世界上唯一的一座夫妇皇帝合葬陵。乾陵利用自然山势修建,陵园雄踞整个梁山山峦,陵园建筑仿唐长安城格局营建,宫城、皇城、外廓城井然有序。为了推广乾陵唐代文化,加快旅游产业发展步伐,为广大游客提供更为新颖、充实、富有乾陵特色的旅游服务资源,乾陵博物馆、乾陵旅游开发有限责任公司于2006年9月28日策划出"2006·乾陵唐风文化展"大型活动,主题为"解读乾陵神韵,演绎唐服魅力",主要内容包括:乾陵数字影院开播《神游乾陵》数字影片、唐代服饰表演、乾陵秋韵观光。特别是《神游乾陵》影片,利用虚拟现实数字技术对乾陵进行完整性考古复原,通过三维技术,以动态的手法,虚拟展示乾陵宏大的建筑,复杂的地宫结构以及规模浩大的谒陵仪式。乾陵唐代服饰展示及《神游乾陵》两项唐风文化展示活动将作为今后乾陵旅游的重要内容,成为吸引旅游者的重要活动。对乾陵今后的发展,策划者们提出乾陵利用现代技术,仿制、复制一批精美的唐代石刻艺术品,以展现大唐气象,并为游客开辟一处全新的游览区域。

3. 古遗址建筑旅游产品

古遗址建筑是最能体现古代文明成果的展示品,我国古代地面建筑以木结构为主,大多早已湮灭,现在保留下的唐宋年间的房屋都是经过后代不断修葺的,而许多土石结构的建筑或雕刻以其材料的耐损性才得以保存,如长城、西安汉代遗址和唐代大雁塔、登封少林寺塔林、洛阳龙门石窟、山西大同石窟、四川大足石刻、开封铁塔、北京故宫等。这些保存下来的古遗址建筑已经成为研究历史的重要文物,成为旅游观光的重要景点。策划古遗址建筑资源时,以保护为主线,以保持其固有的文化韵味和独特性为重点,以主体外围新项目建设为绿叶,烘托主题,使保护与开发利用良性互动,保障古遗址建筑景点旅游可持续发展。

长城是人工建筑体量最大的世界文化遗产。中国共有十三个朝代修筑过长城,其中秦、汉、明三个朝代的长城较为著名,其长度都超过了万里,跨越了整个的中国北部。由于长城地域跨度较大,加上我国旅游业的迅速发展很大程度上带动了新一批著名旅游目的地的出现,像司马台、慕田峪、九门口、嘉峪关等,逐渐成为国内外知名的旅游景区。为避免盲目开发造成长城资源的浪费和破坏,开发长城景区应严格遵循历史考证和先期论证,并做好整体规划。在策划中,应突出区域性特色,提高文化品位,开发出富有文化、高品位的长城旅游产品,而盲目地进行探索性、粗放式的开放,肯定会对不可再生的长城旅游资源造成损害和浪费。要针对不同类型的长城旅游资源,选择特色突出,市场潜力大的优先开发,避免盲目建设、遍地开发。八达岭的雄、慕田峪的秀、老龙头的奇、司马台的险等,都鲜明地突出了自己资源的个性,并形成了具有一定客源需求的市场层面。产品开发过程中应该着重强调长城保护,旅游产品开发要在保护好的前提下,获取一定的经济效益,同时又以经济效益来促进长城旅游资源获得更加稳妥的保护,形成一个良性循环的发展模式。

大雁塔风景区开发策划,突出了保护为主,在保护区外新建项目的策划思路。

2003年年末大雁塔北广场竣工,为《唐颂》三部曲之首篇。大雁塔广场集古迹保护、生态工程、旅游开发和现代科技于一体,规模宏大内涵丰富,是一项巨大工程,传承的是一种文化,为旅游者提供了新的活动空间、新的产品。整个设计方案紧扣曲江"水"的主题,以塔为魂,以水为脉,通过一系列景观与建筑的组合,营造了独一无二的奇观,表现了大唐盛世之景象。

4. 古庙寺院旅游产品

我国是受宗教影响比较深远的国度,佛教、道教等宗教建筑遗存较多,由于宗教文化的吸引,许多著名的古庙寺院一直是游人如织,如河南的少林寺、白马寺,陕西的法门寺,还有集合寺庙与山体自然景观的四大佛山、道教名山。许多地方在开发旅游时,都希望能复建古代寺庙,增加旅游产品,增强吸引力。在策划时,首先应顺应文脉,考察历史上是否有其寺,影响力如何;其次设计以古色古香为主,体现宗教文化的氛围;第三是文化的延伸,只有一个寺庙还不行,应和宗教文化、当地民俗文化结合,开发出延展性的旅游产品。比如少林寺之有名,除了恢宏的寺庙景观以外,更是博大精深的中华武术文化源泉之一。

茅山是我国道教名山,茅山道宫是道士清修之所,同时自然景观秀丽宜人,钟灵毓秀,为了更好地发展旅游,在策划中提出挖掘茅山的历史文化和道教文化,突出茅山的历史人文特色,展现茅山深厚的文化底蕴。进行旅游项目和功能的深度开发,特别是要大力开发具有观赏性和参与性的历史与宗教文化型旅游项目,提供新奇的旅游产品,集旅游胜地、道教圣地、革命圣地于一体的茅山,本身就具备了多种旅游产品的发展题材。此外,"茅山菩萨,有求必应",以及茅山的"神算"吸引着许多游客不远千里来茅山,亲身感受灵山仙境的奇妙。结合茅山的自然与乡村背景,设计乡野休闲度假产品,栽种经济林和果园,开发农事劳作和收摘果实等参与性旅游项目,开发农家菜,使旅游者感受农家生活的悠闲、恬静、淳朴和快乐。

5. 民风民俗旅游产品

民风民俗旅游是一种高层次的文化旅游,由于它满足了游客"求新、求异、求乐、求知"的心理需求,成为旅游行为和旅游开发的重要内容之一。民风民俗旅游产品如何策划? 一是做好"创意",言要及意,挖掘民俗深刻的文化内涵,给游客以深刻的启迪;二是要"创议",创造出让公众喜闻乐见的产品,成为议论的焦点,甚至存在一定的争议也不怕,怕的是产品引不起游客的兴趣,熟视无睹,充耳不闻;三是要"创异",产品要求新求异,唯我独有,具有差异的独特个性;四是要"创艺",要插上艺术的羽翼,把民俗打造成声情并茂、勾人魂魄的文艺大餐,留住游客;五是要"创忆",使民俗旅游产品让旅游者刻骨铭心,回味无穷;六是要"创益",达到经济效益、社会效益、环境效益相互协调的综合效益。

6. 寻根问祖旅游产品

寻根问祖旅游产品设计的要点是要获得市场的认同感,这样的产品对于旅游者来讲,更多的是得到心灵的寄托与身份的认同。例如最典型的是山西洪洞县城的大槐树旅游区,洪洞大槐树是闻名全国的明代迁民遗址。洪洞大槐树移民以范围最广、规模最大、时间最长,被称为"世界移民之最",其对研究中国移民史、家谱、族谱、根祖文化乃至华夏文明史都具有较高的历史价值。多少年来,大槐树被当作"家"、被称作"祖"、被看作"根","问我祖先在何处?山西洪洞大槐树"的民谣,使洪洞大槐树成为大半个中国人魂萦梦牵的"根",是数以亿计的海内外古槐后裔寻根祭祖的圣地,心灵深处的故乡。据称,台湾有三分之二的人口,都属于大槐树迁民后裔,因此每年有大量海外华人和港澳台同胞前来拜谒。每年的4月1日至10日,洪洞都要举行大型的寻根祭祖节,开展独具特色的寻根祭祖活动,同时扩建了一座占地20万平方米的寻根祭祖园。

二、考察教育类旅游产品策划

1. 红色旅游产品

红色旅游产品近年来在我国得以长足发展,国家也十分重视其发展,给予很多政策与资金的支持,许多旅游目的地或多或少都有一些革命历史遗存,具备发展红色旅游的条件。如何能吸引旅游者,在策划中我们认为主要有两种方法,一是红色体验产品的开发,把体验旅游的理念与操作引入红色旅游产品塑造中,比如有些地方提出的"做一天八路军"、"军队生活体验"等活动。二是产品的组合与延伸,与绿色生态产品结合,与军事题材旅游结合,与乡村旅游结合,与青少年活动项目结合等。例如,瑞金红色旅游的开发,策划者提出用"情境化体验模式",打造红色瑞金旅游产品。策划的总体思路是:将整个区域分为两部分:一是展示接待区。建设现代景观艺术建筑,共和国广场、根据地大酒店、会议培训中心、红军军事馆、理想天地、红色商贸娱乐餐饮街六个项目。二是情境体验区。进行情景设计,形成体验项目,实现完整重现"中华苏维埃共和国"及"临时中央政府"整体结构与形象的目标,达到美丽愉悦、震撼心灵、寓教于乐的效果。具体项目包括:石板路系统、红军交通工具系统、路条哨卡系统、红军训练场、警卫营、司令部、红军学校、红军食堂、宗祠大戏台、炮兵营、靶场、阵地、兵工厂、医院、若干民居等。通过参与性体验活动,使旅游者时光倒流70年,在当一天红军、参加一天革命的过程中,体验共和国的创立者们伟大的信仰、不懈的追求、高尚的情操。

2. 工业考察旅游产品

工业旅游是传统旅游产品的延伸,拓宽了旅游资源观,使得大批工厂、矿山成为旅游吸引物,增加了我国旅游资源的基数,方便了旅游者的消费选择。工业旅游产品多数以单一的观光为主,在策划中应不断加强旅游产品的层次性开发和产业链的扩张,增加新的项目,提高旅游产品质量。可以进行特色产品介绍,针对工业产品的工艺流程,或者展示企业、产品的发展史。在安排工业企业内部部门参观上,必须选择能反映主要操作系统的车间与部门对游客开放,使游客能看到整个产品的生产制作流程。

例如,河南漯河市的双汇集团通过工业旅游的开展,获得了社会的认同与好评。双汇每年要消化3 000万头生猪、50万头活牛、20多万吨鸡肉、5万吨植物蛋白,实现产值400多亿元。在双汇工业园区内,先参观屠宰车间,生猪经过"风浴"消毒后,进行了三点电击、放血、分体,通过流水线将猪送往下一个程序。紧接着参观肉制品生产的全过程,双汇集团采用日本、丹麦、意大利以及国内知名专家设计的科学配方,投资6 000多万元引进欧洲先进的自动化生产线。随着传送带的转动,猪肉的不同部位被分割后,分别进入下一道工序。在生产肉制品之前,还要放入冷库冷冻24小时,进行排酸,以确保猪肉的鲜美。在火腿肠生产线,猪肉被分割、排酸后,经过多种配料和多道工序,加工成各种各样的火腿肠,然后由工人根据不同品种,分别装入包装箱,旅游活动还可以品尝各式各样的火腿肠产品。通过游览,使旅游者认识到了双汇肉食品加工方面的现代化管理,严格规范的操作工序,职工一丝不苟的敬业精神,不愧为我国最大的肉类食品加工基地、肉类食品第一品牌。

3. 教育感受旅游产品

高校校园经过长期的建设与发展,积淀了大量的自然景观和人文景观。随着我国办学理念的转变和城市经营理论的引入,其空间环境和文化氛围以及历史与现代的建筑、场所等自然景观和人文景观成为发展校园旅游产品的重要资源。

我国传统大学校园的选址多以远避尘嚣、环山抱水为佳。如武汉大学选址在珞珈山,珞珈山背靠东湖,湖上涟漪万顷,水光潋滟,山上绿树葱茏,鸟语花香,既是读书求学的好场所,又是旅游观光的胜地。有的校园中还有流水瀑布、叠泉涌溪、百年古树、候鸟栖息等水生景象,构筑了富有生机动感、野逸情趣的自然景观,使大学校园成为旅游资源丰富的旅游景点。

从目前来看,高校旅游仍处于初创阶段,一般从旅行社角度来看,设计的产品类型有:一是观光型旅游产品。这种旅游主要依托高校校园自然景观资源和人文景观资源,不过学校旅游资源应该适度对外开放,以免破坏学校的自然景观,影响到学校师生的正常教学与生活,游客在旅游过程中应该养成保护自然资源的良好习惯,实现资源的可持续发展。二是修学型旅游产品。高校是培养人才的摇篮,开办了各种形式的继续教育,大量的社会各阶层人员为了各自的目的纷纷到高校求学深造,他们既是高校的学员,也是高校旅游资源的消费者。三是会务型旅游产品。在高校举办一些学术、论坛等会议,吸引学术界、商务界人士前来高校参加活动,同时参观高校的现代化教学设施和实验设备。四是科普教育型旅游产品。高校具备各种类型的博物馆、展览馆等科普型人文资源,中小学校可以组织学生去参观,感受科学技术、人文历史教育。五是文体活动型旅游产品。高校举办一些大型的文体活动,这将吸引大量学生及其他人士来校观光,成为校园的另一种重要旅游活动。如打出"××大学篮球旅游节"来吸引其他周边高校学生前来参观旅游。

三、休闲娱乐类旅游产品策划

1. 乡村旅游产品

国家旅游局把 2006 年确定为"乡村旅游年"后,炊烟垂钓、乡野人家成为城市居民向往的生活状态。乡村旅游成为旅游策划与规划的热点之一。从乡村旅游资源特点来看,主要吸引旅游者的有五个方面:各具特色的乡村自然风光;丰富多彩的乡村风俗民情;充满情趣的乡土文化艺术;风格迥异的乡村民居建筑;富有特色的乡村传统劳作。因此在策划中,强化或设计出这样的情境或产品,成为吸引城市居民的卖点,同时注重特色,精心设计,保护乡村资源。

在许多风景秀丽的地区,随着中小型景区景点的兴起,依托景区、景点,发展起来许多"农家乐"等乡村旅游产品。"农家乐"一般采取"公司＋农户"或"公司＋社区＋农户"的操作方式。旅游公司通过吸纳社区农户参与到乡村旅游的开发中,充分利用农户的闲置资产、富余劳动力,让游客参与日常农事活动与节庆活动,既增加了农户的收入,又丰富了旅游活动与旅游体验,向游客展示了当地的真实乡村生活。江苏省溧水县傅家边农业科技观光园依据丘陵山区的地理特征,划分为中心展示区、生态果茶区、特色农业区、高新产业区和休闲观光区五个功能小区,实现立体综合配套开发。在策划中主要针对科技园的活动设计,增加发展空间。建成了梅香园景区、神山湖景区、青龙山景区、竹海景区和中心科普区,形成了十里梅岭、百种花木、千亩竹海、万亩茶果园和十里梅花大道,建有科普展览馆、科普广场,随着南京梅花节、采摘节和周末乡村游等特色旅游节庆活动的举办,至今已吸引数十万游客来傅家边观光,并已形成集旅游景点观光、特色农家餐饮、农产品购物、休闲娱乐等特色旅游服务产品。今后景区发展,以梅园为特色的休闲农业旅游度假和以无公害果品加工业为主的农产品加工做成的旅游商品,将成为傅家边最有潜力的两个产品。利用傅家边特有土菜,形成土菜系列;发展木屋式田园客房、庭院式农家客房和园林式别墅出租;利用傅家边特有的脆梅、草莓、石榴、枇杷等水果和青壳鸡蛋、鲜鱼、大闸蟹等农产品,精美包装,形成属于自己的旅游商品。

2. 温泉旅游产品

现代温泉旅游,以感受温泉沐浴文化为目的,将原先温泉单一疗养的物化享受,提升到符合现代消费的文化和精神层面,成为一种以健康为主题,达到养生和休闲效果的时尚旅游,成为既疗养健身,又放松心情、舒活筋骨的旅游目的。温泉的内涵以"养生,休闲,度假,旅游"为核心产品并得以延伸。

我国是世界上温泉资源最丰富的国家之一,温泉分布广泛,温泉资源自然成了许多地区旅游开发的重点,比如早期的华清池、南京汤山温泉。现在开发温泉旅游,要让荒野中的一泓泉水成为人们心中向往的休闲乐园不会只是"挖坑、放水、盖房"如此简单。温泉产品的策划要以旅游者的感受为导向,实现可持续发展。温泉旅游应更加注重旅游者身心的综合感受,独特的感受将促进旅游者的多次消费。例如我国比较知名的御温泉,以盛唐文化为基点,深入挖掘我国丰富灿烂的温泉文化,形成了"盛唐新风,尊贵独有"的品牌文化。御温泉设计成中国第一家盛唐风格的露天温泉,在泡汤时享受风景、在自然中放松心情是露天温泉最吸引人的地方。在策划之初御温泉的设计者就为以后的可持续性开发留下了空间,在这里,皇家庭院与田园风光完美地融合在了一起。

3. 高山滑雪旅游产品

滑雪既是一项专业的体育运动,也是一项令无数爱好者着迷的休闲旅游活动。在西方,滑雪度假行业已经存在了100多年,而在我国,将滑雪运动开发成一种特殊度假旅游项目只有20多年的时间,目前仍处于发展的初级阶段。因此高山滑雪旅游产品在我国还不是很多。其中具有俄罗斯风情的黑龙江亚布力滑雪场由于举办了亚洲冬季运动会,逐步发展成为中国最大、设施最先进、条件最为优越的雪上运动场所。亚布力雪场最佳滑雪期从每年的11月中旬至次年3月下旬,雪道数量、长度及落差都处于国内领先。动感强烈,紧张刺激,安全可靠,能体会到"驾驶时空,追风降龙"的感觉。

山西太行山天池设计了龙泉滑雪场,太行山冬季积雪可达半年,南天池北坡是理想的滑雪坡地。在策划中,提出可按国际标准设计具安全性、趣味性、娱乐性的滑雪场。规划建设初、中、高级三条滑雪道。雪道长度600~800米,宽度100米,坡度10度;主滑雪道分为:滑雪板道、滑雪圈道、高台跳雪道。同时配套运载索道、雪地越野、牵引升空伞、大功率造雪机、雪雕、冰雕园和滑雪会所等设施与项目,并提供专业教练现场指导,医护人员现场护理(扭伤按摩等)、人身安全保险等服务。

4. 漂流旅游产品

漂流作为一种专项旅游产品,以其惊险刺激,游客参与性、体验性强等特点,迎合了现代旅游者的消费需求,尤其是迎合了中青年旅游者寻求刺激、尝试冒险的心理。在策划开发中,应首先以不破坏环境为前提,水上活动区要有可靠的安全措施做保障。水上游乐场所的建造应顺应自然,与自然相协调。

在福建龙岩白沙漂流景区,漂流峡谷段既有一定数量的急流险滩,又有一定量的平缓水流,峡谷两岸翠峰叠嶂,悬崖陡峭,峡谷幽深,具有"秀、奇、险"的特点,具有开发漂流旅游产品的独特条件。在策划中,提出将白沙漂流与白沙温泉、白沙河鱼餐饮等资源结合起来开发,体现综合性原则;将漂流沿线景点归纳为"三峡九曲十六景",景点命名体现文化内涵,并通过漂流旅游节的策划,饮食文化和民俗文化的开发利用,体现文化性原则;高度重视漂流安全,采取严格有效的安全保障措施,体现安全性原则;合理投资,尽快增效,强化经营管理,提高漂流旅游组织效率,提高经济效益,体现经济性原则;严格保护环境,控制污染,体现环保原则和可持续发展原则。同时对漂流起点、途中设施设备、漂流终点旅游接待服务设施进行策划、规划。

5. 游乐园旅游产品

游乐园属于主题公园类型,但并不是所有的主题公园都是游乐园。游乐园有惊险刺激的游乐设备,生动有趣的活动项目,特色鲜明的主题氛围,是深受青少年欢迎的游乐休闲场所。

游乐园的策划需要注意以下几点:一是主题鲜明新颖,有文化脉络可寻,节目常换常新;二是引进和扶持高质量旅游产品的同时,反对低层次的简单模仿和杜绝低劣景点的重复建设;三是惊险刺激的游乐项目的引进符合人们心理的感知与安全的需要,还要结合地形地貌条件选择。常州的中华恐龙园之所以获得成功,首先是主题的选择,它是一座主题文化与现代游乐设施相结合,集观赏性、参与性于一体的新型主题公园。其次项目选择合适,整个公园在项目设置上综合考虑四大内容:游乐设备、静态景观、表演活动、服务体系,以惊险、刺激的游乐设备为手段,在环境氛围上形成恐龙园独特的风格,以充满激情欢乐的各类表演活动把恐龙园的气氛引向高潮,以全方位、多体系的服务引导游客消费,创造一个动静结合、情景交融的现代主题游乐园。而且它的发展也带动了周边房产、配套商业服务设施的发展。

四、生态旅游产品

生态旅游是近年来各地普遍重视的旅游产品形式,一般都是在生态条件好的地段开展生态旅游,由于其地理背景不同,功能迥异,生态旅游的种类很多,目前还没有统一的产品分类标准。这里根据生态旅游资源地的开发与其他产品的组合程度,提出了满足各种旅游需求的专项生态旅游产品。

1. 生态观光旅游

在生态环境良好的自然景区或能体现天人合一思想的景区,开展的不损害旅游资源和环境的观光活动。据其地理环境,可分为山体、峡谷、海滨、湖泊、河流、湿地、森林、草原、沙漠等多种区域。自然风光旅游产品策划主要需要提出保护措施、减少人工项目,设计的重点是交通游线的确定,一般利用轻型飞机、电动游艇、马车等交通工具或步行,沿指定路线开展活动,体验人文生态之美,追求人与自然的和谐。如尼泊尔喜马拉雅山用直升机载客直接到山上,使游客既观赏到世界顶级的自然风光又不会因交通破坏生态环境。

2. 生态度假旅游

在空气清新、风光独特、自然生态环境优良的地方,可辟建度假区。产品策划时注重在满足游客度假需求基础上注重保护,选择有特色的娱乐项目,让游客周末和节假日能融入自然、休息疗养、消除疲劳。比如我国的一些旅游度假区的建设,主要集中在海滨、大型湖泊和中等高度的山体里。

3. 生态科考旅游

在自然保护区和特殊自然景观地段,可以设计开发专业科学考察旅游,主要针对的游客对象是专业人员。如热带雨林考察、大熊猫考察、火山地貌考察、喀斯特景观考察等。此类产品的设计主要是解决野外住宿和生活的简易设施等方面。比如国外的大型国家公园的设施修建,我国的神农架地区、荒漠地区也以开展科考旅游形式为主。

4. 生态科普旅游

在自然保护区内,可设计满足人们探索大自然奥秘的好奇心,提高自然科学知识普及的旅游项目与产品。策划的重点在于科普场所的建设,既要与自然和谐结合,又要能满足游客与大自然接触交流的需要,通过参观考察现场,看展览、声像多媒体等活动获得自然知识,认识自然价值,从而提高保护自然环境的意识,可以结合青少年修学、教育的需求。

5. 生态观鸟旅游

在大自然中,最有生机、观赏价值高、又易于接触的野生动物首推鸟类。我国众多岛屿和湿地是一些鸟类周期性迁徙的集聚地,为观鸟活动提供了固定的时间与空间,可策划远地和近地各类观鸟旅游项目。对于飞行高度高、距游客远的鸟类的观赏通常设计瞭望台,再配以高倍望远镜来欣赏鸟类飞行、取食等生活习性,对于近距离的群鸟,可直接用肉眼观赏。比如青海湖鸟岛、东北的扎龙自然保护区、盐城自然保护区和上海崇明东滩自然保护区等地都是开展生态观鸟旅游的理想目的地。

6. 探险旅游

在一些自然环境较为险峻之地,可策划探险旅游项目,如悬崖陡壁上的攀崖、湍急河流上的漂流、沙漠荒原探险等,这些项目需要专门的设施、训练有素的导游和较高水平的安全保护手段。由于这些地区往往生态环境较为脆弱,这种项目接待的人数需严格控制以保护环境。

7. 乡村生态旅游

在一些人与自然和谐的乡村或农场,可借助其优美的田园风光和恬静的乡村生活,策划吸引城里人前来旅游的项目,一般提供当地的农舍给游客,组织参观或参与农事活动,如捕鱼、采摘、牧羊等。

8. 野营和行车旅游

在条件许可的前提下,为满足人们与自然亲近的渴望,在森林、湿地、河谷等自然风光地策划在一定距离范围内的野营租用地,以供野营者食宿之用。可根据交通工具的差异设计为自行车旅游、汽车旅游等。为保护环境,更多提倡的是骑自行车甚至步行。

第三节 旅行社旅游产品经营策划

在世界一体化的背景下,旅游业的竞争出现了在世界主要客源接待地区全球竞争的新特征。旅行社在获取客源方面的竞争焦点体现在产品策划、服务质量及其运作、营销能力上。旅行社行业门槛低,基本上不存在独家垄断经营的产品,消费者面对众多的旅行社和旅游产品,选择的空间更大,自由度也更高,进行产品策划对旅行社的经营活动将越来越重要,做出自己的特色就是一种成功。

旅行社产品是指旅行社为满足旅游者在旅游过程中的需要,提供的各种类型的旅游线路与各种有偿服务。至少包含这样几个要素:行程线路、主题内涵、综合服务、交通形式、价格、目标群体、购买的便利性等。

一、旅行社旅游产品策划分类

1. 旅游目的地策划

旅游目的地的策划是两方互相促进的事情,一方面,旅行社从众多的目的地里加以选择,根据其提供的产品、功能、市场特征、线路组合挑选最佳;另一方面,旅游目的地通过营销手段,展示自己的资源、产品、线路,供给旅行社。通过双方协议签订,完成旅游合作意向。

作为旅行社可以运用多种形式进行旅游目的地策划选择,例如深航国旅整合本地和国内旅游目的地资源,极力打造"深航假期"旅游品牌,并成功地与旅游目的地黄山、武夷山等地达成合作协议,以航班为主线,带动旅游组团。随着深圳航空公司旅游航线的不断增加和飞机运力的上升,其属下的航空国旅则凭借航空资源优势,探索出了一条联合旅游目的地,扩大本地旅游组团,开发旅游线路产品,增加客运量,提高航空公司竞争实力和经济效益的道路。将吸引飞机客源与旅游产品、线路、资源整合等紧紧联系在了一起。除了依托航空优势继续推行旅游包机航线,还和旅游景区所在的政府部门密切合作,共同整合和优化当地的旅游资源,以期达到航空公司、旅行社和旅游景区三方获利的目标。

旅游目的地营销把旅游者需求作为首要条件,通过对目的地进行地方性分析和受众的感知水平调查,确定目的地能够向市场提供的产品及其总体印象。例如峨眉山风景区设立了峨眉山旅游专卖网络,是目的地营销的一种跨区域的互动合作模式,是景区和旅行社固有属性之间相互磨合的必然结果。峨眉山旅游专卖店网络是以峨眉山风景区为核心纽带的旅游联合体,需要旅行社精心策划、全力推介、启动市场,只有这两大主体的诚心呵护、通力合作,这一新生事物才能长效发展。峨眉山旅游专卖店网络的经营理念是:以峨眉山为龙头,突出四川世界遗产精品旅游线;以专卖店为基点,打造风景区与旅行社紧密合作的旅游联盟。

2. 旅游线路策划

旅游线路是旅行社产品的重要组成部分。旅行社只有精心设计出合理巧妙、有新意、有活力,并注重历史与文化内涵的路线,才能具有感染力,有利于推销和招徕游客。旅游路线的策划多种多样,风格千姿百态,手法十分灵活,内容丰富多彩,没有一定的固定模式,切实遵循"产品找市场"的原则,设计编制出具有科学性、文化性、独特性、趣味性的对路产品,敢于打破常规,勇于标新立异,多设计出充满个性化、自由化、灵活化的旅游新线。

线路的设计强调六点:一是组合,旅游产品的基础是线路行程,针对不同的人在路线、缓急、选点上都有不同;二是整合,整合服务,整合交通,整合政策,确立营销模式(整合渠道);三是包装,这是设计的核心,同样的线路,经过不同的包装,就变成不同的产品了;四是论证,通过调研、内部分析讨论的方式来论证产品的合理性、市场可行性等;五是修正,尤其对于一个全新开发的产品或者针对一个全新的市场群体开发的产品,一定有一个反复的过程,主要体现在细节上的修正;六是升级,产品升级是产品战略的一个非常重要的部分。如湖北远大旅行社的"千名老人下江南",光广告费的投入累计有好几十万元,如果这个产品不升级,武汉市内的老年市场的资源用不了5年就要消耗殆尽,到时候远大投入的近百万元的成本就难以收回,所以,"千名老人下江南"这个产品每年都进行升级,这个升级包括了产品的升级、渠道的升级、客户管理的升级。现在这个产品已经做到了全中国,每一趟包船的直接成本不断减少,这就是升级战略的益处。

有研究者提出了旅游线路创新设计的七个方法:一是翻新式,旧线翻新,注入新意;二是多点式,一线多点,巧妙结合;三是新景式,开辟新景,大胆尝试;四是切割式,地域切割,集中景区;五是拉力式,汽车拉力,求奇探险;六是浪漫式,轻松愉快,领略佳景;七是专业式,对口适度,流畅出新。

3. 旅游交通策划

旅游交通分为景区外部和内部交通,外部交通包括从旅游客源地、旅游集散中心或其他旅游景区到景区的交通,主要交通工具包括飞机、火车、旅游大巴、自驾车、轮船等。对旅行社来说,进行分析策划各种交通方式,包括到达时间和旅游者类型等,以便提供什么产品和服务。比如三峡游船产品的策划,长江三峡地区是中国古文化的发源地之一,游船产品针对这些景观开发出新的线路,来展示三峡地区悠久而灿烂的文化和多姿多彩的百姓生活。除传统的旅游产品外,还应推出特色旅游、民俗项目和参与性强的产品。游船产品设计要亲近百姓,注入更人性化的元素,让游客感到舒适、方便、周到、实惠。还可引入"自助游"的概念,即向游客提供来往交通和房间住宿配套服务,同时提供沿岸景点旅游产品及其他旅游服务让游客选择,最大限度地满足游客的个性化需求。

4. 入住饭店策划

入住饭店是满足旅游者需要的基础性项目,根据体验策划理论,入住饭店的策划应该将住宿功能、主体建筑、景观房产加在一起,目的是使客人达到深度体验。

在住宿策划中,要在确定的规模上形成合理的档次结构和布局体系创新,进一步挖掘住宿文化体系,提升传统的住宿功能,在一定程度上达到住宿与娱乐合一,使旅游者通过住宿也能够感受到当地文化的独特韵味,使具有特色的住宿体系成为旅游地的吸引物。例如,北京的四合院、湘西的吊脚楼、黔西南的石板寨、陕北的窑洞、东北的大炕、闽西的土楼等都可以策划成集功能住宿和文化体验为一体的旅游载体,让旅游者获得独特的居住生活体验。

一般入住饭店的主要模式有标准酒店、经济酒店、民居与家庭旅馆、住宿交换系统(分时度假等)、特色酒店等。旅行社根据目的地提供的设施由旅游者的消费能力与喜好确定。

5. 旅客购物策划

旅游者消费的很大比例是购物。一般来说,购物是旅游消费中弹性较大的一项,因而购物项目成为很多景区为提高经济效益而优先发展的项目。购物的策划主要包括三个方面:购物场所策划、购物方式策划、旅游商品策划。

一是购物场所策划,旅游者通常希望在产地或具有纪念意义的地方购买自己所喜欢的旅游商品,只有这样,所购买的物品才具有商品以外的特殊价值,即纪念意义。购物区集中在出口,这时客人已经游览过景区,出来以后自然产生购物的愿望,出口经过商场,这种方法是多年经验的积累。主要的旅游购物场所类型有:旅游纪念品店、国际名品店、特色专营店、土特产店、工艺美术店、画店、玩具店、古董店、手工艺品店、旅游购物中心等。

二是购物方式策划,购物方式包括免费赠送、主动购买、购物+门票等,某些景区还存在强制购物的现象。旅游者主动购买应该是最主要的购物方式,当然加强销售服务是必要的。免费赠送以及捆绑销售的方式有时能够起到很好的效果,特别是对于带有宣传促销性质的商品。

三是旅游商品策划,商品的设计生产符合市场需求、文化内涵丰富、充分利用当地资源、注重包装,可以策划体验购物的形式,边体验边消费。除此之外,旅游商品也必须具有纪念性、便携性、价值性等特点。

6. 游客娱乐策划

在现代旅游活动中,娱乐活动占有越来越重要的地位,娱乐是旅游活动的提高。娱乐项目的发展首先要民族化、地方化、民俗化。越是民族的,就越是世界的。旅游者到旅游地的娱乐体验,应当是具有当地民俗特色的娱乐方式;而对于那些比较大众化且在很大范围内流行的娱乐项目,旅游者反而兴趣不大。这就需要策划者在娱乐项目的策划过程中,充分发掘当地的特色文化和奇特的游乐方式,把丰富的文化内涵融入新奇的娱乐方式中,让旅游者享受到独特的游乐方式。

另外,娱乐场所和地方民族文化节策划时需要集中性考虑,因为通过这样集中的方式,既展示了旅游地的民俗文化,又把各种具体的传统民间游乐方式表达出来,让旅游者既增长了知识,又得到一次全面、深刻的游乐体验。娱乐项目策划的一个要点是调动旅游者的参与性,让旅游者参加跳舞、歌唱、游戏比赛、手工制作、生产劳动等。让旅游者全身心地投入到娱乐活动当中,这样才能增加旅游者参与娱乐活动的积极性、主动性和体验效果。

二、旅行社旅游产品经营步骤策划

1. 旅游产品经营背景分析

对于任何一个旅游营销主体而言,其一切营销活动的目的就是向旅游者提供一定的旅游产品,从而满足旅游者在旅游过程中的需要。然而,要想有效地实现这一目的,"旅游者需要提供什么样的产品"则是一个十分关键的问题。也就是产品经营背景的分析。

比如游客委托旅行社办理签证,或者订房、订票,其他的事情全部由自己解决,选择这种旅游方式的人被称为"自由人"。根据此类旅游需求而设计的以交通+住宿为主,以其他旅行服务为辅的旅游产品称作自由行度假产品。这种"自由人"旅游模式,已经开始出现在越来越多的城市青年白领生活中,受到不少游客的欢迎。其中又主要以观光客人和商务族为主,他们不喜欢拘束,对于价格不是很敏感。自由行在国外旅游市场中非常流行,所占比例能跟团队平分天下,但在目前国内的旅游市场,还算新生事物,尤其是出境自由行。就目前我国的实际情况,最适合开发出境自由行度假产品的目的地为港澳和东南亚地区。港澳自由行开发已经比较成熟。随着中国和东盟贸易自由圈的发展日益成熟,东南亚国家对中国的旅游开放程度也日渐加深。因此会有越来越多的休闲、商务"自由人"前往该地区,尤其是珠三角地区,由于地缘的关系将成为国内东南亚出境自由行的突破点。

2. 竞争分析

主要分析竞争对手与自己在价格、服务方面的优势与劣势,理清自己在开发的旅游产品上具备什么优势,又有什么是自己所不能达到的。

比如上述的出境自由行,主要的问题就在于资源控制,就是自己是否掌握着酒店、订票等资源。旅行社行业有两种分工体系:垂直分工和水平分工。日本及欧美的旅游发达国家采用垂直分工,即按批发商、零售商的上、下游关系分工。批发商规模大,自行研发产品;零售商规模小,代理销售批发商的产品。而我国目前采用的水平分工是按照国内旅游、国际旅游的经营范围划分,所有企业都要研发、销售产品,不仅浪费了大量的人力、物力、财力,旅行社的品牌也受到区域性的严格限制。但在出境自由行项目上因为处于起步阶段,因此谁能掌控旅游资源谁就可以成为产品供应商。主要的资源控制在于:

一是酒店、度假村等目的地资源控制。目前的国内旅行社大多是通过与旅游目的地(旅游供应商)的地接社联合来控制此类资源,也有部分是直接与酒店(或是酒店集团)、度假村在国内的办事处或是直接签约合作。譬如中青旅和胜腾旗下的全球最大分时度假旅游公司 RCI 建立了战略合作伙伴关系,双方将在传统的入境、出境和国内旅游市场上展开合作。中青旅可以为 RCI 的 300 万会员来华旅游提供服务,并为 RCI 在中国的会员出境游提供签证等方面的帮助。而中青旅则通过 RCI 获得境外的住宿资源。

二是机票、票务资源控制。在机票资源控制方面,目前大多数的中小型旅行社由于不具备机票代理人的资格,都还是通过与传统的机票代理人合作。这样可以做到优势互补,但同时也降低了效益。有些大的旅行社资源控制能力很强,它们会直接从航空公司获取机票资源。比如中青旅包机直飞马尔代夫等重量级产品就获得了良好的市场反响。

3. 确定淡旺季营销策略

对于旅行社来说,许多产品具有季节性差异,夏天主推避暑、海滨、山岳旅游线路,冬天主推北方冰雪、南方景点为主的旅游线路。有的时间段是游客相对集中的出游时间,比如暑假就是学生市场的高峰。旅行社针对淡旺季需要确定不同的营销策略。

但是旅游淡季并不是绝对的,其中也蕴藏着商机。目前,旅游市场的竞争已经进入白热化,谁开辟了淡季旅游市场谁就抢到了商机,有研究者提出中小旅行社可以尝试以下几种应对策略。

策略一:全员淡季充电。中小旅行社要抓住旅游淡季难得的闲暇时间培训员工,进行业务交流,以备明年旅游旺季时的实际需要,提高员工素质和服务水平。培训师资可以选择行业资深经理人、优秀外联营销人员、优秀导游以及大学旅游专业教师等。培训的主要内容可以有很多，通过培训，旅行社全体人员可以提高业务水平，增强团队凝聚力。

策略二：考察旅游新线路。对于许多客户来说，旅行社提供的游览线路成为仅次于价格的第二大选择因素。因此，在市场淡季着手考察旅游新线路，成为小旅行社老板们的头等大事。在淡季时间里，大家可以摸索改进线路，力图让自家的旅游产品更有竞争力，为来年的旅游旺季提前做准备。

策略三：联手经营。中小旅行社由于自己抗风险的能力较低，在淡季难以独自支撑，还会面临经营成本上的不菲费用。因此，可以选择熟悉的几家旅行社联手经营，成立协作体，共同协商编排出游线路，以规范混乱的淡季市场价格，共同维护利润空间，并以其适中的价位共同开拓淡季旅游市场。

策略四：营销特色产品。旅游淡季可以围绕"敬老"主题做文章。近几年开始，"老年线路"开始活跃。有的旅行社打出了"爸妈之旅老人游"系列国内游线路，而针对新开放的欧洲市场，也有旅行社打出了"欧洲开放，父母先行"的口号。旅游市场竞争加剧，促使旅行社更加注重细分市场。尽管现在是旅游淡季，但其具有出游价格较低的优势。旅行社适时推出符合市场需求的旅游产品，可以借助淡季价格优势，迅速启动老年市场。

策略五：开展自驾游业务。驾车旅行作为自助旅行方式中的一种，跟随旅行社组织的自驾游是一种比较好的做法，可以节约不少开支并且省去不少麻烦。另外，有旅行社组织，一般是在出游途中都会安排领路的导游和专业的车辆修护人士，保证了车辆和旅游过程的安全。旅行社可以考虑组织专人策划制作自驾游线路，为所有会员在每月主推一条自驾游特别线路。

策略六：网际营销迎接新客源。旅游淡季，旅行社经营管理营销人员可以通过论坛和QQ群等网络工具培养潜在的客户，一些旅行社更是利用淡季大力推广自己的网站。网络化发展改变了旅行社的经营方式。可以以论坛等形式，吸引本地喜欢旅游的网友在线上交流，从而区分市场，并为旺季组团涵养客源。网络营销的兴起，未来的赢利模式将由传统的组团、地接业务，转为向自助游、半自助游游客提供"点菜"式服务。

策略七：塑造品牌。旅行社要有淡季品牌的意识。淡季的品牌塑造要多管齐下，尽量挖掘企业本身值得宣传的东西，利用各种媒介，给公众一个良好的印象。

策略八：开拓双休日线路。双休日旅游短途、费用低等诸多优点也许会在旅游市场上有出色表现。很多城市之间的火车都采取了夕发朝至形式，有的甚至推出了旅游特快。星期五晚上上车，星期六一早到达，游客在目的地可以有两整天时间旅游，因此双休日旅游完全适合选择中、短线旅游的上班族的需求。

4. 确定所针对的市场

旅行社的产品开发，必须根据自身的优势，广泛地进行市场调研，对旅游市场进行细分,选择合适的目标市场,根据目标市场的要求,开发与之相适应的特色产品。产品针对的每个细分市场,一定要做到有的放矢,有市场针对性。比如上文所提到的"自由行"产品。由于自由行所面对的是比较高端的客户,他们一般文化层次比较高,对品牌等都有一定的认知和认同,因此对产品的设计方法主要有:一是线路主题化。用不同的主题来包装产品,既可以针对细分市场,又可以体现不同的文化诉求。根据出游目的的不同可以划分为商务自由行系列、蜜月自由行系列、海岛自由行系列等。二是提供出游攻略。为客人制作精美的出游攻略,这样既可以包装我们的产品,又可以体现一定的附加值,给客户更好的体验,从而提高客户忠诚度。三是增加高附加值产品。目前自由行不仅是大交通+酒店,还可能有小交通(景区内的交通)和导游以及购买景区门票的服务。

5. 开发和实施沟通战略

在产品推向市场时,应及时与市场进行沟通联系,了解市场对产品的反映,也了解市场的特征。比如中国是一个饮食文化大国,国家旅游局把2003年的旅游主题确定为"中国烹饪王国游",充分体现了中华饮食的博大精深。开发有特色的中国美食旅游产品已经受到旅行社的广泛关注,品尝独具特色的中国美食已成为海内外游客在中国观光游览的一项重要内容。开发饮食文化特色旅游产品,就要在产品中表现出中华饮食的主要特色,在品味美味佳肴的同时,也体会到其中所蕴含的文化内涵和魅力。以面向日本市场的产品开发为例,在中国的各大菜系中,最适合日本人口味的,还是广东菜。它味道清淡,用料讲究新鲜,分量也不是很大,与日本人的饮食非常相似。当然,在广东人餐桌上唱主角的煲汤,日本是没有的,但是每一个日本人尝过之后,都会赞不绝口。特别令人关注的是,以上海派文化为根基的"海派菜"也得到日本旅游市场的很大关注。另外,四川菜在日本也有一定的市场,但是那已经是经过改良的川菜,否则,真正的以麻辣为特色的川菜日本人很难接受。

6. 实施和评估

旅行社产品进入市场,接受市场的评判,要根据市场的反馈,检验评估,及时对产品进行改进、调整,以更符合目标市场的要求。通过市场的反映,针对产品中不合理的因素作进一步的改进、改良,包括产品质量的改良、产品功能的改变和服务的改进等。还可以根据市场反馈,对产品进行调整、组合。通过降低价格、产品的重新组合、广告宣传等,在市场上树立该产品的良好形象,培养旅游者对该产品的偏爱,增进购买。例如根据自由行市场的特点,可以把分销渠道分为传统分销渠道和网络分销渠道。由于大多数的"自由人"都喜欢自己制订旅游计划,都会通过互联网去获取一些必要的信息,甚至直接通过网络购买产品。因此自由行度假产品的网络营销就变得非常必要了。传统分销渠道,目前这种销售方式在一定程度上制约了自由行的销售。网络分销渠道可以从网上旅行社、网上旅游超市、网上旅游搜索引擎、网上旅游同行网等渠道获取，得到了市场的肯定。综上所述自由行产品有自身的特点，已经和传统的旅行社出游方式在许多地方都存在不同。因此旅行社在策划、包装和分销等方面都应区别于团体游产品，开发新的策略与措施。

复习思考题

1. 什么是旅游产品策划？不同类型的旅游产品策划有什么样的特点？
2. 旅游产品策划的原则有哪些？具体运用时应注意哪些因素？
3. 如何进行旅行社旅游产品策划？
4. 结合旅游新产品策划的要求，以你熟悉的景点为例，谈谈如何进行新产品的创新。

第九章 旅游服务策划

引言

小文毕业后在一家五星级饭店工作，在岗前培训中，培训人员讲了两个观点，一个是"客人是上帝"，另一个是"没有满意的员工就没有满意的客人"。对于这两个观点，小文一直觉得是矛盾的，假如一定要在客人和员工的重要性上做一个比较，到底哪一方更重要一些呢？他向自己部门的主管提出了自己的疑惑，主管告诉他，两者都很重要，在这两者之间比较重要性没有什么实际意义，因为两者是统一的，是一个问题的两个方面。

在这一章里，我们要了解旅游服务的基本内容，在此基础上把旅游服务策划分为旅游外部服务策划和旅游内部服务策划两个部分，它们是旅游服务在旅游企业系统的外部和内部进行相应的安排。

本章学习目标

1. 了解旅游服务的特征、构成与分类。
2. 了解旅游外部服务策划的过程。
3. 了解旅游内部服务策划的方法。

预测专家们认为现代工业社会正在向服务性社会过渡，新型的服务性社会正在到来。服务性社会的出现，必将深刻地影响人类社会的各个领域，改变人们的生产方式与生活方式，最终促使一个全新的社会生产生活图景的出现。旅游业作为服务行业的重要组成部分，应当牢牢把握住这个机遇，在旅游服务策划中自觉树立服务观，勇于创新，处理好标准化服务与个性化服务的关系，努力为顾客提供超值服务，为组织的营销工作打下坚实的基础。

第一节　旅游服务概述

一、旅游服务特征

旅游服务是服务的一个分支，具有服务的四个最基本的共性特征，即无形性、差异性、生产和消费同时进行性和不可储存性。但旅游服务毕竟具有其行业的特殊性，所以它又具有不同于服务基本特征的个性：

1. 旅游服务难度大

这是由旅游业的行业特性所决定的。旅游业的景区、旅行社、酒店、交通、购物、娱乐六大支柱产业提供的产品几乎全是服务，这种服务只有旅游者参与才能实现产品的价值。然而，旅游者三教九流无所不包，年龄、职业、素质、生活习惯又不相同，需求也是多样的。要满足以上不同客人的服务要求，客观上造成旅游服务对象的多样性和复杂性，使得旅游服务与其他服务行业相比，难度更大。特别是旅游服务中经常遇到对旅游者的即时服务要求，更增加了服务的不可预测性，对旅游业提供的旅游产品提出了更高的要求。

2. 旅游服务产品的复杂性

工业提供的产品比较单纯，产品生产出来后有个销售服务、产品咨询服务、售后服务。而旅游提供的产品除了产品咨询服务、销售服务、售后服务，更多的是旅游产品生产过程中的服务。如纯粹的旅游产品服务，包括导游服务、酒店住宿服务、就餐服务、乘车服务等；有形的旅游服务，包括为旅游者提供舒适的豪华大巴、双飞或火车卧铺交通工具，饮食服务，提供有洗澡、空调、电视、电话、网络等设备使用的下榻房间服务等。无形的非旅游产品服务，包括旅游者安全保护、生病就医、心理咨询与沟通等。

二、旅游服务构成

1. 旅游服务的人员构成

旅游服务的人员构成，包括旅游服务主体、客体和媒介三个方面。旅游服务的主体，是指旅游服务的供应者，也即各类旅游企业；旅游服务的客体，是指旅游服务的接受者，也即旅游者；旅游服务的媒介，是指协助旅游企业将旅游服务顺利地传递给旅游者的人或物。以旅行社为例，旅游服务主体就是旅行社，旅游服务客体就是旅游者，旅游服务媒介就是旅行社的基础设施以及导游、接待等工作人员。

对于旅游服务主体而言，重要的是制定正确的服务策略，提供需要的服务，使旅游者感到满意;对于旅游服务客体而言,重要的是服务质量与支付报酬之间的"性价比",以及接受服务后的满意程度等;对于媒介而言,工作人员"桥梁"作用的成败、好坏,对旅游服务主体的付出效果和旅游服务客体的接受效果,都起着至关重要的枢纽作用。

2. 旅游服务的价值构成

从旅游者接受旅游服务所获得的价值角度看,旅游服务的价值构成包括以下四个方面。

一是技术性服务价值。它是服务提供的基本价值,也就是旅游者从购买的服务中获得的服务结果。如:宾馆的技术性服务就是为旅游者提供客房;餐馆的技术性服务就是为顾客提供美食。虽然是基本价值,但它却对旅游者的满意度起着重要作用。

二是功能性服务价值。它是指旅游者在服务过程中得到的技术性以外的服务价值,与消费过程同时进行。如:在宾馆获得客房这样的技术性服务价值的同时,可以同时获得热情周到的心理服务价值。市场竞争越来越激烈,旅游者对服务质量的要求越来越高,功能性服务价值将越来越成为企业获得竞争优势的方式和途径。

三是员工价值。主要是指由企业员工的工作态度、业务水平、应变能力、工作效率等方面产生的价值。由于旅游业是人员密集型行业,旅游服务的提供需要人与人之间的频繁接触,所以,员工价值的重要作用在于,高价值的员工可以为企业创造更多、更好的价值,为旅游业组织的良好形象增添光彩。

四是企业形象价值。是指企业的理念、品牌、标志、技术、质量等对社会公众的感官所带来的行动与心理的评价,旅游业组织的形象事关组织的效益大小和发展成败,因此它是旅游业组织的无形资产,必须加以重视,对已经建立的良好形象必须珍视爱护。

旅游企业在经营的过程中,只有使上述的四个价值都有所提高,才能增加旅游者在接受旅游服务中获得的满意度,进而最终提高企业的经济效益。

3. 旅游服务观念的构成

在新的历史条件下,旅游企业要树立"服务至上"的新型价值观,具体应包括以下四个方面。

一是服务顾客的价值观念。在市场经济中,消费者接受某一产品,首先要判断该产品能否在成本较低的情况下为自己带来较高的服务价值。在确定了几种可供选择的产品后,消费者会挑选出最符合他们期望价值的产品,自此之后才会将购买欲望落实为购买行动。企业要赢利,就必须把企业的产品和服务投入市场参与竞争,吸引消费者。谁能争取到消费者,谁就能获得比较高的市场占有率和赢利率。

在我国,随着市场经济的发展,买方市场将成为经济生活的常态,企业间争夺消费者的竞争将是很激烈的。在这种形势下,旅游企业只有通过贯彻顾客价值最大化的经营思想,建立全方位满足顾客的具体措施,才能使优质服务转化为旅游企业的竞争优势。因此,以消费者为本,为消费者提供最好的产品和服务,赢得消费者的信赖,是旅游业必须坚守的价值观念。

二是服务股东的价值观念。在现代市场经济中,多数旅游企业是由数个股东出资兴办的,上市公司则更是有一大批流动不定的社会公众股东,很多大型旅游项目中的国家投资也是以股东的身份出现。如果企业利润丰厚,股东分红甚多,就会吸引更多的投资,扩大企业的经营规模,或介入其他生产经营领域;如果企业没有利润,甚至亏损,使股东的利益受到损害,股东就会设法抽走资金,企业就难以经营下去。随着产权制度改革的深入和现代企业制度的建立,我国绝大多数旅游企业将成为以股份制为主要组织形式的所有制企业,在企业中股东就是所有者,经营者必须对股东负责,维护股东的权益,为股东的资本增值事业倾尽全力。

三是服务员工的价值观念。无论实行计划经济还是实行市场经济,旅游业组织的员工都是利润的直接创造者,是优质产品和优质服务的直接提供者。旅游业组织经营的特殊性,其中很重要一点就是人在组织创造价值中的作用将更为突出,因而组织更应该重视与员工的沟通与合作。企业要把员工视为主人,这是天经地义的事情,许多发达国家早已推行员工持股制,使员工能够分享企业利润。对旅游企业来说不但要依法保护员工的正当权益,还要用精神的、物质的手段来提高员工的素质,调动员工的能动性,尊重员工的首创精神,充分体现员工的人生价值,为员工创造发展和提升的空间。就服务而言,旅游企业要通过奖惩制度使优质服务措施得到巩固和加强。其中,用于激发员工积极性的诱因有:工作表现突出奖励办法、持股分红等。

四是服务社会的价值观念。企业的生存和发展离不开社会所提供的外部条件。社会越进步,为企业提供的基础的、法律的、科技的、宏观调控的条件就越好,企业发展就越快。因此,回报社会、不断促进社会进步,应明确树立为企业生产经营的基本目标。以优良的产品和服务奉献社会,以依法纳税的行动奉献社会,以优美的环境奉献社会,以现代产业文明奉献社会,以先进文化奉献社会。当然,无论是所有者,还是经营者,他们对资本进行营运调度时首先考虑的是利润,这也是资本的逐利本性使然,他们之所以有时会在环境保护、公益捐款、承担社会责任等方面有所支出,既有法律法规限制的因素,也有借此提高企业知名度、树立良好企业形象、推动企业产品销售的动机。毫无疑问,企业的生产经营要以追求利润为目的,但绝不能把企业利益与社会利益对立起来,更不能以损害社会利益为代价而追求企业利益。一切损害社会利益的企业行为,都是短视的。

服务和发展是辩证的统一体,企业只有做到服务至上才能不断发展自己,发展自己是为了更好地服务顾客、股东、员工、社会,两者紧密联系、相辅相成。

三、旅游服务分类

1. 按照服务与旅游的相关程度划分

一是核心的旅游服务。根据联合国《暂行中心产品分类》目录,核心的旅游服务又可分为四个子类:旅馆和餐馆(包括餐饮业)、旅行代理商和旅游经营商服务、旅游导游服务、其他。

二是相关的旅游服务。旅游产业是一项关联性极强的产业,在具体工作中会涉及多个相关部门。

2. 按照服务公众的不同划分

一是旅游内部服务。指为旅游企业内部的工作人员,如从业人员、基层员工、主管甚至股东提供的服务。具体包括员工的管理、培训、企业整体理念、规章制度等的确立。旅游内部服务质量的高低,直接影响外部服务质量的好坏。

二是旅游外部服务。是指旅游企业为旅游者,包括潜在旅游者所提供的服务。

3. 按照服务提供的过程划分

一是售前服务。如购买旅游服务前的信息咨询等活动。

二是售中服务。如旅游过程中的导游服务等。

三是售后服务。如拜访旅游者或旅游代理商,征询意见和建议等。

第二节 旅游外部服务策划

一、旅游服务对象需求分析

旅游外部服务策划的工作基础是做好市场客源构成分析,也就是要找出具有共同特征的顾客群,以便针对每一顾客群的需求,策划设计并提供相应的旅游产品和服务。在多元化、个性化的旅游需求市场上,一个旅游企业所提供的产品和服务并不能使所有的旅游者满意,所以在面对整个旅游需求市场时,旅游策划者必须为企业找出特定顾客群,拟定一套服务策略,满足他们的个性需求,只有这样才能取得竞争优势。

随着全球旅游热的兴起,旅游业竞争愈来愈激烈,旅游竞争的焦点在于抢占旅游客源市场。为了适应不断变化的市场环境,在激烈的竞争中获得生存与发展,各旅游地、旅游企业必须研究旅游客源市场结构,明确自己的客源市场目标,以便对自己的旅游产品进行正确的定位,制定切实可行的客源市场规划,调整旅游产品经营组合，制定合理的价格政策，并集中人力、物力、财力等，选择最佳的宣传促销渠道，有针对性、有秩序地开拓自己的客源市场，以提高旅游客源市场占有率和旅游经济效益。

1. 旅游市场客源构成分析

旅游市场客源构成分析的标准主要有以下几种。

一是人口统计学标准。即按照旅游者的性别、年龄、职业、民族等代表旅游者重要特征的因素对目标市场进行细分。人口统计学的理论和方法，是旅游业组织建立产品和服务并销售给不同类型消费游客的基本方法之一，通过对获得的这些统计数据进行分析，可以了解不同特征的目标市场的需求特征，针对不同的目标市场提供不同的服务。像饭店、旅行社这样的旅游企业，通过日常的搜集和积累，建立人口统计学的信息数据库是非常必要的，这是探求旅游者需求的基础工作。比如，有的饭店以接待普通团队旅游者为主，有的以接待散客为主，有的以接待商务人士为主，不同的饭店特征对应不同类别的旅游者，这都是在长期调查统计基础上逐渐形成的服务目标定位。

二是地理标准。即根据旅游者地理特征的不同进行细分，得出不同地域旅游者的需求特征。来源地不同的旅游者，个性心理特征和服务需求会有很大的差异，这种差异应当受到策划人员的重视。特别是一些地区的旅游者带有自己的生活习惯和生活方式，对于这些内容，旅游企业必须重视，并予以安排。

三是心理标准。即按照旅游者的生活方式、个性、价值观等心理方面的因素对目标市场进行细分。如：当今都市流行的陶吧就是针对那些希望返璞归真、自己动手制作的都市年轻人设计的，能够满足特定人群的心理需求；沙漠、洞穴探险是针对青年人冒险好奇的心理特征设计的旅游产品。

四是行为标准。按照旅游者对服务的认知、态度及反应等将目标市场进行细分。以旅游目的地为例，有的旅游者喜欢自然风景，有的喜欢人文古迹，有的喜欢农村田园风光，因而对目的地的选择也就各具特色。对于这种情况，旅游企业应当基于自身的资源优势，着力打造某一个类型的高品位资源并开拓这个类别的旅游市场。

上述四种旅游者市场细分标准，都是通过旅游者的某一个或几个自然、心理、行为等方面的特征，来确定其相同特征顾客群的需求的情况，这是探求旅游者需求的间接途径。

旅游服务策划中的客源市场细分是将焦点放在顾客的期望上，通过细分之后，可以按其价值观及服务成本把顾客分成若干个等级，了解哪些区域可以用低接触的服务来取代高接触的服务，以降低服务成本；可以明确如何把服务能力优先运用到特定的客源市场内，以取得较好的收益；可以知道如何使客人参与服务的提供过程并进行管理,以不断完善服务质量。

此外,旅游策划中还经常直接以旅游者的期望为划分标准,把具有相同期望的旅游者(可能具有不同的自然、心理和行为特征)划为共同的目标市场,然后根据他们的期望直接提供所需要的服务。如:宾馆大堂里的结账,有的旅游者可能希望人工结账这种高度接触服务,有的则希望自动结账这种低度接触服务,这两种服务各有它们的优缺点。针对旅游者的这两种不同的服务期望,旅馆可以分别提供自动结账与人工结账两种服务,满足他们各自的需求。不难看出,明智的市场细分可以提高服务作业的生产力和获利率。

在这里,要注意一个公式:客人感觉到的服务质量＝实际服务质量－客人期望的服务质量。在策划时,应当把目光放在客人身上,通过他们来了解宾馆所能提供的服务与他们的期望之间存在什么样的差异,再通过努力去减少这种差异,这是旅游服务策划必须考虑的重点问题。在这个问题上,策划人员往往习惯于策划一系列的超值服务来完善服务体系,使客人获得惊喜,增加他们的满意度,使旅游企业的服务质量获得较高的评价。与此同时,有的策划方案中会拟订一整套沟通计划,使顾客所期望的服务水平略低于酒店所能提供的服务水平,这样不会产生"期望越大,失望越大"的负面作用,反之,往往会给顾客带来意外惊喜。

案例:

北京国际俱乐部,为营造"家"的感觉,饭店楼层不用服务车,服务员用清洁篮盛放卫生用品,打扫客房,床上用品和文具等由服务员托在手中送去。劳动量虽然增加了,但"家"的气氛就浓了许多。床上用雪白羽绒被取代传统的毛毯和床罩,没有刻板的包角折叠,更有居家的感觉。此外,不用服务车还有一个好处,即楼面走道的墙面和墙纸损坏明显减少。

2. 旅游服务流程

旅游服务流程是指旅游者在接受旅游服务过程中所经历的若干个关节点的集合。所谓关节点,就是指当旅游者光顾旅游组织的任何一个部门并实施某种旅游行为的那一刻。一个旅游服务流程包含许多关节点,在每一个关节点旅游者都会感受到旅游企业所提供的产品和服务的好坏。不同的旅游企业,都有自己的旅游服务流程,大到一个国家,小到一个餐厅,都有自己独特的旅游服务流程。

为了更好地使旅游者了解服务的各个关节点,在策划时应直观地画出旅游服务流程图,标明旅游服务的种类和内容,使旅游者直观知晓所需服务的位置和人员,方便其享用服务。下面以旅行社为例详细解释旅游服务流程:

开始——进入旅行社——接待台——咨询——选择线路——决定是否购买——购买付款——导游接团——导游服务开始——旅游开始——乘坐交通工具——到达旅游目的地——住宿——吃饭——游览——购物——游览结束——乘

坐交通工具——返回目的地——散团——导游服务结束——旅游者意见反馈——旅游者投诉——解决投诉——结束

分析这个旅行社旅游服务流程，可以完整地看出旅游者与旅行社交易的过程。从服务的过程看，它包括售前、售中、售后三个阶段。视具体情况，售前、售中服务阶段都可能有重复过程和中断。如售前阶段，旅游者可能几次来旅行社咨询比较，然后才决定是否购买，如果最终决定不购买，则他与旅行社的交易也就结束。而在决定购买的过程中，旅游者进入旅行社后所感觉到的旅行社的环境、标志、接待人员的态度、付款的方式等每个关节点都对旅游者有着不同程度的影响，不同种类的旅游者对每个关节点的服务期望也是不同的。通过一线员工与旅游者的直接接触，企业可以得出每个关节点旅游者期望的种类，然后针对不同的期望群体给予不同的满足。如旅游者在选择旅游线路时，有人希望就某条具体线路的内容得到接待人员的详细介绍，有人希望自己选择一些旅游景点，由接待人员帮忙设计成一条旅游线路，针对这两种期望，旅行社可以分别提供接待人员和线路设计人员来满足他们的需要。所以说旅游服务流程中的每一个关节点都是非常重要的。

在整个旅游服务流程中，服务人员，尤其是与旅游者有直接接触的一线员工，如接待人员、导游、司陪人员等对旅游者需求的满足程度起着关键性的作用，所以训练这些一线员工如何快速准确地了解旅游者的期望，从人性化的角度为他们提供所需服务是至关重要的。

每一个旅游服务流程都由众多的关节点构成，虽然每一个关节点都是非常重要的，但总有一小部分与企业的成败休戚相关，如管理不当，就会引起旅游者的不满，企业产品和服务的信誉下降，利润降低，这样的关节点就是紧要关节点。如在旅行社旅游服务流程中，接待人员的解释咨询服务对旅游者购买旅游产品与否、导游人员的导游服务对旅游者感受到的满意度的高低，都起着决定性的作用，所以接待人员的每一次接受咨询、导游的每一次导游讲解都是一次紧要的关节点。不同的旅游企业和部门，具有不同的紧要关节点，需要我们认真把握。

确定紧要关节点，要求旅游企业根据企业、员工、旅游者的具体情况，确定与本行业、本企业发展息息相关的环节，并制定相应的服务策略以解决关节点所面临的问题。尤其要对处于紧要关节点岗位的员工进行具体而细致的培训，使他们有能力解决自己岗位上可能遇到的各种问题，以满足旅游者的期望和需求。

二、旅游外部服务策划的过程

探求旅游者的需求和期望，是旅游外部服务策划的基础；而管理旅游者的服务需求，则是旅游外部服务策划的实施过程。旅游者服务需求策划管理涉及面广，下面就其中比较重要的三个方面进行阐述。

1. 信息与沟通需求管理策划

旅游者信息需求管理的必要性,在于旅游者与旅游经营者之间的认知落差。产生这种落差的原因主要是两个方面:一方面是旅游者与旅游经营者之间信息的不对称性,容易造成内外信息传播误差。旅游者在决定购买某项旅游产品和服务时,寻找信息的途径有多种,有人根据自己或他人的经验,有人受广告、报刊的影响,但无论哪一种途径,获得的信息都是比较片面的。同时,旅游经营者虽然在传播自己的产品和服务信息时尽量注意了信息的综合性、全面性,但由于主客双方的观点、立场不同,所以容易造成传播上的误差。另一方面是内部信息传播误差。由于旅游企业内部规章制度、管理体系等方面存在问题,容易造成上下级之间、部门之间信息流通不畅,沟通出现障碍,引起执行上的疏忽和部门之间整合上的困难,结果造成对外传播效果的误差。所以,旅游企业有必要对信息、沟通需求进行管理。

信息与沟通需求管理策划的主要内容包括以下几个方面。

一是建立旅游者信息数据库。这样做可以了解旅游者的需求特征及发展趋势,为进一步进行市场细分提供依据,从而进行有的放矢的信息沟通。旅游者信息数据库的内容通常包括:旅游者的人口统计学资料,收集这一资料需要日常积累,它对饭店、旅行社之类的企业尤为重要;旅游者心理、行为方面的信息,这一部分资料可以通过面谈、问卷调查等方法获得,也可由报纸、杂志上的文章介绍获得,由于旅游目标市场不确定因素很多,这些信息可以作为参考,但不可生搬硬套;旅游者的反馈信息,包括旅游者的意见、建议等,这一部分信息可以通过设置顾客意见卡、实行服务跟踪制度等途径获得,这样可以使旅游经营者不断提高自己的服务水平,稳住老顾客,吸引新顾客。

二是内部信息沟通要求畅通和一致。要求企业具有明确的规章制度和作业流程,以确保员工工作能够明确方向,有计划、有秩序地完成复杂的工作;而且要多加强部门之间的沟通、协调和联系,相互尊重,彼此多为对方着想,为企业的共同目标而努力。

三是确保沟通主题的一致性和连续性。不管与旅游者的沟通采用什么方式和途径,对旅游者的承诺要保持一贯性,这样才能避免沟通主题的模糊,促进旅游企业品牌形象的树立。如世界饭店连锁集团希尔顿饭店的沟通,一直是以"微笑,永远的阳光"的高服务品质理念为主题;信息传播时的表现方式和实施途径虽然不同,但由于沟通主题一致,所以希尔顿饭店的形象一直都很鲜明、突出。

2. 旅游者参与服务管理策划

旅游业离开了旅游者的参与就不称其为一个产业,旅游者的参与是旅游业兴旺发达的根本,而旅游者的参与涉及整个旅游过程。随着旅游业在国民经济发展和社会文明传播中的地位越来越重要,公众对旅游的需求持续增长,参与程度越来越高,对旅游经营者也提出了更新更高的要求,这个要求就是必须加强旅游者参与服务的管理。

旅游者参与服务管理策划的主要内容包括以下几个方面。

一是旅游者即时服务策划。由于旅游服务是一种旅游者参与程度比较高的服务,所以,除了一些常规服务外,可能还有一些服务需求超出了常规服务的范畴,具体来说,就是由旅游者提出的一些即时性的服务需求,如旅游者在住宿某宾馆时,要求宾馆代为照管他的宠物。对于这种即时服务需求,如果员工没有充分的思想准备,处理不当,就会使旅游者失望,总体的满意度降低,旅游者的回头率也随之降低;反之,则会提高回头率,增加企业的经济效益,提升企业的服务形象。

旅游者即时服务的种类可分为三类:第一,旅游者提出的特殊服务要求,主要指常规操作之外的要求;第二,旅游者的赞扬、抱怨和建议;第三,旅行过程中特殊问题的处理,主要指常规操作之外的要求,如旅行交通事故等。

由于旅游者即时服务需求是随机的和不确定的,所以,一般很难控制和预测,策划者进行旅游者即时服务策划时,一方面要总结以往旅游经历中旅游者所提出的即时服务需求,加以归类整理,然后找出合情合理的解决方式和方法;另一方面要通过培训对员工提出规范化的服务方式或给员工一个服务原则框架,不仅要用以前曾经发生过的范例进行具体的示范培训,更要加强员工的素质、修养等各方面的培训。此外,还要适当授权,给予员工一定的权利,以使他们在面对各种意外情况时,能够处变不惊、随机应变、处理得当。

二是旅游者自我服务策划。旅游者自我服务是旅游者参与服务的重要方式,也是提高服务功能的重要渠道,从一定意义上讲,它是使一部分旅游者通过自我服务实现旅游过程中的角色多元化和角色转变,从而获得更高的旅游满足的过程。

策划旅游者自我服务时,要注意两点。

第一,策划设计相应的旅游产品,促进旅游者在旅游服务中实现角色多元化和角色转化。比如,在民俗文化村中,旅游者可以完成从静态的观赏者(被服务对象)到与演员们一同跳舞、唱歌的动态参与者(服务别人也被别人服务)这一角色转变,可以提高旅游者的兴趣,增加旅游者的逗留时间。再比如,在乡村旅游项目中,旅游者可以自己采摘无公害的瓜果蔬菜,自己动手制作农家饭菜,是否可口且不谈,在过程上旅游者乐在其中,而这种过程中的满足正是他们所追求的目标。旅游者的这种自我服务需求,要求旅游策划者能够站在旅游者的角度来分析旅游产品的特点,考虑哪些环节可以实现游客参与,对这些环节进行创造性的策划设计,尽可能增加旅游项目中的旅游者参与度,实现旅游服务中自我服务的目标。当然,自我服务并不是说旅游服务中的所有服务都由旅游者自己来承担。一些基础性、常规性的服务还得由旅游经营者提供,但是一些能促成旅游者角色转化、提高旅游者满意度的服务则要尽可能根据特定目标市场的需求设计,并努力实现自我服务的目标。

第二,加强对旅游者的培训,使其具备自我服务的能力。旅游服务项目中有些需要旅游者参与,从而来实现自我服务,因此必须事先对旅游者进行培训,这一方面可以帮助旅游者明确服务项目的规则和要求从而规避风险,另一方面也可以激发他们的积极性与兴趣。比如一些海滨旅游地推出了潜水看海底的旅游项目,受到许多旅游者的欢迎,但潜水的技巧和安全注意事项都需要给游客交代清楚,必要的时候必须有教练和救生员等陪同前往,否则很容易发生意外。

3. 旅游者期望管理策划

随着旅游业的发展,旅游者的市场意识和服务意识越来越强,理性旅游观念逐渐成熟,旅游经营者提供的产品与服务项目越来越难以满足旅游者的期望。造成这种状况有旅游者方面的原因,如旅游者的旅游经验日益增加,商品购买与自我保护意识逐步增强,对旅游服务的期望越来越高等;同时也有旅游经营者方面的原因,有些旅游业组织在激烈的市场竞争中,为了吸引更多的旅游者,向旅游者过度地夸大其产品和服务质量,希望借此来吸引旅游者,这种行为自然提高了旅游者的期望,但是当旅游者发现企业的行为名不副实时,他们会更加失望,从而加深对旅游经营者的不满。旅游经营者的这种误导做法无形中提升了旅游者的期望,但实际上却不能满足他们的这种期望,到头来损害的还是旅游经营者的信誉。因此,旅游业有必要研究游客的期望并对其进行管理。

旅游者期望管理策划内容应把握以下几个方面。

一是掌控影响旅游者期望的因素。在实施策划前,策划者必须了解影响旅游者期望的各种因素,如旅游者市场经济意识增强,期望值提升;旅游经营者为了扩大客源,过度宣传其产品与服务质量,容易误导旅游者,使旅游者形成的期望值与实际反差较大;旅游经营者素质不高,管理制度不完善,不规范,达不到旅游者的要求,等等。旅游策划者在进行旅游者期望管理时要细分影响旅游者期望的因素,找出影响旅游者期望的因素,对症下药,实施掌控,最终把旅游者的期望限制在企业所能提供的范围。

二是实事求是地宣传旅游产品与服务。前面提到把旅游者的期望限制在企业所能提供的范围,就是说旅游经营者在广告、宣传品、展销会上宣传自己的产品与服务时,要实事求是,不夸大企业的能力,不歪曲、隐匿相关的旅游产品和服务信息,要带给旅游者一个真实可靠、并且旅游经营者也有能力实现的期望。

三是承诺要慎重,要兑现。旅游经营者不管用何种传播方式给旅游者发出承诺信息,一定要慎重,信息一旦发出,承诺一旦出口,就应该有"一诺千金"的责任感,不论遇到什么困难,都要通过各部门员工的努力来实现自己的承诺,以维护企业的信誉和形象。

四是产品和服务要跟上时代步伐。随着经济的发展和人民生活水平的提高,人们的消费能力也在提高。旅游经营者应该不断提高和改进服务水平与质量,推出质价相符的产品和服务。服务质量跟不上,价格却在上涨,必然会引起旅游者的不满。

三、旅游外部服务策划的目标和结果

获得旅游者的高满意度,是旅游外部服务策划的目标和结果,也是旅游企业获得长期经济效益的有效途径。旅游者满意度源于企业管理中的"顾客满意度",是旅游者对旅游经营者提供的产品和服务消费后的情感反应状态。由于旅游服务本身具有特殊性,旅游者的满意体现为对整个旅游系统和过程的满意,所追求和获得的主要是社会性和精神性的满足。旅游者满意度也是旅游企业经营者评价服务绩效的一个重要指标,是企业衡量服务质量的一种方式。

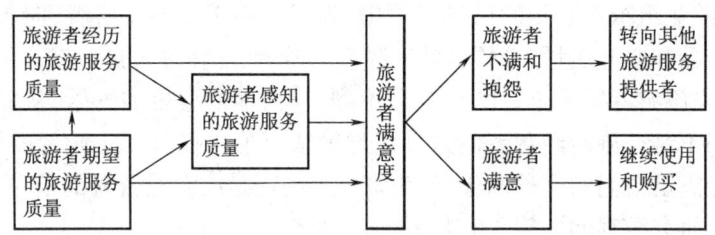

图 9-1 旅游者满意度获得的途径

从图 9-1 中可以看出,与旅游者的满意度直接相关的是旅游者感知的旅游服务价值,它是一个相对值,是旅游者感受到的相对于其付出价格的服务质量水平。它不仅同购买前旅游者对旅游服务的期望有关,而且还同购买中旅游者实际经历的旅游服务质量有关。关键是看哪一个阶段的拉力大,如果旅游者的期望大于旅游者实际经历的旅游服务质量,则感知价值小于零,旅游者满意度肯定也小于零,结果造成旅游者的不满和抱怨,从而使旅游者在今后的购买中转向其他的服务提供者;反之,则感知价值大于零,产生对旅游经营者的满意和忠诚。

案例:

香港怡东酒店是以接待商务散客为主的商务型酒店,由于客人入住时间相对集中,所以经常在傍晚的时候出现顾客排队办理入住手续的情况。该店经过调研,在大厅里开设了一个专门为已预订的商务散客和 VIP 客人办理入住手续的前厅快

速服务处。凡是已经办理了预订手续或是持有VIP优惠卡的客人就无须在总台前去排长队了。这里的服务员都是经过专门训练的高级职工，外语娴熟、谈吐优雅，而且反应敏捷，能在最短的时间里办好所有事项。这一改革很快改变过去前厅接待时顾客"排队等候"的现象，受到客人的好评，对酒店的满意度提高。

上例说明，香港怡东酒店对入住手续的改进，使客人对酒店产生了好的评价。这个案例告诉我们，旅游经营者要想实现较高的旅游者满意度，就必须对过程中的每个环节进行有效的管理和改进，这里面充分体现了旅游策划的作用。

1. 旅游者预期的旅游服务质量——购前阶段策划

在这一阶段，旅游策划者通过控制影响旅游者期望的因素，把旅游者的期望限制在旅游经营者能够提供的范围之内，从而为旅游者的满意度奠定基础。另外，旅游经营者要适应市场经济的发展，增强现代服务意识，加强改革力度，采取切实可行的措施，提高服务质量，尽最大努力满足旅游者的期望，使影响旅游者期望的因素降低或消除。

2. 旅游者经历的旅游服务质量——购中阶段策划

旅游者经历的旅游服务质量是旅游者的主观体验，具有一定的个性化特征，它对旅游者的满意度具有直接的影响。所以旅游策划者应以旅游者服务为导向，对其经历的旅游服务质量进行管理策划。

一是旅游服务产品个性化。由于旅游者对旅游服务的评价带有主观性特征，而旅游者的需求因人而异，所以旅游经营者在服务中必须积极提供各种个性化的旅游服务产品供旅游者选择，才能获得成功。因此，在策划设计旅游服务产品时，要提高旅游服务产品个性化的程度。

二是旅游员工服务高标准。旅游经营者要把员工培训工作常态化，以提供优质服务为己任。只有当员工提供了标准的、及时的、可靠的、充足的、高效的服务，才能给旅游者留下深刻的、正面的印象，才能给旅游者带来较高的满意度。随着科技的不断进步，一些科技手段被逐渐引入旅游经营过程中，但这些技术服务永远不会取代面对面的人工服务，因为服务的核心是人、是关怀，旅游服务人员必定是形成旅游者高满意度的关键因素。

三是旅游传播沟通双向化。旅游经营者通过服务人员、广告信息、旅游者的经历述说等途径同现实的或潜在的旅游者进行沟通，帮助旅游者了解旅游产品和服务。与此同时，要主动获得他们的反馈意见，积极采纳旅游者的合理化建议，根据这些意见和建议来调整和重新进行策划，尽最大可能增强对服务质量的控制能力，从而提高旅游者的满意度。

3. 服务反馈跟踪——购后阶段策划

旅游服务的最终结果有三个：第一，获得了旅游者高满意度，旅游者在今后的购买中继续购买该企业的产品和服务,这是所有旅游经营者希望获得的目标和结果。第二,旅游者不满意自己获得的旅游服务,如果旅游经营者不能改善其产品和服务的品质,那么旅游者就会转向其他的服务提供者。第三,处于这两者之间,对经营者提供的服务几乎没有感觉,即便对旅游服务没有什么负面评价,但也不会对该经营者产生太高的忠诚度。这三种反馈结果对旅游企业的经营都非常重要,所以旅游策划者有必要对服务提供的结果进行跟踪,然后根据跟踪结果采取有效措施,在今后的服务中接受教训、总结经验,努力培育一批满意度和忠诚度都较高的客源。具体做法包括以下几个方面。

一是建立旅游者意见卡。这是衡量旅游服务绩效的重要方式。旅游者意见卡是一个具体可见的服务绩效衡量和管理的工具。通过旅游者意见卡可以得知旅游者关心的旅游服务的关键性质量指标,以及顾客对每一个质量指标的相对满意程度和重要性。在得知了这些信息之后,旅游经营者可以此为依据,改善服务提供的方式、途径和品质。

下面是桂林国旅旅客满意度调查表:

| 导游姓名
Tour guide | 司机姓名
Driver | 车号
No. of the bus |

旅客满意度调查表
Questionnaire

尊敬的旅游者:
　　谢谢您来桂林旅游。您宝贵的意见将有助于我们提高服务质量,祝您旅游愉快!
　　Dear tourists:
　　Welcome to Guilin. Your feedback is of great value to us and will help improve our service. Thank you for filling out this form. And have a good trip!

您来自(You are from)		国家(地区)(Country)		省/市(City)	
来桂林目的(You are here)		商务(on business)		会议(for conference)	
观光(for sightseeing)		其他(others)			

在您认为合适的空格内打"√"。
Please mark "√" in the blank you choose.

	很满意 (Excellent)	基本满意 (Not bad)	不满意 (Poor)
导游服务 (Guide's service in general)			

续表

	很满意 (Excellent)	基本满意 (Not bad)	不满意 (Poor)
导游业务水平 (Presentation)			
导游仪容仪表 (Guide's appearance)			
游览行程安排 (Tour arrangement)			
司机服务态度 (Driver's service)			
车容车貌 (Condition of the bus)			
购物安排 (Shopping arrangement)			

您的意见和建议(Your suggestion)。

客人签名(Your signature)

二是经常征求旅游者的意见。由于旅游者需求变化较快,旅游策划者必须通过各种调查方法——电话访问、面谈、问卷调查等方式,根据当前旅游业竞争环境的需要,尽可能在每一年都安排 1~2 次的调查,并根据调查出来的信息增删影响旅游服务品质的相关要素,以适应旅游者需求的变化。

案例:

旅游者意见反馈表

尊敬的旅游者:

您好!

欢迎您来到黄山观光游览。

为推进黄山市导游行业精神文明建设和黄山风景区创建"全国文明风景旅游区"活动向纵深发展,充分展示黄山"文明、和谐"的良好形象,黄山市旅游局和黄山风景区管委会计财处正在全市导游员中开展百名优秀导游员及"十佳导游"评选活动;为了客观公正地评价导游员的带团情况,我们制定了旅游者意见反馈表,请您对所在团队的导游员进行如实的评价。

感谢支持和配合,祝愿您黄山之旅愉快。

黄 山 市 旅 游 局
黄山风景区管委会计财处

为您服务的黄山旅行社名称　　　为您服务的黄山导游员姓名
_____　　　_____

一、导游员的职业道德情况:
　　好□;较好□;一般□;差□

二、热情、微笑服务情况:
　　好□;较好□;一般□;差□

三、处处为旅游者着想,尽力满足客人正当、合理的要求:
　　好□;较好□;一般□;差□

四、讲解规范方面:
　　好□;较好□;一般□;差□

五、规范服务方面(指"打社旗"、戴"耳麦"、佩戴"导游证",自始至终和团队在一起等):
　　好□;较好□;一般□;差□

六、文明导游方面(指穿戴整洁大方,文明用语,无不良行为举止等):
　　好□;较好□;一般□;差□

七、您认为为您服务的导游员优秀吗?
　　行□;不行□

八、旅行社的计划安排是否符合服务标准:
　　满意□;基本满意□;不满意□

九、请给予为您服务的导游以真实的评价,谢谢!

```
┌─────────────────────────────────────────────┐
│ 评价内容:                                    │
│                                             │
│                                             │
│                                             │
│                                             │
│                                             │
│                     旅游者签名:_____    │
│                     2009 年   月   日        │
└─────────────────────────────────────────────┘
```

三是分析整理旅游者意见,提出改进措施。当前,在一些旅游企业的内部,也在进行各种各样的调查,但是有相当一部分企业并没有认识到服务反馈跟踪的重要性,只是人浮于事,应付任务而已;或者调查以后没有进行认真的分析综合,致使其作用未能充分发挥出来。所以,中国的旅游企业在这方面还需要大力提高。

2007年4月8日,国家旅游局派工作小组专门赴北京颐和园、香山公园景区征求旅游者对国家旅游局工作的意见。在征求到的旅游者意见中,对"旅游工作部门在贯彻执行党和国家的路线、方针、政策上能够贯彻落实、与时俱进、开拓创新,与我国旅游事业的快速发展相适应"方面,认为满意和比较满意的达88.7%;对"旅游工作部门在工作做到依法行政、求真务实、服务人民群众"方面,认为满意和比较满意的达92.4%;对"旅游工作部门在实施行业管理工作中有力度、有措施,符合社会主义市场经济运行规则"方面,认为满意和比较满意的达86.8%;对"旅游市场秩序良好,与人民群众的相关问题不断得以解决"方面,认为满意和比较满意的达92.4%;对"旅游安全工作有制度、有措施、有保障"方面,认为满意和比较满意的达86.8%;对"旅游从业人员服务意识进一步增强,服务质量不断改进,服务水平不断提高"方面,认为满意和比较满意的达90%。国家旅游局认为旅游者对以上六个方面的工作总体是肯定的,满意和比较满意率达89.6%。他们将征求到的旅游者意见进行了归纳、梳理,向局领导作了汇报,并将征求到的这些意见进行认真研究和仔细分析,对具备整改条件的马上研究整改意见,对暂时还不具备整改条件的,也准备尽快拿出整改方案和措施,让广大旅游者和旅游从业人员感受到国家旅游机关、各级党组织和党员在先进性教育活动中发生的新气象、新变化、新进步。

第三节　旅游内部服务策划

旅游内部服务策划,是指针对旅游企业的内部顾客,即主要是为员工提供的服务策划。许多旅游企业坚持"游客第一"的宗旨,以旅游者服务为导向,强调二线员工为一线员工服务,一线员工为旅游者服务,把为企业员工及时、有效地提供服务作为服务旅游者的重要途径。另一些旅游企业坚持"员工第一"的宗旨,认为只有使员工心情舒畅,具有强烈的认同感和责任感,才能为旅游者提供高品质的服务。这两种观点,从不同角度说明了旅游内部服务策划的重要性。

一、旅游内部服务策划方法

旅游内部服务策划与设计经常使用的方法有两种:

1. 流水线法

流水线法要求对服务员工进行统一、规范的训练,让他们按照规范统一的模式为顾客提供服务。一般采用如下做法。

一是对工作任务进行分类,明确每类工作要达到的目标。

二是根据工作分类和工作程序,明确每个员工的岗位及任务。

三是处理好人与设备的关系,尽量用设备代替服务员的工作,使劳动岗位人力最省。

四是建立系统的服务制度,使之工作标准化、规范化。

五是使服务员工的决策权尽量减少。

流水线法具有高效率、低成本、交易量大等优点,其最大特点是员工工作决策的自主权相对减少,一切都程序化、标准化、规范化,有利于保持旅游产品质量的稳定。

2. 授权法

授权法是指给员工一定的自主权,让他们主动地、创造性地解决顾客服务中出现的问题。它强调对服务人员的尊重,重视"人性"的东西,反对让服务人员教条地按规章、制度进行工作。它把服务人员从细枝末节的严格规定和规范中解放出来,让他们自己寻找解决问题的方式和方法,并对自己的决定和行为负责,唤起他们的工作投入感、责任感、创造性和对顾客的真切关怀。

上述两种服务策划方法各有自己的优缺点。流水线法虽然可以提供高效率的服务,但服务人员免不了会流于形式,服务的主动性和创造性不高,从某种意义上讲也降低了服务的品质;授权法如果实施得好,服务员工会提供高品质、高效率的服务,但是由于授权过程中涉及的因素很多,难以把握,任何一个环节不能通畅,都会造成服务人员工作的难以为继,因此容易影响服务的有效性。所以任何行业或企业在进行服务策划设计时,都必须从行业特性和企业自身的实际情况出发,选择适当的服务策划理论和方法。

二、旅游内部服务策划

鉴于旅游服务的特性,在旅游企业内部进行服务策划时,一般采用流水线法和授权法相结合的方式。

1. 采用授权法处理旅游者的即时服务需求

在旅游服务中,旅游者的参与程度一般都比较高,容易产生一些难以预料的即时服务需求。服务员工如果没有一定的自主权,他们就很难处理突然发生的意外情况。采用授权法的目的就是给员工一定的权利,给他们提供创造性解决问题的机会。采用授权法时员工行为的出发点必须是使旅游者满意。而且,授权法的采用必须要以对员工的适当培训为基础,旅游企业应该在一定范围内授权员工自行解决问题。

案例:

北欧航空公司总裁卡森根据他的观察认为:"要赢得一位新顾客必须付出一定代价,但要留住满意的顾客却一点也不需要花钱。不过,如果你想赢回不满意的顾客,就得花上大把钞票。所以危险不在于员工向顾客承诺多少,而在于他们不敢承诺任何事——只因为他们害怕犯规。"他早年在担任斯堪的纳维亚航空公司总裁时,就把公司组织系统的上下级关系颠倒过来。本着"顾客至上"的坚定信念,把和旅客直接打交道的人员放在公司的主导地位上,将组织的上下级关系颠倒过来。在这种颠倒的组织系统中,公司其他方面的人员转而为上面这部分人员服务。

2. 采用流水线法处理旅游者的标准化服务需求

旅游服务中有一些基础性、常规性的服务,可以采用标准化的工作程序来完成。如饭店客房的整理、旅行社前台的接待等,对这些服务内容采用标准化、规范化操作,可以提高员工的工作效率,塑造良好的旅游企业形象。

案例:

有些旅游企业用一整套明确的制度来保证服务的标准化程度,例如:电话总机接线员必须在铃响5声内拎起电话应答;客房登记手续全过程必须在5分钟以内完成;客人步入餐厅1分钟后必须把菜单送到客人手里;客房服务员如要进客房,须敲门3次,待有回答后方可入内;收到顾客信件后一定要在3天之内给顾客的来信以确切的答复,以及第一线员工拥有多大权力等。例如:里次—卡尔顿饭店为了满足客人的需要,将服务方针、服务规范简化为该公司服务的黄金标准,它包括信条、格言、分三步的服务程序和19条基本准则。

3. 处理好标准化与个性化服务的关系

旅游服务是靠设施设备、技能、知识、态度和仪容仪表等多方面的综合能力提供的。在这里需要指出的是,旅游企业提供的服务,不能仅习惯于凭经验实行管理与操作,而要尽量用客观标准来衡量,并给予承诺,服务承诺要明确、确切。另外,由于服务需求因人而异,标准化的服务并不能获得每一个客人的满意,因此,在建立标准化的服务体系下,很多旅游企业开始按照客人的要求去提供个性化的服务,以增强自身的竞争能力。

规范化、标准化是许多旅游企业都向往达到的基本管理状态。这样一来,旅游企业的服务质量就有了基本保证,顾客日常性、一般性的需求就基本上能够得到满足;而顾客个别的、偶然的、特殊的需求则可以通过规范化之外的个性化服务来解决。个性化服务是标准化、规范化服务的补充和提高,它可以使旅游企业的服务变得更加完美,使客人的个性需求得到最大可能的满足。旅游企业可以根据自身的特点和经营策略将某些个性化服务项目和内容纳入规范化服务的范畴。总的来看,旅游企业的经营水平越高,其提供个性化服务的能力应该越强。

案例:

北京王府饭店规定:凡住店20次以上的客人,他的名字就列入"王府常客"名录。下榻客房,有专为他准备的信纸、信封、火柴和浴衣,上面均印有他烫金的名字。浴衣归他专用,他离开"王府",浴衣收藏保管起来,再住"王府",取出来仍由他穿。客人的自尊得到了最大限度的满足,这种个性服务起到了使客人心理炫耀的作用。显然,这种个性服务是以规范形式出现的。

一位客人首次入住上海虹桥宾馆,客房里只有绿茶和花茶,但他爱喝红茶,就向服务员换了红茶,这一个性要求就被记录地写进客房史档案,当他第二次入住时,客房里已为他放了上好的红茶,客人惊喜万分。

世界饭店史上唯一一家入选美国最高质量管理奖的饭店——Ritz carlton Hotel 对回头客的个性服务细致入微。客人住店无论在什么场合向饭店任何一位员工提出的个人要求,都会立即被输入电脑,并与全店联络沟通。客人无须再说第二次,饭店任何一个服务员都会随之提供相应的个性服务。该饭店有24万回头客,个个都有详尽的个性服务要求资料,堪称一绝,Ritz carlton 荣膺殊荣,当之无愧。

复习思考题

1. 与一般服务相比,旅游服务具有哪些共性和个性?
2. 旅游服务的价值构成包括哪些方面?
3. 旅游市场客源构成分析的常用标准有哪些?
4. 旅游者服务需求策划管理的主要内容有哪些?
5. 在旅游内部服务策划中,应如何处理好标准化服务与个性化服务的关系?

第十章 旅游节庆活动策划

引言

　　星期六,教学楼三楼走廊尽头的一间教室里,旅游专业三年级的同学们正在进行班级辩论赛,讨论的主题是青年人该不该过西方的洋节。正方的观点是应该过,理由是这些节日不仅是西方的,也是全世界所认同的,随着全球化进程的不断深入,现在的年轻人将会愈来愈国际化,文化上的趋同有利于交流的进一步扩大,而且大家过洋节更多的是感受其节日的氛围。反方的观点是不应该过,认同洋节就是认同文化的统一,这会丧失本身的传统文化,而且一些洋节本身所具备的宗教意义也不可能被我们所接受,因此应该大力提倡传统的节日庆典活动,开发一些具备民族、地域特色的节庆活动。双方争执不下,难分伯仲,谁也没能说服谁,最后请班主任老师进行点评。老师首先肯定了这次班级辩论赛的形式和同学们的精心准备以及现场热烈的气氛,话音一转,老师抛给同学们一个问题,如何把节庆活动与旅游相结合?如何开发出有特色的节庆活动?

　　这个问题让大家深深陷入了思考,是啊,现在许多地方都开发了旅游节庆活动,有成功的,也有失败的,成功的地方甚至旅游节成了当地的代名词,也有很多地方红火了几年,也就不知不觉地销声匿迹了。要想成功地举办旅游节庆活动,究竟该怎么办呢?

本章学习目标

1. 理解旅游节庆活动的含义与类型。
2. 学习如何策划旅游节庆活动。

　　节庆活动自古有之,随着节庆活动在全国各地的蓬勃发展,它已成为一种特殊的"人工"旅游吸引物,与传统的旅游相比,旅游节庆活动不再把游客排斥在旅游吸引物之外,而是更注重参与性和体验性,是娱乐性较高的动态旅游项目。同时,旅游节庆活动对举办地政治、经济、社会具有广泛而深远的影响,为当地旅游业和国民经济的发展创造了良好的机遇。因此,如何策划好旅游节庆活动,是节庆能否成功举行的前提。

第一节 旅游节庆活动概述

一、旅游节庆活动的含义

1. 节庆

节日与庆典简称为节庆,其形式包括各种传统节日以及在新时期创新的各种节日。它是通过特定的主题活动将公众聚集起来,分享和庆祝在社会生活中发生的事件。在西方事件及事件旅游的研究中,常常把节日和特殊事件合在一起作为一个整体来进行探讨,在英文中简称为 FSE,中文译为"节日和特殊事件",简称"节事"。节事也分为即时事件和事先经过策划的事件,节庆活动中所指的事件大多是事先经过策划的事件,如音乐节、艺术节、社团节、运动会、游行活动、展示活动、竞技表演、艺术和手工展览、民族节庆、专题节庆等,持续时间从一天到数月不等,包括种类繁多的活动。比如当人们提到慕尼黑,就会联想到盛大的啤酒节;提到戛纳,就会联想到电影节的盛典;提到奥斯卡,就会联想起美国的洛杉矶;提到斗牛节,就会联想到西班牙。

2. 旅游节庆

旅游节庆活动,通常认为是狭义上的节庆活动,是指依托某一项或一系列旅游资源,通过内容丰富、开放性、参与性强的各种活动项目,以吸引大量受众参与为基本原则,以活动带动一系列旅游消费和吸引投资,进而带动当地国民经济增长为最终目的的所有活动的总和。活动项目是指规模不等、有特定主题、在特定的地点或同一区域内定期或不定期举办,能吸引区域内外大量游客,相异于人们常规的生活线路、活动和节目的各种节日庆典、集会、交易会、博览会、运动会、文化活动等。

近些年来,各地为了发展旅游、促进经济发展,举办了一系列的旅游节庆活动。这些节庆活动或者是对传统节庆的提升、或者立足本地创立新节、或者从外部争取。这些现代旅游节庆活动在发展中由于不断地市场化,已经基本形成一个庞大的节庆文化产业。

二、旅游节庆活动的类型

旅游节庆活动虽然是人为策划的旅游节庆活动,但是也可以以传统节日为基础,或者利用法定节日开展。目前各地开发的旅游节庆活动五花八门、区域分布广泛、类型繁多,因此按照节庆的性质、特征、文化内涵、功能划分,可分为:

1. 按性质划分

从节日性质来看,旅游节庆活动大体可以分为三种类型。

一是传统的节日,如春节、中秋节等,在这些节日结合有特色的旅游景点,更容易表现景点的文化美、时节美,如"七月七太湖情侣泛舟"、"中秋亭台赏月"等;

二是国家法定的节日、庆典、历史事件的纪念日,如国庆、八一建军节等;

三是各城市和地区根据各自的资源和实际情况,人为策划举办的带有浓郁地方民族文化氛围的节庆活动,如大连国际服装节、青岛国际啤酒节、云南民族文化旅游节、上海旅游节等。

2. 按起源特征划分

可以将旅游节庆活动划分为传统民俗旅游节和现代商业旅游节两大类。

一是传统民俗旅游节。这类旅游节庆最初起源于源远流长的地方民俗文化,随着市场经济的到来,增加了相当多的商业、旅游等活动内容,但节庆活动的策划是基于一定的发育成熟的地方民俗文化,这类旅游节庆包括:西双版纳泼水节、彝族火把节、那达慕大会等民族民俗文化节,以及由传统的庙会演变过来的旅游节庆(如河南浚县大伾山的庙会、陕西法门寺庙会、南岳庙会、药王庙会、上海城隍庙会、北京地坛庙会等)。

二是现代商业旅游节。这类旅游节庆起源于20世纪80年代初期以后,随着商品经济和大众化旅游的产生而产生,其功能主要体现在通过旅游节庆的策划和举办来促进当地与外界的经济贸易往来,体现"旅游搭台、经贸唱戏"的宗旨。这类旅游节庆包括:各类饮食文化节、武术杂技节、观光旅游节、现代狂欢节等。

3. 按文化内涵、开发主题划分

这是一种最基本和最常见的分类方法,其目的是一般性的认识研究,针对具体明确的旅游节庆开发主题,直接为旅游节庆的开发利用服务,主要有以下几种类型。

一是民族文化旅游节。如内蒙古草原旅游节(那达慕大会)、苗族三月三、纳西族东巴文化节、我国台湾地区高山族的"背篓会"、哈萨克族的古尔邦节等。

二是特产文化旅游节。青岛啤酒节、宣威火腿文化节、绍兴黄酒节、烟台葡萄酒艺术节、吐鲁番葡萄节、温岭海鲜节、承德苹果节、景德镇陶瓷节、大连服装节、苏州中国丝绸旅游节等。

三是娱乐文化旅游节。深圳华侨城狂欢节、吴桥国际杂技节、清江国际闯滩节等。

四是景观文化旅游节。哈尔滨冰雪节、张家界森林节、宜昌三峡国际旅游节、洛阳牡丹花会、罗平菜花节、钱塘观潮节、南京国际梅花节等。

五是宗教文化旅游节。各种庙会、泸沽湖摩梭人转山节等。

　　六是历史文化旅游节。黄冈东坡赤壁文化旅游节、安阳殷商旅游节、曲阜国际孔子文化节、丝绸之路文化节、平遥古城文化节等。

　　七是民俗文化旅游节。奉节鬼城民俗文化节、潍坊国际风筝节、国际客家人恳亲大会、粽子节、四川自贡恐龙灯会、龙庆峡冰灯艺术节、越剧节、中国兰亭书法节等。

　　八是康体文化旅游节。泰山国际登山节、岳阳国际龙舟节、郑州国际少林武术节、济南足球文化节、八大处九九重阳登山大会、九宫山避暑节、中国山海关长城文化暨体育健身旅游节等。

4. 按主导功能划分

　　可以将其分为游览观光型、商业经贸型、民俗文化型、综合型四种类型，这种分类有助于充分认识和发挥不同旅游节庆的功能作用。

　　一是游览观光型旅游节，此类旅游节以各种优美的自然风光、人造景观、历史文化为吸引物，供游客游览、观光和鉴赏，从中获得美感享受和身心健康，旅游节的策划举办者以吸引游客、获取旅游经济效益为直接目的。例如腾冲火山热海旅游节、贵州马岭河漂流节等。

　　二是商业经贸型旅游节。此类旅游节以提供各种地方土特产、商业经贸往来的机会和空间为主要吸引力的源泉，前往的游客同时是商业活动的直接或潜在参与者。旅游节举办的初衷是以节庆活动为载体，促进区域间的商贸往来。例如广交会、景德镇陶瓷旅游节等。

　　三是民俗文化型旅游节。旅游者参加此类旅游节，可以了解当地特殊的民俗文化，并从中获取一定的科学文化知识，策划和举办者更注重地方民俗文化影响力的扩散和地方精神的塑造、传播等。例如马鞍山国际吟诗节、茂名边城文化旅游节、峡巫文化旅游节、广西民歌节等。

　　四是功能综合型旅游节。此类旅游节的目的表现出明显的以上三方面的综合性特征，旅游活动的安排中既有游览观光型内容，又有商业经贸会展，还有民俗文化旅游等，游客的收获也是综合性的。目前的许多旅游节庆活动有向此种类型发展的趋势。比如江苏省名牌旅游节庆活动的连云港之夏，该活动由最初单纯的旅游交流，发展为省旅游局和市政府共同主办，强势媒体、知名企业积极参与，集旅游宣传、文化交流、商贸流通等功能于一体的大型节庆活动。活动的内容也逐渐丰富，既有盛大的开幕式文艺演出，又有渔村美食节，少数民俗风情展示等系列活动。并于 2005 年 9 月 27 日在连云港举办世界旅游日。

三、旅游节庆活动的作用

旅游节庆活动是目的地吸引物的一部分,是构成旅游产品体系的有机组成部分,它可以创造和提升目的地在旅游市场上的地位,提高参观者在活动期间的消费水平,延长参观者的停留时间,激励参观者在活动期间到周边地区旅游,给城市带来直接经济效益。节庆活动克服了旅游的季节性,可以弥补城市旅游业淡季供给和需求不足的情况。在城市旅游的淡季举办旅游节庆活动,可以吸引不少游客前来观光旅游,同时也减轻了旅游旺季的游客接待负担。节庆活动涉及面广,涉及交通、住宿、餐饮等多个行业,可以促进城市相关产业的发展,拉动地方基础设施的建设。总的来看,旅游节庆活动对目的地的发展起到了以下作用。

1. 招商引资的重要载体和平台

当前我国周边国家和地区,由于资源、市场等因素的制约,正在进行大规模的产业转移,国内的发达地区,由于近年来发展迅速,加工制造业已趋近饱和,正在寻找对外扩张的空间。潍坊市利用风筝节的名气和品牌,"风筝牵线、文体搭台、经贸唱戏"的办会宗旨,突出经贸唱戏这个重点,把工作着力点放在招商引资上。每届风筝会都有大量项目签约,如2005年潍坊风筝会期间已签订合同项目227个,预计招商引资165.1亿元人民币,其中境外资金约占三分之一。2006年4月20日同时开幕的第23届山东潍坊国际风筝节和第7届中国(寿光)国际蔬菜科技博览会,风筝牵线,蔬菜为媒,文体搭台,经贸唱戏,招商引资取得累累硕果。

2. 塑造独特的旅游目的地品牌形象

旅游目的地品牌是旅游者对旅游区域认知的总和,能给旅游者带来独特的精神享受,给旅游地带来社会、经济、环境效益。通过举办大型节庆活动为目的地提供了一个巨大的形象展示舞台,赋予了旅游地一种与众不同的身份感和凝聚力。节庆活动作为一种有效的快速传播媒介,可以将区域的经济实力、文化习俗、精神、综合风貌等全面展示给世人,能使人们潜移默化地接受并形成对某一区域的认识,有效地在公众心目中树立起良好的品牌形象。例如荷兰海牙北海爵士音乐节塑造了海牙"爵士乐之城"的品牌形象;昆明则借助世博会将"万绿之宗,彩云之南"的口号传遍世界各地。

3. 增强旅游目的地的吸引力

旅游节庆通过开展丰富的、开放性与参与性强的各种活动,吸引大量受众参与,让游客体验当地文化、认知社会特点、感受娱乐真谛,以活动带动一系列旅游消费进而带动地方经济增长,增强了目的地的吸引力。如澳大利亚凭借举办"美洲杯"帆船赛这个特殊的节庆活动一跃成为世界最著名的旅游地之一。

4. 有力地带动促进了相关产业的发展

旅游节庆经济的发展可以带动交通、旅游、住宿、餐饮、购物等服务业的繁荣,服务业的发展,又为加快发展节庆经济创造了良好的条件。外来游客的支出直接增加了当地居民的收入,提高了当地居民的边际消费水平,扩大了消费需求,从而刺激了其他产业的增长。据测算,节庆经济的产业带动系数为1:9,其长远效益更是不可估量。

5. 促进地方基础设施建设

一次成功的节庆活动需要完善的基础设施和相应的软件系统(专门人才、政府部门的指导合作等)的支持,这必将激活目的地的各种有形资源,使这些有形资源在节庆活动的平台上进行优化整合,促进目的地基础设施和相关产业的发展。

6. 提高居民收入,扩大就业机会

旅游节庆产业的发展对劳动力就业的带动效应主要体现在三个方面:第一,旅游产业是典型的劳动密集型产业,在餐饮、住宿、导游、交通等方面能够吸收大量劳动力就业;第二,旅游设施的建设,能够直接提高建筑与建材行业的就业水平;第三,旅游产业的发展能够通过乘数效应波及其他行业,从而带动其他行业就业水平的提高。

7. 增强旅游目的地可持续发展能力

旅游节庆活动需要在前期策划中挖掘出目的地独特且具有吸引力的文化气息,通过引入恰当的商业氛围使得传统的文化遗产不仅得以恢复生机,同时又能与时俱进地发展。节庆活动不仅可以在短期内吸引大量游客,为目的地带来直接的经济效益,而且可以使旅游目的地的品牌价值、知名度、美誉度持久而广泛地提高。

第二节 旅游节庆活动策划

一、旅游节庆活动策划

1. 旅游节庆活动策划的原则

旅游节庆活动的策划必须遵循以下几个基本原则。

一是以市场为导向。要充分了解潜在游客的流向、逗留时间、消费能力、交通工具等市场信息,在旅游节庆的时间、地点、内容、活动方式等方面的策划都要针对市场,从旅游者的角度出发考虑策划。

二是避免雷同。旅游节庆活动是一项重要的旅游产品,旅游产品要有外延扩展或者内在变化才能具有持久的吸引力。节庆活动的主题是否具有特色是产生吸引力的关键所在。缺乏新意、形式大同小异是目前许多节庆活动的一个通病,尤其是每年举办一届的节庆活动,节庆的主题、地点、方式、节目年年都雷同的话,游客难免会失去新鲜感。比如光是以酒文化为主题的节庆活动,就有新疆石河子国际酒文化节、杭州国际酒文化节、山西杏花村汾酒文化节、台湾玉泉酒文化节等几十个。

三是深入挖掘文化内涵。独特的地方文化是旅游节庆活动得以系列化延续的保证和源泉。但是目前一些旅游节庆活动的举办者为了自身的经济利益,加入了过多的商业炒作成分,一些模特大赛、演唱会、健美赛等与主题相关性不大的活动常常喧宾夺主,虽然热闹,但却缺乏深厚的文化内涵,使游客产生一种腻烦、受骗的感受,长远来看会有损于节庆活动的主题。

四是和当地社会经济相联系。旅游的发展脱离不了区域社会经济的发展,二者要互相支持、互相促进,才能获得最大收益,对于旅游节庆活动设计也是如此。旅游节庆活动不应该仅仅是一项娱乐活动,而应该融入当地社会经济发展当中,为当地社会经济的发展提供交流平台,这样旅游节庆活动才能具有持续的生命力。

五是品牌化和系列化。把节庆活动作为产品,打造成为目的地的标志性品牌,并注重节庆品牌的注册与知识产权的保护,使之成为旅游地推销自己的名片。节庆活动虽然瞬时能量很大但其生命周期较短,从引入期到衰退期可能只需要三四年的时间。因此要形成一定的规模效应,必须实现系列化,节庆只有系列化才能在促进地方可持续发展的过程中起到优化发展的作用。

2. 旅游节庆活动策划的主体

节庆旅游主体就是参加节庆旅游活动的旅游者。他们是推动旅游节庆发展的主要因素,是节庆旅游构成要素中能动性最强的一个要素,他们的旅游偏好和选择制约着旅游节庆的发展方向。

节庆旅游者的基本需求包括物质需求、社会或人际互动需求和个人需求。无论是哪一种类型的需求都是主观的。节庆旅游者内心对旅游节庆的审美体验源于自身的修养和情感,这种审美活动的实现,需要节庆旅游者和节庆活动的共同作用。当节庆旅游者与旅游节庆在特定的时空中发生接触时,节庆活动的审美价值便对节庆旅游者的审美价值起到了刺激作用,使节庆旅游者的审美心理产生共鸣,从而完成其旅游体验过程。正是节庆活动激活了节庆旅游者内心深处潜藏的节庆情怀,从而使其产生了悦志悦神的心灵震荡。节庆旅游者便在本质上与节庆活动融合,推动了旅游节庆的深层次发展,如表10-1所示。

表 10-1　旅游节庆旅游者的需求

需要与动机	旅游节庆可提供的效益与机会
物质需求： 　饮食 　活动 　放松 　安全感的追求 　结交异性	品尝新奇的食物 运动参与 轻松愉悦的娱乐 在安全的环境中游憩 接触人群
社会或人际互动需求： 　与家人和朋友相处 　浪漫史 　与文化和种族根源的连接 　共同体和民族主义的表达 　成就感的追求	分享新奇的环境 接触他人 文化和族群联系的重建 符号象征和仪式的分享 来自参与节庆活动的威望
个人需要： 　知识的探索 　新鲜体验的追求 　创造力 　抱负的实现	正式/非正式的学习 独特的活动方案 致力于艺术的创作 致力于某件独一无二的事

节庆旅游主体不仅推动节庆举办地旅游发展，而且通过自身空间位移带来的消费，影响着节庆举办地的政治、经济、社会、文化、生态等各个方面，促使举办地被动地从一种有序状态转变为另一种有序状态，并逐渐改变着节庆举办地的社会特征。如在社会文化上，节庆旅游者潜移默化地影响社区居民的思想观念和利益选择，使社区文化多样化，使传统的节庆现代化；在生态环境上，他们在带来环境整体改变的同时，也带来更多、更为复杂的现代问题；节庆旅游者给举办地带来的丰厚经济利益，使得节庆举办地经济发展走向另一个有序状态。

3. 旅游节庆活动策划的客体

节庆旅游客体是指节庆旅游开展所依托的旅游资源，即旅游节庆。作为节庆旅游资源载体的节庆活动的质量和内容等外部因素，对节庆旅游者旅游行为发生所起的诱导作用是不可忽略的。

旅游节庆作为节庆旅游的资源载体，与其他类型的旅游资源存在着根本差别。通常我们讲的自然旅游资源和人文旅游资源，都是客观存在于一定地域空间的单体,它可以不依赖于其他要素而单独存在。而对于旅游节庆来说,它天生就是一个由众多因素构成的复合体,其存在依赖社区、承办商等,离开了这些要素,即便有再好的节庆原型,节庆活动也无法存在。

一是承办方(商)的因素。旅游节庆市场化的表现之一就是大量节庆公司作为承办商进入旅游节庆这个领域,并且逐渐取代政府一手包办的地位,成为旅游节庆活动的运作者和管理者。对于承办商来说,其主要管理职责是策划和营销旅游节庆,组织节庆宣传,争取媒体与公众的参与,争取赞助商的支持,缓解旅游节庆举办的经济负担。

二是社区因素。大多数节庆活动都是在社区活动的基础上发展起来的。旅游节庆是社区文化的反映,以节庆活动方式满足社区公众与旅游者的审美需要和休闲需要;同时也是一种向公众展示社区真实性的方法,社区对于节庆活动的主观感知和接受程度,影响节庆承办方的操作环境和旅游节庆活动的发展。任何节庆活动的举办,要充分考虑社区的态度,防止出现问题,产生负面效应。

4. 旅游节庆活动策划的内容

一是旅游节庆活动的主题定位。旅游节庆一般都需要围绕着某一特定的主题,在某一特定时段展开主题突出的系列活动。主题的选择可以来自许多方面。但是一般主题必须和当地的自然、人文、物产、城市形象相匹配与吻合,才能使节庆活动具有强大的生命力和吸引力。

主题又可以归纳为既有性主题与创造性主题。既有性主题大多存在于传统的节庆活动中,是长期的发展过程中逐渐沉淀而形成的。随着时间的发展变化,既有性主题的内涵和外延也会随之变化。如孟姜女庙会,在以纪念孟姜女贞洁为主题上,更多地与旅游娱乐节目以及经济、商业活动相结合。创造性主题大多出现在为满足当地旅游业的发展需要而人为创造设计的旅游节庆活动中。旅游节庆的主题是节庆的核心,主题选择的好坏往往决定了节庆活动的成败,准确到位的创意是一个节庆活动是否有品牌生命力的关键,是组织整个旅游节庆活动的中心线索。例如郑州少林国际武术节将弘扬少林武术精神作为节庆开发的主题,并用"天下武功出少林、英雄豪杰聚中原"的主题口号来强化。

二是旅游节庆活动内容与形式的确定。旅游节庆活动应包括旅游活动、源自民俗的节日典仪式活动与文化商贸活动等内容。旅游节庆活动策划应注意地方、民族特色内涵的把握与旅游活动内容、活动形式的创新相结合,常规的旅游休闲活动与节庆专题活动相结合。文化商贸活动应突出旅游搭台、经贸唱戏与文化搭台、经贸唱戏主题,文化研讨会、商品交易会、地方特产展销等会议、会展作为旅游节庆的副产品也是旅游节庆活动的一项重要内容。旅游节庆活动的安排组织要考虑其整体空间布局与时间先后衔接顺序。空间布局要注意如何划分活动点,标志性节庆活动的场所选择及其与其他旅游活动场所如何呼应,要讲究意境,注意节庆活动、人文景观与周围环境相协调,节庆活动的时间顺序安排要考虑游客的心理需求特征,以及节庆高潮的自然过渡时序等。

比如在西双版纳建州五十周年庆典策划案中,提出了五项主要活动:

版纳籍精英绣版纳或五十六个民族绣地图活动,邀请中央领导绣第一针;

泼水节及"嘎光"活动,诚邀世界各地知名人物共同参加,同时与以往组织和举办形式区别开来;

贝叶文化节,邀请世界各地的傣族同胞代表参加,并设计系列活动,包括旅游活动、诗歌文学活动、民俗风情展示活动等;

"世界看版纳"摄影暨书画大奖赛及巡回展活动,邀请世界知名摄影师、画家等参加;

世界生态旅游经济论坛,可邀请国内外知名旅游专家、投资专家及世界500强机构代表参加,从生态旅游经济角度畅谈如何重塑西双版纳旅游形象及振兴西双版纳经济等。

同时还策划了21项辅助活动:澜沧江国际龙舟邀请赛;云南边贸经济洽谈会与交易活动;版纳知青重游版纳活动;布朗山歌节;基诺族节事活动;哈尼族节事活动;民族歌舞表演暨焰火晚会;垦荒、支边家庭"大团结"活动;热气球天空表演活动;版纳名人碑林或版纳名人堂捐建活动;大使、参赞游版纳活动;"我为版纳献谋划策"活动;西双版纳形象大使评选活动暨中国民族服装模特大赛;千万网民链接版纳有奖活动;多民族狂欢"篝火晚会";民族美食节活动;版纳友谊节;新老州长大团结活动暨全国自治州州长论坛;版纳动植物辩论竞猜大奖赛;百家媒体采访大行动;版纳——旅行社——民航——媒体(含互联网)互动节目(西双版纳大联动)。

二、旅游节庆活动策划模式

旅游节庆策划可大致分为两类:一是节庆设计,即目的地节庆从无到有,进行创意策划;二是节庆运作,由于大多目的地的节事活动都是年度性的,每年度都要对已确立的节庆活动进行运作策划。从策划者的策划工作、方法来看,考察目前各地已经开发的地方旅游节庆,旅游节庆活动策划有三种模式。

1. "旧瓶装新酒"模式

这里的"旧瓶"是指各种各样的民俗节庆旅游资源,"新酒"是指在其基础上重新定位的节庆名称、节庆理念以及所开发的活动内容。"旧瓶装新酒"就是指利用传统民俗节庆的外壳,策划与开发能满足现实客源市场节庆文化心理的现代旅游节庆。这种策划模式既保护了传统民俗节庆资源,具有民族风格和地方色彩,又赋予了现代商业与文化开发理念,追求时尚并富有时代气息。对源远流长的"泼水节"、"火把节"、"庙会"、"龙舟节"的重新策划开发多属于此种类型。采取这种旅游节庆策划模式时,一定要注意"旧瓶"与"新酒"的匹配,主要是主题内涵的协调、经济与文化目的的冲突等,避免节庆策划开发看重经济目的而忽视传统文化习俗的倾向,否则会出现"串味"的、不伦不类的旅游节庆现象,严重缩短其生命周期。

2. "无中生有"模式

"无中生有"旅游节庆策划模式是指对区域内各种现实和有潜力的旅游资源进行分类、分析,选择适当的节庆载体,结合旅游节庆开发的目标和功能,以时空为手段加以系统整合,通过赋予其特殊的"节庆"含义并采取一定的节庆组织形式,使节庆旅游资源变为现实的旅游节庆产品的一种旅游节庆策划方法。这里的"无"并非真的没有,而是潜在的节庆旅游资源在系统整合之前显得"散乱",没有围绕节庆载体这个核心来组织,尚未充分地在节庆舞台上出现,没有形成节庆表现形式。这里的"有"既包含完整的旅游节庆,也包含旅游节庆的重要活动内容。

比如,云南腾冲的火山热海旅游节、青岛国际啤酒节、大连国际服装节、南京国际梅花节等都是采用"无中生有"模式的旅游节庆产品,而上海旅游节推出的融古今中外婚礼服饰花车游行、"玫瑰情"婚礼仪式、婚俗表演和趣味游艺为一体的"玫瑰婚典",就是对传统旅游资源进行整合,用"无中生有"模式对旅游节庆新内容进行策划的典范。

3. "拿来主义"模式

"拿来主义"模式是指直接引进或模仿其他国家和地区的节庆名称或形式、内容,为我所用的一种旅游节庆策划模式。采用这种策划模式可以大大拓宽本地旅游节庆资源的外延,逐渐为我国所接受的圣诞节、情人节都是一种"拿来",节庆名称的"拿来"需要两地有相似的旅游资源,而节庆开发内容的"拿来",既可以是相似的旅游产品内容,也可以是异域文化。例如,云南陆良举办的国际彩色沙雕节,就是在看到国内的舟山和国外沙雕节举办以后,结合本地的特色,所开发的旅游节庆产品,1998年上海旅游节则"拿来"了香港、泰国等地制作的反映当地文化的彩车、街景等节庆内容,深圳华侨城的狂欢节以及一些漂流节、武术节等都采用了一定的"拿来主义"模式。需要注意的是,采用"拿来主义"模式策划的地方旅游节庆应特别注意与其节庆取材源地的竞争分析,"拿来"的同时应体现本地的特色。

第三节　旅游节庆活动策划的程序

一个全程的策划可以看作一部运作的机器,任务的顺利完成依赖于每一个环节的最佳配合。

一、确定旅游策划活动主体

旅游节庆活动实际上是一个参与性极强、体现人与人广泛交往的社交文化活动,它通过旅游节庆这个载体,为社区居民与社区居民、社区居民与游客、游客与游客之间的社会文化交往提供了一个活动空间。可见,地方旅游节庆的参与主体包括节庆组织者、社区居民与游客三部分。对节庆活动参与主体的策划既包括对参与主体的定位、组织和协调,也包括研究节庆参与主体对节庆活动的个性化需求。

1. 节庆组织者

一个较大规模的节庆活动,要设立专门的节庆组委会组织协调节庆活动。节庆组委会应明确旅游节庆的组织机构设置及分工,组委会可下设学术组、行政组、招商赞助组、财务组、现场管理组、宣传与节目组、食宿和旅游考察组。

节庆组委会的职责,负责节庆组织筹备工作,完善其与社区居民和游客之间的沟通机制,实现居民、游客与节庆组织者之间的良性互动;协调节庆活动的赞助商、媒体和项目支持团队的工作。赞助商为实现公司的目的和销售目标通过充当主办者的伙伴和客户,为旅游节庆的顺利举行提供资金支持。与媒体的整合,使得节庆的影响范围更大,更多的人接触到活动,也使媒体与旅游节庆形成某种品牌上的联系。与主办机构有共同愿景的项目支持团队是重要的项目联系人,他们包括项目全体工作人员,每个人都会对节庆成功起作用。

政府在组委会中的功能就是起到监督、引导作用,实际操作应由市场来完成。

2. 社区居民

无论从节庆的起源、节庆氛围的营造、节庆的参与、组成节庆活动内容的更新来看,还是从旅游目的地形象的传播途径来看,节庆活动的参与主体都是以区域内的居民为基础的。所以,应积极宣扬"主人翁"意识,最大限度地调动本地社区居民参与的积极性和对活动内容的创造性。

社区居民在参加节庆活动的同时以各种形式向主办机构和合作机构反馈他们的各种信息,在很大程度上影响节庆活动运作的内容和方式。从这个角度来说,社区是旅游节庆项目的核心主体,一切旅游节庆活动都应围绕社区设计,这也是节庆活动个性、独特性的表现,是旅游节庆成败的关键和旅游节庆项目运作的根本依据。节庆管理者必须想着社区的多层次需要,并与他们的情绪联系起来,积极鼓励公众的广泛参与,激发公众的热情,引导公众的行为,以满足自己的目标。

3. 外地游客

外地游客是旅游节庆极其重要的参与主体之一。现代旅游节庆的目标特征之一便是以本地独特的节庆活动吸引大量的外地游客,以促进旅游目的地与客源市场之间物质流、信息流、人流、资本流的快速流动。因此,应科学地进行目标客源市场定位、节庆客源市场细分,并根据其对旅游节庆的需求特征采取相应的宣传促销措施、节庆活动组织,实现潜在参与者向现实参与者的转变。

任何一个节庆活动都难以满足全体消费者差异性的需求,所以节庆举办者就需要根据自己的资源、特点和实力选择一个或者多个适合自己的目标市场,即节庆目标市场定位。它通常需要经过市场细分获得不同目标市场的需求状况,然后再根据自己的优势进行市场选择。

节庆市场细分一般有地理环境细分、社会人口环境细分、购买者心理因素细分以及与消费者本身利益相关联的细分等几种划分的方法。不同细分市场在需求倾向上的差异性,不仅表现在对产品的要求上,还表现在对市场营销组合等其他构成因素的要求上。对目标市场进行细分后,节庆举办者还要对举办地的资源特色进行分析及对举办单位生产和经营能力进行评价,确定节庆活动的业务组合和顾客组合。对照目标市场进行市场定位也是节庆组织者重要的营销策略,其任务是为节庆活动在目标市场消费者心目中树立和造就不同于其他节庆活动的突出地位,也就是节庆活动在目标顾客心目中所要树立的形象。例如,2004年10月在周口举办的中国姓氏文化节的目标市场主要针对港澳台及东南亚、北美等地的华人群体,并着力在参与者心目中打造"万姓同根,万宗同源,寻根联谊,合作发展"的主题形象。西双版纳对其参加庆典对象分成了十二种:国家重要领导人及国家相关部委领导;省、州领导人及其他兄弟地区领导;海外特邀嘉宾;版纳籍精英嘉宾;海内外各类专家嘉宾;全国五十六个民族代表;海内外媒体嘉宾;支持版纳建设的嘉宾代表;版纳各行各业优秀代表;普通州民代表(特指参加庆典仪式的人员);海内外游客;全体州民,基本上涵盖了上述三种类型的节庆活动主体。

二、确定旅游活动的初步方案

成功的旅游节庆策划必须制订科学有效的计划,在制订计划过程中,第一步是了解旅游节庆策划目标,目标可以是一个体系,目标之间都有内在联系,策划层必须明确哪个目标是战略性的,哪个目标是战术性的。策划工作是一项复杂的系统工程,有了计划则应该去实施,进而需要对策划工作进行组织分工,以实现旅游节庆策划目标。根据旅游节庆策划的内容不同,可分为资源普查、市场调研、项目论证、可行性研究等工作小组或人员。具体来说,有这样几个方面是必须确定的:

1. 确定活动目标

目标在节庆活动的举办过程中十分重要,它影响着节庆活动的许多方面。一般情况下,节庆活动要考虑三个目标:经济目标、文化目标、社会目标。

经济目标是通过节庆活动达到广交朋友,促进经贸发展,繁荣节庆举办地经济。可以是直接的,也可以是间接的;可以是长期的,也可以是短期的。比如展示青岛百年啤酒文化、促进旅游业发展、吸引外商投资、创造就业机会、拉动相关产业发展等,都是青岛国际啤酒节的经济目标。

文化目标主要集中在提高举办地的知名度,增强市民的荣誉感,提升区域的整体形象,丰富群众文化生活,促进国内外文化交流,推进历史文化遗产的价值提升和保护等。

社会目标有宏观、微观之分。从宏观上看,一个成功的节庆活动,是展现举办地政府形象、提高政府信誉、增强市民自豪感、赢得群众信任和支持的有效载体;从微观上看,节庆活动可以为市民和游客创造一个互相交流、放松休闲、减缓工作压力等的良好环境。

节庆活动的目标制定,可以借鉴"SMART"目标体系,即:每一个目标都应是明确的(Specific),是可以量化估算的(Measurable),是节庆活动参与者都赞同的(Agreed),是就现有资源而言可以实现的(Realistic),所有目标都可以按照节庆活动的日程安排得到实现的(Timed)。SMART目标体系有利于帮助确认节庆活动必须达到的目标,进而对节庆活动的成效进行总结和评估。就是说,在确定节庆活动的目标时,要充分考虑内在的条件和外在的需求,正确处理好理想目标与现实目标的关系,以可实现的目标推进理想目标,以具体的目标构筑总体目标。

2. 明确活动主题

对于一个成功的旅游节庆活动来说,主题的塑造和展现是十分重要的,它统率着整个活动的创意、策划、方案、实施、形象等各个要素,一旦确定之后,所有的节庆要素都必须符合该主题的要求。在制订总体方案时,必须认真提炼节庆活动的主题,做到响亮得体、准确鲜明、显眼易懂、独特简洁。如青岛国际啤酒节"青岛与世界干杯"的主题,使得啤酒节的狂欢节氛围、国际化特色得到淋漓尽致的表现和融合。一般而言,在确定活动主题时应避免三个倾向。

一是主题同一化。节庆活动的主题应独特,不能同其他类似,否则就难以突出,使公众混淆不清。

二是主题扩散化。节庆活动的主题太含糊,主张太多,会使参加者和社会各界不易了解节庆活动的特点,评论不得要领,难以形成深刻的印象。

三是主题共有化。节庆活动的主题可服务于任何一个节庆活动,这样就会使主题失去鲜明的个性,节庆活动自然就会失去特性和魅力。

3. 策划活动框架

旅游节庆活动的筹备和组织时间较长,通常情况下需要几个月,甚至更长时间。因此,出于对筹备时间较长而可能出现的天气变化、赞助资金不能到位、活动内容出现变故等问题考虑,在初步方案决策过程中,一般仅对节庆活动进行框架性、纲领式的规划,主要包括确定活动场所,明确举办时间,确定主办、承办或协办单位,策划活动基本板块和日程安排,提出安全、宣传、卫生等基础保障工作要求等,形成节庆活动的基本架构。

4. 可行性分析

节庆活动初步的总体方案出台后,需要进行必要的可行性分析,包括节庆活动目标是否能够实现,内容是否布局合理,资金是否能够保证等。可行性分析的方法和形式较多,一般可通过邀请专家研究讨论、借助媒体向社会公示征求意见、组织人员进行市场调查研究等途径进行。

三、拟订具体活动策划方案

1. 总体思路细化

节庆活动总体方案确定之后,节庆管理进入细节策划和具体活动策划阶段。该阶段的主要任务,就是把总体活动方案的目标要求细化分解为可操作性的实施方案和操作细则。一般而言,需要把握好两个环节。

一是确定职责分工,根据总体活动方案要求,组织召开筹备会议,研究确定整个节庆活动的筹备工作,明确领导和人员分工,必要时新设立和调整内设机构,把工作责任和任务落实到部门和岗位,并制订工作计划和规章制度。

二是制订实施方案和操作细则,在总体活动方案的框架之内,对节庆活动期间的主要活动,包括开幕式、闭幕式、文娱活动、旅游经贸活动、接待、外联、招商、宣传、安全保卫等,都制订出一揽子的具体实施方案。同时,各个内设机构要根据总体活动方案、具体实施方案和职责分工,分别制定本部门承担的各项举办节庆任务的操作细则。实施方案和操作细则应做到周密、细致、全面、可操作性强。对于一些容易发生变故的活动或工作,应当超前制订应急方案和措施,以防发生事故时工作被动,造成不良影响。

2. 形象与氛围营造

旅游节庆的外在形象,是旅游节庆主题的延伸和外在表现。旅游节庆形象的塑造是将旅游节庆形象要素(标志、场景、气氛、纪念品)进行有机的整合。旅游节庆是标志性的旅游活动,是区域旅游形象整合的有效途径,旅游目的地可以通过举办旅游节庆,集中地表现与塑造区域旅游形象。

一是标志设计感官体验化。旅游节庆的标志包括吉祥物、节标、雕塑、建筑等,它们是旅游节庆的形象体现。感官体验型标志向旅游者展示产品的美好感官形象,引导他们对产品产生先入为主的良好印象,是获得高峰体验的基础。如哈尔滨国际冰雪节吉祥物——冰娃,娃娃头,身着金黄色滑雪服脖围红色围巾,脚踩雪橇,沉浸在滑雪的快乐中,给人一种身临其境,享受冰雪世界的感觉。上海旅游节的吉祥物梅花鹿导游"乐乐"身背双肩旅行包,右手做出象征胜利的"V"形手势,可爱、亲切、活泼、人见人爱,卡通化的形象更易于旅游者接受。

二是场景布置感官体验化。活动的装饰、布景和道具可用于增强气氛的体验性,有助于吸引旅游者的注意力,激发并保持他们的兴趣,促使他们获得体验。第18届潍坊国际风筝节的主题是"风筝放飞国防情",于是各种坦克、飞机、雷达形状的风筝被放飞到天空。上述场景设计有利于保持产品的整体风格,渲染体验氛围。又如上海旅游节的主题是"走进美好与欢乐",在场景布置上就设计出斑斓的色彩、欢快的音乐。它的活动之一的上海国际音乐烟花节就把悦耳的音乐与绚丽的烟花相组合,烟花的绽放同音乐的旋律配合得巧妙一致,为旅游者创造了唯美的视听体验。

三是气氛营造感官体验化。庆典活动是利用社会气氛的安排来营造休闲的体验,可带给参与者狂想、趣味、自我感知、刺激、愉悦及社会互动等感官体验。旅游节庆的魅力不仅在于组织者为节庆活动安排的活动项目,而且在于让游客能够亲临其境地感受满街的人文气氛。如果没有现场气氛,只有领导发言和应景式的歌舞表演,而缺乏众多市民真正的参与,那么不管是普通游客还是贵宾,由于所参加的这一节庆不能从某种程度上正确反映当地的真实性,从而旅游节庆带给游客的经历将是残缺不全的。营造气氛,集聚人气,这是任何一项节庆活动成功的前提之一。只有根据市场需求,设计出群众喜闻乐见的活动,才能吸引当地居民的参与,进而引起其他地区人们的关注。举办旅游节庆活动,必须大力倡导社区的参与意识,优化当地居民与游客的关系,创建良好的节庆环境,塑造良好的节日氛围。

四是纪念品设计的体验化。旅游节庆具有兴奋、娱乐、炫耀三个要素,由于旅游纪念品是凝固的记忆,往往给旅游者带来美好的回忆。旅游节庆纪念品在旅游节庆活动结束后,可以形成兴奋、娱乐、炫耀三个要素的延续。所以节庆旅游者通过对纪念品的购买,可以充实和延续旅游者的美好体验。节庆纪念品的外形要有吸引力,并且在纪念品的获得渠道上可以选择游客购买以及赠与相结合的方式,让游客通过参与节庆活动得到礼物,这样游客的记忆就会更加深刻。

3. 营销策划

旅游节庆的营销既是达到旅游节庆举办目的的必要手段,又是旅游形象传播的一种途径。旅游节庆策划应根据活动进行的不同时期采取不同的营销对策。

节庆活动准备初期,一般宜采用概念营销,运用新闻发布会、新闻报道等软性宣传方式,把此次旅游节庆活动的理念、主题、宗旨、意义等让所有的公众知晓,并炒热此活动,让各类潜在参加者了解活动中蕴藏的机会,吸引他们的注意力和视线。

节庆活动准备中期,节庆主办者主动参加旅游产品交易会,与旅行社、旅游公司、海内外批发商联系。可以利用招贴画、小册子和旅游节庆宣传片、国际互联网、开办旅游节庆咨询活动等途径来促销。同时,利用节庆创造一定的商业机会,吸引商家参与,借助商界人士达到营销目的。

节庆活动举办前夕,加大宣传的力度和密度,特别是在当地火车站、汽车站、机场等第一印象区的促销活动,与潜在和现实的参与者进行沟通,并采取旅游节庆倒计时策略。这一时期的宣传应该是全方位、多层次的宣传,不仅包括理念、宗旨的宣传,还包括活动内容等具体性的宣传,不仅要有软性的新闻宣传、还要有硬性的广告宣传,加大宣传、包装和促销力度;不仅要有正面宣传、必要时还要有负面宣传。总之,要为活动造势,引导和创造流行。

节庆活动举办期间,通过各种媒体报道节庆盛况,继续塑造与传播区域旅游形象,并为周期中的下一次节庆活动造势。

4. 组织管理

地方旅游节庆的组织管理策划涉及组织学的有关理论与技术,内容包括组织机构设置与分工、节庆活动组织、宣传营销组织、资金预算、资金筹备等,策划的系统性至关重要,要求策划者协调好各方面的关系。否则在最能展示区域旅游形象的旅游节庆举办中,任何一个环节出现组织管理漏洞,都会对整个节庆的举办效果造成不可挽回的损失。

四、策划方案审批

方案审批是制订总体方案阶段的最后一个程序。在这个阶段,组织者应根据收集到的意见和建议,与专家一起进行评审,对总体活动方案进行必要的修改和调整,形成最终的总体活动方案,并准备实施。

五、策划方案实施

旅游节庆活动的实施是节庆活动前期策划的落实,体现的是对节庆活动的管理。组织实施阶段是节庆活动管理真正实施的过程。在这个阶段,活动方案所确定的内容和工作都将着手展开筹备,节庆管理工作相当复杂。由于旅游节庆活动的筹办时间较长,以开幕式为界,将其分为开幕前组织实施工作和开幕后组织实施工作。

1. 开幕前组织实施工作

开幕前的组织实施工作,是节庆活动能够成功举办的根本保证。一般情况下,在节庆活动的具体实施方案敲定之后,距离开幕的时间只有几个月,时间非常紧促,整个活动方案和绝大部分筹备工作需要在这个阶段进行落实。主要工作有:

(1)开幕式、闭幕式及各项文娱活动的组织筹备;

(2)贵宾、演员、文化经贸交流使团等联系和接待工作;

(3) 活动场地的布局规划和建设；

(4) 参展厂商的招商及展台搭建；

(5) 会场的环境整治和改善；

(6) 节庆活动的对外宣传；

(7) 会场周边交通线路、公交车线路等方面的临时调整；

(8) 娱乐设施、食品卫生、产品质量、消防等安全检查；

(9) 会场安全保卫等。

以上工作都需要在开幕前准备就绪。需要指出，为了确保节庆活动如期顺利举办，主办方在开幕之前，需要通过彩排、模拟演示、系统检查等手段，组织有关领导、部门、专家等人员，对节庆活动的各项活动、各个环节、各个方面进行全方位的检查和验收，以消除最后可能的障碍和问题。同时，还应有可替代的措施以防万一，确保活动正常举行。

2. 开幕后组织实施工作

开幕后的组织实施工作主要包括三个方面：督察监控、事故处理、关闭活动。

一是督察监控。主要是对节庆活动开幕后的整个过程进行全方位的检查和监控，及时发现问题和潜在隐患，在必要的时候采取紧急措施予以补救，确保节庆活动按原计划正常进行。

二是事故处理。天气恶化、突然停电、设施出现故障等不可预测的事故，是组织者不可控制的事情，极易导致某一具体活动取消、延期、活动现场出现混乱等问题。因此，必须为所有有可能发生的事故准备两套防御方案，以及一整套解决事故的计划，以便发生事故后迅速处理。

三是关闭活动。关闭活动是指节庆活动结束后的善后工作，主要包括场地的清扫，各种设施、设备的拆卸和转移，节庆活动经费的审计，财产的妥善处理，节庆期间签订合同的落实，文字材料的归档等工作，这些都需要在节庆活动闭幕后认真完成。

六、策划评估

在旅游节庆活动结束后需要对节庆活动产生的效果进行评估，评估的策划方法有客观定量评价和主观定性评价。

1. 客观定量评价

一是主办单位、承办单位、参与企业的量化分析，投入、支出、利润的多少。

二是企业如赞助商、供应商、广告商等在活动期间企业产品的销售量、销售收入、销售利润的多少，看是否为这些以营利为目的的参与主体带来了经济效益。

三是本次节庆活动的一些统计数据，包括实际游客接待量、游客的年龄构成、性别构成、客源地数量、开放性问题的收集等。

2. 主观定性评价

一是主办者评价。看是否能提高主办者及主办者所属区域或集团的声誉和影响,能否达到既定的目的,如社会效益增长,商旅结合,以节兴商等。

二是承办者评价。看是否提高了承办者如策划公司的形象和声誉。

三是协办者、各种媒体、游客等对旅游节庆活动的整体评价,主要是大部分人所持的评价是正面的还是负面的。

3. 整个旅游节庆活动举办过程的细化评估

这一评估也是定量评价和定性评价的结合。节庆活动过程的细化评估的主要依据就是在活动举办期间收集到的各种记录、问卷和意见等,以及活动结束后专门设计的问卷调查表。评估内容包括:

一是对活动的整体满意程度;二是活动过程中需要改进的各个方面,如容量控制、门票价格、交通条件、住宿餐饮、安全卫生、节庆期间各分主题活动的时间安排、设施的空间布局等;三是活动举办成功的诸多经验总结。

在经过上述定性和定量的评价之后,确定旅游节庆活动是否有继续举办的可能性,在总结和感悟的基础上,进行一种修正和创新策划,其成果与思维方式将直接渗透到下一届的旅游节庆再开发中去。

第四节 旅游节庆活动策划的基本方法

旅游节庆举办的成功与否,策划水平的高低十分关键。因此,策划者要搞好节庆活动的策划工作,学习借鉴国内外先进经验,运用策划的基本方法,精心策划节庆活动。

一、突出特色

旅游的本质是追求奇异,追求与自己原来的生活环境、生活习俗不同的感受和观感;是旅游者寻找和感悟文化差异的行为和过程,因此通过文化来组合旅游资源和开发旅游产品,有利于营造文化差异环境和内容的市场卖点。进行旅游节庆项目的策划,离不开当地旅游资源的支持,特别是对当地文化的充分了解,在充分考虑了本地旅游资源的实际情况之后,力求旅游节庆项目的设计突出本地特色,并与其他地区的节庆项目产生一定的差异性以产生吸引力。在此基础上,因地制宜地开发设计出具有鲜明地域特色的旅游节庆项目。比如布洛陀民族文化旅游节结合传统的布洛陀生日歌圩,为每年农历三月赶来拜祀布洛陀的几十万壮族群众提供了一个活动平台,除传统的山歌对唱外,还举行神秘壮观的布洛陀民间纪念活动,组织文艺团体登台献艺、饮誉中外的田阳舞狮特技表演以及千人拔河、斗鸡、打陀螺等群众体育活动,以及商品交易会,使之成为文化、艺术、体育、商品、信息、科技交流的盛会,有力地弘扬了布洛陀文化,从而吸引了壮族群众的参与和外来游客的参观。

旅游节庆的特色是增强节庆活动吸引力、影响力的一个重要问题,要在民族特色、地域特色、文化特色、时代特色上下功夫、做文章,把旅游节庆办成时代性强、有特色、有新意的时尚性节日。一个旅游节庆的内容很多,要突出亮点,也就是闪光点,是体现旅游节庆特色的东西。比如2005年昆明国际旅游节,改变了过去打"明星牌"的做法,着重突出本土原生态的展示。在开幕式文艺晚会"相约彩云南"中,集中展示了云南原生态的歌舞。云南省以丰富的民族风情著称,全省有26个民族,千百年来各民族创造了风格独特、风情浓郁、多姿多彩的民族文化和民族风俗。这些通过文艺的形式集中展示,引起了轰动,成为旅游节的亮点,体现了特色。

策划者应该把节庆活动策划成当地居民的重大节日,策划成人气旺、品位高、影响力强的市民节日,形成自己独特的风格。例如大连国际服装节,从1998年开办以来,策划水平越来越高,现已办成一个集文化、旅游、经贸为一体的盛大城市节日,在国内外产生了很大的影响。

二、注重创新

创新是节庆活动可持续发展的动力源泉,旅游节庆是一种周期性的活动,每一次节庆策划都应在原来的水平上有所进步和创新,升华到一个新的高度,否则就会显得缺乏新意和亮点。地方文化是旅游地产生吸引力的源泉,旅游活动应反映主办地独特魅力的传统和文化意境,满足旅游者求新、求异、求奇、求知的愿望。因此,旅游节庆活动设计应注意地方文化内涵的把握与旅游活动内容形式的创新相结合。在策划中要把握时代脉搏,与时俱进,坚持创新,避免千篇一律或大同小异,注意挖掘本地的文化资源,用丰富多彩的活动内容展示这些资源,使旅游节庆既有鲜明的主题,又有显著的地方特色;既体现出传统文化的精华,又有现代文明的魅力。

在市场经济为主导的社会中,旅游节庆项目无论怎么更新,怎样创新,一个基本的原则就是"人无我有,人有我新,人新我转"。因此在设计旅游节庆项目时,要注重其差异性,要有创新性。只有注重了项目的创新性,才能取胜市场。因为创新力的竞争是旅游市场竞争力的核心。比如田阳布洛陀民族文化旅游节以创新弘扬了民族民俗文化的传统。闻名遐迩的田阳舞狮是田阳人世代相传的民间体育艺术。改革开放以来,田阳通过挖掘、整理和改革,在传统舞狮腾、跃、翻、滚等套路的基础上,进一步向高、难、奇、深的狮艺进军,并将舞蹈和武功融于舞狮,达到雄壮、稳健、灵巧和优美的艺术境界。自1982年以来,田阳舞狮艺术团不但演遍了大半个中国,还到过国外演出,参加各种比赛和表演上千场。相反,某城市首届国际美食节的主题是"人文××、健康美食",主题呼应2008年人文奥运的主题,意在通过奥运会来宣传,而这种假借的方式并不能突出美食本身的特色,并且口号侧重了人文奥运和健康美食,而未和旅游相结合。而第二届美食节的主题为"和谐××,健康美食",主题内容响应共建和谐社会的政策,带有政治性色彩,后半句则毫无新意,难以使旅游者、居民形成共鸣并留下深刻印象。

南宁国际民歌艺术节作为国内唯一的国际性民歌节,经过6年时间的倾力打造,已经和北京国际音乐节、上海国际艺术节一样,成为我国著名的3个国际性艺术节之一,在海内外得到了良好的声誉和广泛好评。南宁国际民歌艺术节坚持民族性、国际性、现代性和艺术性相统一,寻求文化、旅游与经贸的最佳结合,大胆尝试市场化运作,在短短数年间,从国内众多的节庆活动中脱颖而出,跻身海内外具有影响力的知名节庆行列。南宁国际民歌艺术节推出了一批既有本民族特色又有时代感的民歌手,催生出一批浓郁乡土气息与现代音乐新元素相结合的新民歌,在寻找民歌和流行歌曲的切合点、传统民俗与现代生活的交会点方面,民歌艺术节做出了大胆的探索与尝试。它通过一系列手段和机制,成功地凸显民族文化的现代美。节庆主题活动的策划与定位,也影响到节庆的市场化运作水平。2004年围绕服务中国—东盟博览会这一核心,民歌艺术节更加强调和突出民族性、国际性、现代性和艺术性,除了用全新的阵容、全新的创意和全新的创作,演绎好开幕式晚会《大地飞歌·2004》和《风情东南亚·相聚南宁2004》两张民歌艺术节原有重量级王牌外,还加入一批新鲜元素,如举办东南亚国际时装周、东南亚旅游美食节等,做大东南亚文章,为中国—东盟博览会打造一个全面交流的人文平台。

三、打造品牌

品牌化已成为旅游业发展的必然趋势,旅游业的大发展取决于市场意识的强弱,直接表现为经营的品牌化趋势。我们已进入品牌时代,品牌的应用领域已经由最初针对产品的一种标志符号,上升到包括区域等在内的系统概念。以旅游地为载体的区域品牌管理正成为世界的一种潮流。节庆活动的主办者要树立品牌营销观念,立足于打造节庆旅游精品,努力创立名牌节庆旅游,以促进旅游目的地的市场拓展、形象塑造和国际竞争能力的提高。

一是在战略上选优立强,培植知名的节庆品牌,树立鲜明目的地形象。举办大型节庆活动必须考虑节庆的品牌效应,为树立独树一帜的鲜明形象,节庆活动主办者可以将有历史渊源、文化底蕴、时代精神、地方风采而且效果理想、影响广泛的节庆项目作为重点大力扶植、全力包装,将节庆旅游作为一个产品,打造成为地方营销品牌。

二是在策略上注重品牌管理,建立和完善节庆品牌的开发和维护体系。在品牌定位的基础上,加强品牌的有效推广和传播。在此过程中,可利用丰富、新颖、符合产品特点的多种方式和渠道,借助传播媒介,形成出新、出彩、出特色的全新推介模式,以扩大节庆旅游活动的影响范围和市场覆盖面。同时还需要加强品牌的维护和管理,比如对节庆活动名称进行注册,加强知识产权保护;成立专门的公司进行节庆旅游活动的品牌管理;开展品牌经营,采取品牌许可的方式,进行品牌授权,以提高知名度和扩大市场影响。

例如旅游地通过旅游节庆活动结合当地的资源特色,融入当地的文化,创立具有自己个性的文化品牌,将更加有利于旅游地形象的宣传,扩大旅游地的知名度,吸引更多的游客。百色田阳县敢壮山是壮族人文始祖布洛陀的精神家园,是壮族文化的重要发祥地。当前,"布洛陀文化"已受到各方面的重视,百色市通过打造布洛陀文化品牌有效地保护了民族、民俗原生态文化。其文化品牌在社会上的影响日益增大。此外,以布洛陀文化为核心,田阳县还打造了一批以布洛陀命名的旅游产品,如布洛陀杧果风情园、布洛陀香米等一大批品牌延伸产品,扩大布洛陀文化旅游品牌的外延。

复习思考题

1. 什么是旅游节庆活动?旅游节庆活动有什么样的类型和作用?
2. 如何进行旅游节庆活动策划?
3. 结合实例,谈谈运用什么方法进行旅游节庆活动策划。
4. 以某一地方旅游节为例,设计一份旅游节庆活动策划方案。

参考文献

[1] 沈祖祥,张帆.旅游策划学[M].福州:福建人民出版社,2000.
[2] 菲利普·科特勒.营销管理[M].上海:上海人民出版社,2003.
[3] 孙黎.策划家:商业传奇的创造者[M].北京:中国经济出版社,1995.
[4] 陈放.中国旅游策划[M].北京:中国物资出版社,2003.
[5] 沈骏等.策划学[M].上海:上海远东出版社,2005.
[6] 欧阳斌.中国旅游策划导论[M].北京:中国旅游出版社,2005.
[7] 孙刚.旅游弄潮新说[M].北京:中国旅游出版社,2006.
[8] 卢良志.旅游业公共关系[M].北京:中国旅游出版社,2008.
[9] 刘振明.商用谋略:策划老手[M].北京:燕山出版社,1997.
[10] 梁朝晖.TOP策划学经典教程[M].北京:北京出版社,1998.
[11] 黄羊山.旅游规划[M].南京:东南大学出版社,2004.
[12] 赵长华.旅游学概论[M].北京:旅游教育出版社,2004.
[13] 吴正平.旅游心理学教程[M].北京:旅游教育出版社,1994.
[14] 蒋三庚.旅游策划[M].北京.首都经济贸易大学出版社,2002.
[15] 周黎民.公关策划[M].武汉:华中理工大学出版社,1997.
[16] 王志刚.策划旋风[M].北京:人民出版社,2007.
[17] 高峻.旅游资源规划与开发[M].北京:清华大学出版社,2007.
[18] 尹隽,王海莉等.旅游目的地形象策划[M].北京:人民邮电出版社,2006.
[19] 陈家刚.旅游规划与开发[M].天津:南开大学出版社,2006.
[20] 禹贡,欧阳洪昭等.旅游景区景点经营案例解析[M].北京:旅游教育出版社,2007.
[21] 王衍用,宋子千.旅游景区项目策划[M].北京:中国旅游出版社,2007.
[22] 保继刚等.旅游规划案例.广州:广东旅游出版社,2003.
[23] 世界旅游组织,籍琰译.国家和区域旅游规划方法与案例分析[M].北京:电子工业出版社,2004.
[24] 戴光全等.节庆、节事及事件旅游[M].北京:科学出版社,2005.
[25] 魏小安.旅游目的地发展实证研究[M].北京:中国旅游出版社,2002.
[26] 张文.旅游影响——理论与实践[M].北京:社会科学文献出版社,2007.
[27] 吴必虎.区域旅游规划原理[M].北京:中国旅游出版社,2001.
[28] 何光晔.朝阳产业走向辉煌——蓬勃发展的中国旅游业[M].北京:中国旅游出版

社,2006.

[29] 俞杨俊.旅游节庆策划系统研究[D].上海:上海师范大学硕士论文,2007.

[30] 李国平.地方旅游节庆策划研究[D].昆明:云南师范大学硕士论文,2002.

图书在版编目(CIP)数据

旅游策划学/卢良志,吴耀宇,吴江编著.—北京:旅游教育出版社,2009.3
(2018.1)

(全国旅游管理专业应用型本科规划教材)

ISBN 978-7-5637-1812-2

Ⅰ.旅… Ⅱ.①卢…②吴…③吴… Ⅲ.旅游业—策划—高等学校—教材 Ⅳ.F590.1

中国版本图书馆 CIP 数据核字(2009)第 005650 号

全国旅游管理专业应用型本科规划教材

旅游策划学

(第 2 版)

卢良志 吴耀宇 吴 江 编著

出版单位	旅游教育出版社
地 址	北京市朝阳区定福庄南里 1 号
邮 编	100024
发行电话	(010)65778403 65728372 65767462(传真)
本社网址	www.tepcb.com
E-mail	tepfx@163.com
印刷单位	北京泰锐印刷有限责任公司
经销单位	新华书店
开 本	787 毫米×960 毫米 1/16
印 张	15.25
字 数	236 千字
版 次	2013 年 3 月第 2 版
印 次	2018 年 1 月第 3 次印刷
定 价	25.00 元

(图书如有装订差错请与发行部联系)